Celso Castro

O espírito militar

Um antropólogo na caserna

3ª edição revista e ampliada

Copyright © 1990 by Celso Castro

Grafia atualizada segundo o Acordo Ortográfico da Língua Portuguesa de 1990, que entrou em vigor no Brasil em 2009.

Capa
Kiko Farkas/ Máquina Estúdio

Foto de capa
Celso Castro

Foto da p. 242
Acervo do autor

Revisão
Angela das Neves
Julian F. Guimarães

Dados Internacionais de Catalogação na Publicação (CIP)
(Câmara Brasileira do Livro, SP, Brasil)

Castro, Celso
    O espírito militar : um antropólogo na caserna / Celso Castro. — 3ª ed. rev. e ampl. — Rio de Janeiro : Zahar, 2021.

    Bibliografia
    ISBN 978-65-5979-030-2

    1. Academia Militar das Agulhas Negras – História 2. Brasil – Forças armadas – Vida militar 3. Relações entre civis e militares – Brasil 4. Socialização profissional – Brasil 5. Sociologia militar – Brasil I. Título.

21-74007   CDD: 306.20981

Índice para catálogo sistemático:
1. Brasil : Política e poder : Antropologia social : Sociologia 306.20981

Cibele Maria Dias – Bibliotecária – CRB-8/9427

[2021]
Todos os direitos desta edição reservados à
EDITORA SCHWARCZ S.A.
Praça Floriano, 19, sala 3001 — Cinelândia
20031-050 — Rio de Janeiro — RJ
Telefone: (21) 3993-7510
www.companhiadasletras.com.br
www.blogdacompanhia.com.br
facebook.com/editorazahar
instagram.com/editorazahar
twitter.com/editorazahar

Mas é bom lembrar que sempre existe o reverso da medalha e que o que podemos captar, dentro da precariedade de nosso conhecimento, sempre é uma aparência ou, pelo menos, um lado, uma versão de um todo muito mais complexo, cujos mistérios se sucedem ininterruptamente, à medida que temos a ilusão de tê-los desvendado.

GILBERTO VELHO

Sumário

Prefácio à 3ª edição: Para entender o mundo militar   9

Prefácio à 2ª edição   19

Introdução   23

1. Militares e paisanos   31

2. Os espíritos das Armas   81

3. Digressão: Uma história da Academia Militar   151

4. Os cadetes e o mundo de fora   205

5. Um antropólogo na caserna   227

Posfácio à 3ª edição: Em campo com os militares   241

Agradecimentos   273

Notas   275

Referências bibliográficas   289

Prefácio à 3ª edição

Para entender o mundo militar

PUBLICADA 31 ANOS APÓS A PRIMEIRA (1990) e dezessete anos após a segunda (2004), esta nova edição de *O espírito militar* surge num contexto histórico marcado pelo retorno dos militares ao centro do cenário político nacional. Iniciei a pesquisa que deu origem ao livro em 1987, pouco após o final do regime militar. Nas três décadas seguintes, os militares mantiveram-se no âmbito da caserna, sem intervir ativamente na política. Vale observar que esse foi um recorde de tempo na história do Brasil republicano, marcada por muitos golpes, insubordinações, manifestos e intervenções de natureza política protagonizados por militares.

Nos últimos anos, contudo, esse cenário mudou. Militares da ativa manifestaram-se publicamente durante o governo de Dilma Rousseff e, em 2018, um ex-cadete da Academia Militar das Agulhas Negras (Aman), Jair Bolsonaro, foi eleito presidente da República. O novo governo passou a contar com um número extraordinário de militares em vários níveis do governo federal, como não se via desde o regime autoritário. Com isso, o noticiário voltou a trazer diariamente reportagens e análises de especialistas sobre os militares.

Não se trata, aqui, de tentar explicar a nova emergência de militares como atores políticos. Vivemos uma conjuntura histórica complexa, ainda em desdobramento, e, no meu entender, difícil de ser propriamente analisada. Isso se deve menos a um supostamente necessário distanciamento temporal do que à escassez de dados e pesquisas empíricas sólidas sobre o "mundo militar". O compasso mais lento e a maior exigência empírica e teórica da pesquisa a diferenciam da urgência da opinião e da análise de conjuntura. Mesmo assim, estou convencido de que *O espírito militar* ajuda a compreender melhor o tempo presente.

O livro analisa o processo de construção da identidade social do militar. Nesse sentido, não é propriamente num estudo *da* Aman, mas *na* Aman. Ou seja, trata de algo que se projeta para muito além dos anos que um cadete passa na Academia, valendo para toda sua carreira como oficial e, mais que isso, para o ser-no-mundo que lhe é peculiar.

Mas em que o livro pode ajudar a entender os militares de hoje, em particular os oficiais superiores do Exército? Penso que em dois aspectos. Ele revela características sociológicas da geração de oficiais que hoje atua e se manifesta politicamente. Além disso, através de sua leitura, percebemos a manutenção de elementos de longa duração histórica que continuam a nortear a formação da identidade militar. Ocorreram, evidentemente, mudanças. Cito apenas uma: o ingresso de mulheres na Aman, a partir de 2018, ainda que em pequena quantidade — trinta mulheres entre 418 alunos, ou 7% do total — e com limitações para a escolha das Armas.[1] Acredito, contudo, que o "mundo militar" que descrevo no livro continua sendo, essencialmente, o mesmo.

Prefácio à 3ª edição   11

JAIR BOLSONARO CONCLUIU O CURSO da Aman no final de
1977 — dez anos, portanto, antes de eu começar a pesquisa
de campo que deu origem à minha dissertação de mestrado
em antropologia social e, em seguida, ao livro. Como oficial
do Exército da Arma de Artilharia, teve uma curta carreira
militar, encerrada em 1988, no posto de capitão, após enfrentar
julgamentos e punições disciplinares que o levaram a decidir
passar para a reserva.[2] Candidatou-se, então, a vereador no Rio
de Janeiro nas eleições municipais daquele ano. Eleito, tomou
posse como vereador em 1989 e, no final de 1990, foi eleito
deputado federal, conseguindo renovar sucessivamente seu
mandato até o final de 2018, quando foi eleito presidente da
República. Apesar de seu tempo na política superar em muito o
de militar de carreira — neste sentido, ele é muito mais político
do que um dia foi militar —, inúmeras vezes ele fez questão
de destacar seus laços com a instituição — "o meu Exército",
em suas palavras.

Além disso, Bolsonaro levou para postos importantes de seu
governo vários militares que se formaram na Aman na mesma
época que ele. Muito se tem discutido entre jornalistas e acadêmicos a existência de uma suposta "ala militar" no governo, ou
mesmo se já seria um governo de natureza militar. Não se trata
de abordar, aqui, esta questão. O que acho importante indicar
é que a leitura de *O espírito militar* pode ajudar a compreender
algumas características relevantes dessa geração de militares.

Esses oficiais estão marcados por um alto grau de recrutamento endógeno. Dados apresentados no Quadro 5 (p. 201)
mostram que, para os anos de 1984 e 1985, dentre os cadetes
ingressantes, 51,9% eram filhos de militares e 48,1%, de civis.
Numa perspectiva historicamente mais alargada, podemos ver

que ocorria um processo de crescente endogenia, perceptível desde pelo menos o início da década de 1940, quando os filhos de militares representavam cerca de 20% dos cadetes, e que chegaria em 1993 a um pico de 60,4%.[3]

Além disso, como mostra o Quadro 2 (p. 38), referente à origem escolar dos cadetes matriculados no 1º ano da Aman entre 1976 e 1985, observamos que nada menos que 91,3% deles já tinham experiência de estudo em estabelecimentos militares antes mesmo do ingresso na Aman. De um ponto de vista sociológico, seria equivocado falar em uma "casta militar", porém é evidente o efeito cumulativo que podem ter a socialização na "família militar", o estudo em instituições militares desde a infância e a intensidade da formação na Aman — em regime de internato e em meio a um grupo de pares em grande medida já "militarizados". O "mundo civil", nesse contexto, corre o risco de tornar-se quase que uma peça de ficção. E em determinado sentido o é, como veremos adiante.

Que resultado podemos observar sobre essa geração, quatro décadas depois? Como esse recrutamento endógeno, associado à socialização profissional numa instituição totalizante como a Aman e o isolamento dela decorrente afetaram a trajetória social e a visão de mundo desses militares?

Fiz uma longa entrevista de história de vida, entre agosto e setembro de 2019, com o general Eduardo Villas Bôas, que foi comandante do Exército no período de fevereiro de 2015 a janeiro de 2019. A entrevista levou à publicação do livro *Conversa com o comandante* (2021), que teve grande repercussão na mídia.[4] Isso ocorreu em especial pela revelação do general de que discutira

Prefácio à 3ª edição

previamente, com colegas do alto-comando do Exército, o texto de dois tuítes que publicou na noite de 3 de abril de 2018, véspera do julgamento do habeas corpus do ex-presidente Lula no STF.[5] Lidos como uma ameaça a um dos poderes da República — um "alerta", nas palavras de Villas Bôas —, eles representariam a primeira intervenção política explícita da *instituição* (e não apenas de um indivíduo) em várias décadas, registrando o início de uma nova fase de protagonismo político dos militares.[6]

O livro, contudo, pode ser lido também enquanto um exemplo de como ele e os colegas de sua geração são resultado das condições sociológicas acima mencionadas. Villas Bôas concluiu a Aman em 1973. Filho de oficial do Exército, havia antes estudado três anos na Escola Preparatória de Cadetes do Exército (ESPCEX), na qual ingressara aos quinze anos. Na entrevista, fica clara a total imersão na "família militar", na qual ele já nasceu, e que depois viria a reproduzir: sua mãe "sempre foi meio mãe dos subordinados do marido"; sua esposa, depois, seria sempre "a esposa de militar perfeita, pois tinha uma participação muito ativa no ambiente militar. Me ajudou no meu trabalho e na minha carreira".[7]

Numa passagem da entrevista, ele menciona "o círculo de giz que, por vezes, nós mesmos [os militares] traçamos ao nosso redor".[8] O general admite que a primeira vez que interagiu mais continuamente com civis foi quando ingressou no Curso de Altos Estudos de Política e Estratégia da Escola Superior de Guerra, em 2000, quando já tinha 49 anos. A respeito dessa experiência, ele diz:

> A convivência diária com os civis, no início, se constituía num exercício de paciência e de flexibilidade intelectual. Nós, mili-

tares, temos todos a mesma estrutura mental, o que nos leva coletivamente a, diante de um impulso qualquer, reagirmos de forma padronizada. Os civis não, cada um vê o problema por um ângulo diverso.[9]

A importância do companheirismo de farda e o peso da instituição sobre sua vida são absolutos. O Exército é descrito como "o grande castelo protetor que nos abriga, nos protege, nos ensina, nos educa, provê nossas necessidades, forja nosso caráter, amolda nossa personalidade e [nos] obriga a nos superarmos". O mais importante, contudo, em suas palavras, "diz respeito aos valores da profissão praticados cotidianamente, a ponto de serem os principais fatores de distinção dos militares perante a sociedade".[10]

Como essa "distinção perante a sociedade" se manifesta cotidianamente? Em que consiste esse "círculo de giz"? Creio que a leitura de O espírito militar ajuda a responder a tais perguntas, e a compreender esse "mundo militar". O livro permanece sendo uma via de acesso à construção da identidade militar, que se dá através da oposição simbólica a um "mundo civil"; um "aqui dentro" que se opõe a um "lá fora". Nesse sentido é que afirmo que *tornar-se militar envolve também, e necessariamente, a invenção do civil.*

Ao ingressar numa academia militar, o indivíduo enfrenta um rito de passagem da condição de civil para a de militar. Ele é submetido a um processo de construção da identidade militar que pressupõe e exige a desconstrução da identidade civil anterior — o novato vira inicialmente "bicho", mesmo que já

Prefácio à 3ª edição 15

tenha uma experiência militar prévia. O objetivo é marcar o ingresso num mundo social que é qualitativamente diferente — e visto como superior — ao dos não militares. A construção de uma oposição simbólica militar × civil estrutura e sustenta toda a cosmologia militar, dando origem não só à identidade social do militar, mas também, por oposição e contraste, à do civil — ou, como falam usualmente entre si, do "paisano".

Talvez uma característica diferencial do antropólogo que faz observação participante numa instituição militar, em contraste com colegas de outras disciplinas que não se valem desse método de pesquisa, seja justamente ter a experiência de *sentir-se civil*, ou, na versão depreciativa nativa, *sentir-se paisano* — algo que não faz parte de sua identidade social.[11]

Tornar-se militar significa, acima de tudo, *deixar de ser civil*. Mesmo quando transita pelo assim chamado "mundo civil", o militar não deixa de ser militar — pode, no máximo, estar vestido *à paisana*. "Mundo/meio militar" e "mundo/meio civil" são o que os antropólogos costumam chamar de "categorias nativas", estruturantes da visão de mundo dos militares, e não termos descritivos. A relação contrastante e permanentemente reafirmada entre um "aqui dentro" e um "lá fora", com a devida percepção de suas diferenças, é o aspecto fundamental do processo de construção social da identidade do militar a que estão submetidos os cadetes da Aman. Os militares se sentem parte de um "mundo" ou "meio" militar superior ao "mundo" ou "meio" civil, dos "paisanos": representam-se como mais organizados, mais bem preparados, mais dedicados à coletividade, mais patriotas.

Porém devemos desnaturalizar a própria ideia de que de fato existem "civis", ou um "mundo/meio civil" — visão comum não apenas aos militares, mas também assumida por muitos pesquisadores que os estudam. *O "civil" é uma invenção dos militares.* Não sou "civil", a não ser quando estou diante de militares e quando sou assim classificado por eles. Se eu tiver, por exemplo, de fazer uma lista dos principais elementos que definem minha identidade, "civil" não apareceria entre elas. Posso identificar-me como homem, brasileiro, carioca, antropólogo, pai, professor, vascaíno, vegetariano e uma dúzia de outros atributos, sem lembrar de acionar uma identidade civil. Para qualquer militar, porém, ser militar necessariamente aparece entre os primeiros atributos, se não como o primeiro, e isso porque ele faz parte de uma instituição que prefiro chamar de totalizante, para diferenciar da noção de "instituição total" estudada por Erving Goffman.[12]

Ser militar não é uma profissão que se restrinja à jornada de trabalho. Pelo artigo 13, parágrafo 3º do Estatuto dos Militares (lei nº 6880, de 9 de dezembro de 1980), a disciplina e o respeito à hierarquia — vistos como a base institucional das Forças Armadas — "devem ser mantidos em todas as circunstâncias da vida entre militares da ativa, da reserva remunerada e reformados". Mesmo fora da caserna, portanto, os militares estão formalmente sujeitos aos padrões de comportamento prescritos e aos limites impostos pelos "círculos hierárquicos", definidos no artigo 15 do mesmo estatuto como "âmbitos de convivência entre militares de uma mesma categoria", com a finalidade expressa de "desenvolver o espírito de camaradagem, em ambiente de estima e confiança, sem prejuízo do respeito mútuo".[13] Tais círculos hierárquicos regulam, por exemplo, regras de comensalidade. Não respeitar esses círculos levaria a uma situação de "promiscuidade hierárquica".[14]

Prefácio à 3ª edição

Ao longo da vida militar há também uma grande concentração de interações dentro de um mesmo "círculo social", evocando uma imagem da sociologia simmeliana.[15] Com isso, o "mundo militar" torna-se mais diferenciado, enquanto a individualidade de seus integrantes torna-se mais indiferenciada. Na vida militar, para além do ambiente de trabalho, os locais de moradia, de lazer e de estudo são também, em grande medida, compartilhados. Essa característica estende-se para cônjuges e filhos, englobando toda a "família militar". A interação social endógena é intensamente estimulada, tanto formalmente, através de eventos de confraternização organizados pela instituição, quanto informalmente, através de encontros sociais organizados por colegas de "família militar". O papel das esposas (e, em certa medida, dos filhos) é fundamental. Há, inclusive, uma reprodução informal da hierarquia dos maridos entre as esposas de militares.

Em 1993, publiquei um texto em que abordei o efeito cumulativo das características da formação da identidade militar, a concentração de muitas esferas da vida dos indivíduos num mesmo círculo social e o fato de que os oficiais do Exército eram, em proporção cada vez maior, oriundos de famílias militares e educados desde muito jovens em escolas militares. "A fronteira entre o mundo dos militares e o mundo dos civis adquire uma nitidez inédita na história contemporânea do Brasil", escrevi. "O perigo mais óbvio dessa situação é, a meu ver, o desenvolvimento (ou persistência), dentro do Exército, de valores diferentes daqueles desejados pela sociedade civil."[16] A questão, três décadas depois, continua pertinente.

A iniciativa de republicar *O espírito militar* justifica-se, para além do fato histórico da recente volta dos militares à política, também por dois outros motivos. Em primeiro lugar, o livro se tornou e continua sendo uma referência para os estudos sobre militares produzidos no campo das ciências sociais, em particular da antropologia. Além disso, ao longo das três décadas decorridas desde a publicação original, desenvolvi novas perspectivas sobre a experiência de pesquisa e sobre o impacto que o livro teve sobre meus "nativos". Acredito que a trajetória do livro após sua publicação ajuda a compreender melhor aspectos da instituição que estudei e características da pesquisa etnográfica com militares. Por esse motivo, escrevi e acrescentei ao final uma nova seção, "Em campo com os militares".

Acima de tudo, a instituição militar possui características ainda pouco conhecidas e menos ainda compreendidas. Gilberto Velho, meu orientador na pesquisa, escreveu que o livro tratava "de uma das categorias mais citadas e menos conhecidas da sociedade brasileira". Creio que essa afirmação continua válida, e espero que a leitura desta obra ajude, ainda hoje, a compreender como se constrói esse "mundo militar", ainda tão pouco conhecido.[17]

Julho de 2021

Prefácio à 2ª edição

A REEDIÇÃO DESTE LIVRO, catorze anos após seu lançamento, me traz grande satisfação. *O espírito militar* tornou-se referência para boa parte da produção acadêmica sobre os militares no Brasil, pois foi a primeira pesquisa de campo antropológica realizada numa instituição militar — a Aman. Acredito que as principais teses do livro continuam válidas para a compreensão da formação dos oficiais do Exército ainda hoje, pois referem-se a processos sociais de longa duração. Além de seu pioneirismo, *O espírito militar* permanece sendo um dos poucos estudos do gênero sobre as Forças Armadas brasileiras.[1]

Escrever *O espírito militar* foi muito importante para minha trajetória acadêmica. Desde então, venho publicando outros trabalhos relacionados ao tema. Em *Os militares e a República* (1995), apresentei a vida na Academia Militar ao final do Império e o envolvimento de jovens nela formados no movimento que levou ao golpe republicano de 15 de novembro de 1889. Mais tarde, escrevi *A invenção do Exército brasileiro* (2002), sobre o processo de invenção de tradições na instituição.[2] A combinação de antropologia e história sempre pautou minha trajetória acadêmica, gerando livros voltados para a compreensão do papel do Exército e das Forças Armadas no cenário político nacional.[3]

Qual foi a repercussão de *O espírito militar* junto aos militares? Mesmo após todos esses anos, continuo sem uma resposta precisa para essa pergunta. Enviei a dissertação, no dia seguinte à sua defesa, ao comando da Aman. Depois, fiz convites para o lançamento do livro (do qual doei dois exemplares para a biblioteca da instituição). No entanto, nunca obtive um retorno oficial a respeito do trabalho. Imaginava que pudesse ser convidado a conversar sobre o livro pelo comando da Academia ou pelos oficiais envolvidos com o processo de formação dos cadetes, o que não ocorreu.[4]

Em parte, esse silêncio pode ser explicado pelo caráter dinâmico da carreira militar. Quando o livro foi publicado, muitos oficiais e a maioria dos cadetes com os quais conversei durante a pesquisa já haviam deixado a Aman — por transferência ou formatura. Durante o lançamento, apenas um cadete apareceu. Disse-me que vários colegas tinham planejado ir, mas não puderam devido a uma manobra marcada para aquele dia.

Desse modo, fiquei restrito a opiniões esparsas, colhidas ao acaso, aqui e ali. Soube, por exemplo, que um chefe do Estado-Maior das Forças Armadas (EMFA) recomendou a seus subordinados a leitura do livro. Certa vez, um oficial me contou que ficou impressionado quando sua namorada, que desconhecia totalmente a rotina da vida militar, de repente começou a comentar detalhes do cotidiano da Aman. Pouco depois, ele descobriu que a fonte "secreta" era *O espírito militar*. Em outras oportunidades, oficiais elogiaram a precisão com que a vida na Aman havia sido descrita.

Tive contato posterior com apenas três dos cadetes entrevistados. Um deles disse algo que me impressionou: "O livro mudou minha vida: nunca mais chamei ninguém de *paisano*".

Prefácio à 2ª edição

Houve também reações negativas em relação ao livro, embora algumas por motivos curiosos e inesperados. Um tenente ficou incomodado com o fato de eu ter mantido as gírias e alguns palavrões na fala dos cadetes ("O que é que os civis vão pensar?"). Outro estranhou o fato de o símbolo da Intendência ter aparecido na capa e nas vinhetas ao longo do texto. Seria um sinal de minha preferência pela Intendência em detrimento das outras Armas? A explicação é bem mais prosaica: o símbolo foi escolhido pelo programador visual por motivos puramente estéticos. Nesta segunda edição, para não repetir o mal-entendido, pedi à editora que o símbolo fosse retirado.

Ao longo desses anos, *O espírito militar* tornou-se bem conhecido dos militares, embora não tenha sido lido na mesma proporção. Percebi que para muitos oficiais, mesmo sem ler o livro, a principal preocupação era saber se eu falava bem ou mal do Exército, se eu era "amigo" ou "inimigo". Em parte, isso reflete a sensação de que a instituição era frequentemente hostilizada na mídia e no mundo acadêmico. Também pode ser uma preocupação comum a quem exerce uma carreira voltada para um cenário de atuação no qual é preciso distinguir, com clareza, amigos de inimigos. A falta de consenso dos colegas sobre o livro era sempre algo perturbador para os militares, em geral pouco familiarizados com o estilo e a natureza da pesquisa acadêmica.

Ao preparar esta segunda edição de *O espírito militar*, optei por fazer apenas algumas modificações, atualizando dados como os referentes à origem social e à naturalidade dos cadetes, apresentados no capítulo 4. Outras informações pontuais foram acrescentadas como "notas à 2ª edição". Além de acreditar no valor e na atualidade das informações e análises aqui apresentadas, quis manter o sabor original do texto, escrito aos 25 anos de idade.

A todos que colaboraram nesta e nas minhas pesquisas subsequentes, meus renovados agradecimentos.

Novembro de 2003

Introdução

A ACADEMIA MILITAR DAS AGULHAS NEGRAS (AMAN) é o estabelecimento de ensino de nível superior responsável pela formação básica dos oficiais combatentes da ativa do Exército brasileiro. Está localizada desde 1944 no município de Resende (RJ), à margem da rodovia Presidente Dutra. Suas instalações ocupam uma área de quase setenta quilômetros quadrados que se estende até o sopé do maciço de Itatiaia, cujo pico das Agulhas Negras lhe dá o nome.

No início do ano letivo de 1987 a Academia possuía um efetivo de 1473 alunos distribuídos pelos quatro anos do curso. Em 1988 teve início um aumento gradual no número de alunos, conforme um dos objetivos traçados pelo plano de remodelação do Exército conhecido como FT-90, que previa que mais de 2000 alunos iniciassem o ano letivo de 1990.

Os candidatos à Aman são recrutados em três fontes principais: a Escola Preparatória de Cadetes do Exército (ESPCEX), localizada em Campinas, os diversos Colégios Militares (CM) existentes no país e o Concurso de Admissão. Também podem ser admitidos alunos oriundos das escolas secundárias da Marinha (Colégio Naval) e da Aeronáutica (Escola Preparatória de Cadetes do Ar).[1] O número de vagas a serem preenchidas por candidatos de cada uma dessas procedências é determinado anualmente pelo Departamento de Ensino e Pesquisa (DEP), órgão máximo do sistema educacional do Exército.[2] Os alunos que concluíram o curso secundário da ESPCEX ou dos Colégios Militares podem ingressar automaticamente na Academia, embora os últimos precisem haver atingido uma determinada média nos estudos. O Concurso de Admissão é aberto a candidatos oriundos de colégios civis e consta de provas para seleção intelectual, além dos exames físico, de saúde e psicológico. Para todos os candidatos são exigidos os seguintes requisitos: ser brasileiro nato, solteiro, haver concluído ou estar concluindo a última série do 2° grau e ter entre dezessete e 22 anos no 1° ano do curso da Aman, admitindo-se uma tolerância de mais dois anos para os concludentes da ESPCEX.

Ao ser matriculado na Aman, o candidato passa a estar sujeito à legislação militar e recebe o título de "cadete", que mantém até o final do curso, quando então recebe a patente de "aspirante a oficial".[3]

O curso da Academia tem a duração de quatro anos. Durante esse período os cadetes vivem em regime de internato, com saídas ocasionais chamadas de "licenciamentos". Os cadetes recebem gratuitamente,[4] e no próprio local de estudo, moradia, alimentação, uniformes, serviço de lavanderia e assistência médica e dentária, além de um pequeno soldo.

O ensino compreende duas áreas: "fundamental" e "profissional". O ensino fundamental[5] visa dar ao cadete o embasamento cultural necessário para o prosseguimento da carreira. Não há matérias eletivas, todas são obrigatórias. Pelo currículo que entrou em vigor em 1988, as matérias do ensino fundamental estão assim dispostas:[6]

1º ANO	2º ANO	3º ANO	4º ANO
Química	Estatística	Direito	Direito
Física	Física	História militar	História militar
Matemática	Informática	Idiomas	Idiomas
Geometria descritiva	Topografia	Filosofia	Economia
Redação e estilística	Redação e estilística	Psicologia	Redação e estilística

O ensino profissional visa dar ao cadete o conhecimento técnico necessário para atuar até o posto de capitão dentro da "Arma" que ele escolhe ao final do 1º ano:[7] Infantaria, Cavalaria, Artilharia, Engenharia, Intendência, Comunicações ou Material Bélico.[8] Após o "Curso Básico", como é chamado o 1º ano do curso da Aman e no qual o ensino profissional é comum a todos os cadetes, ocorre uma separação entre as matérias específicas a cada Arma.

É importante destacar que a formação de oficiais do Exército não se resume aos quatro anos de Academia; ao contrário, consiste em várias etapas. Dentre algumas possibilidades, a mais comum é o oficial cursar, no posto de capitão, a Escola de Aperfeiçoamento de Oficiais (ESAO) e, alguns anos mais tarde, tentar o ingresso na Escola de Comando e Estado-Maior do Exército (Eceme), ambas localizadas no Rio e obrigatórias para que possa aspirar a atingir o generalato. Essas escolas preparam o oficial para a atuação em postos cada vez mais elevados da carreira. No entanto, elas apenas desenvolvem algo que o oficial já deve possuir desde a conclusão do curso da Aman: *"espírito militar"*. É este o tema do presente livro.

Na Academia o cadete vive um processo de socialização profissional durante o qual deve aprender os valores, atitudes e comportamentos apropriados à vida militar. Meu objetivo é apresentar uma interpretação de como esse processo ocorre.

Uma opção metodológica fundamental deve ficar desde logo clara: estou principalmente interessado não nos conteúdos formais específicos às matérias ensinadas, e sim nos aspectos informais do curso, na experiência subjetiva dos cadetes na Academia. Através de manuais e apostilas o cadete adquire conhecimentos sem dúvida indispensáveis ao exercício da profissão, mas é na interação cotidiana com outros cadetes e com oficiais que ele aprende como é *ser militar*.

Este livro trata, portanto, do processo de construção da identidade social do militar, do espírito militar. Para atingir esse objetivo, será seguido um método característico da antropologia social: a realização de uma etnografia fundada, basicamente, numa experiência de trabalho de campo. Essa experiência será descrita com detalhes no capítulo 5. No entanto, algumas informações sumárias se fazem aqui necessárias.

Estive na Aman um total de 36 dias, concentrados em quatro períodos entre agosto de 1987 e março de 1988, cada etapa variando entre cinco e dez dias. Realizei entrevistas gravadas com 43 cadetes, além de conversar informalmente com outros cadetes e oficiais. Tive também uma intensa experiência de observação participante, que incluiu, por exemplo, integrar durante dois dias uma "patrulha" de dez alunos do 1º ano durante um exercício militar.

Além do trabalho realizado na Aman, fiz entrevistas com os que chamarei "ex-cadetes" (pessoas que não concluíram o curso, por expulsão ou por abandono) e com "antigos cadetes" (oficiais de carreira do Exército, já na reserva). Foram entrevistados quatro ex-cadetes que frequentaram a Academia no

Introdução 27

período 1981-6 e seis antigos cadetes formados no período 1935-
-54. Como fontes complementares de dados foram consultadas
autobiografias de militares e trabalhos acadêmicos publicados
sobre a instituição militar.

A BIBLIOGRAFIA NA ÁREA das ciências sociais sobre militares é
enorme. Um levantamento feito por Kurt Lang[9] sobre a produção norte-americana e europeia registra 528 títulos. Entretanto,
apenas uma ínfima parte dessa bibliografia aborda a formação de oficiais em academias militares. Discutirei as principais
questões teóricas presentes nesses trabalhos ao longo do livro,
relacionando-as ao material obtido na pesquisa. No momento,
cabem algumas observações sobre a produção brasileira relativa aos militares.

Um ensaio bibliográfico feito em 1985 por Edmundo Campos Coelho constata que são poucos os trabalhos acadêmicos
que tratam a instituição militar como um objeto legítimo de
análise por si mesmo. A maioria aborda antes o papel dos militares na política brasileira, principalmente nos momentos de
intervenções armadas. Haveria, desse modo, uma tendência a
se "politizar" a instituição militar. O autor observa:

> De certa forma, a "politização" produz a "paisanização" dos mi-
> litares, despindo-os da forte marca da instituição castrense. O
> processo parece ser análogo ao do exorcismo ou da psicanálise: é
> como se os estudiosos, sofrendo de algum profundo trauma com
> os símbolos, marcas, mentalidade e procedimento das instituições
> militares, necessitassem revelar a sua dimensão mais "familiar"
> (ou "paisana") dissolvendo nela a outra zona: a do perigo, da
> ameaça, do desconhecido.[10]

Esse "profundo trauma", embora importante, certamente não é a única explicação para o pequeno número de estudos sobre os aspectos "íntimos" da instituição militar. O mesmo autor menciona em seguida a dificuldade que sempre existiu para pesquisadores terem acesso ao Exército, por quaisquer vias. Apesar disso, algumas tentativas de análise da instituição militar em seus aspectos "internos", "estruturais" ou "organizacionais" foram feitas. Entre os trabalhos mais instigantes, gostaria de citar os produzidos no campo da ciência política por José Murilo de Carvalho, Edmundo Campos Coelho, Alexandre Barros e Vanda Costa.[11]

O ponto comum a esses pesquisadores é a problematização da perspectiva que dilui a especificidade da instituição militar ao vinculá-la a uma teoria do conflito de classes sociais, especialmente quando o comportamento político dos militares é explicado a partir de sua suposta origem social de "classe média". Para os autores acima citados, ao contrário, a importância da origem social na definição do papel político dos militares é apenas marginal, o que implica o reconhecimento de uma *relativa autonomia* da instituição em relação à sociedade civil e uma proposta de estudo centrada preferencialmente não em suas intervenções na vida política, mas no *cotidiano* da instituição:

> Afinal, as intervenções militares são apenas o aspecto mais espetacular do comportamento da instituição, geralmente o momento de explosão de tendências que se formaram ao longo dos períodos de normalidade: frustrações, isolamento ou reclusão dentro de um universo socialmente estreito, crise permanente de identidade profissional e assim por diante.[12]

Introdução 29

Dentre esses autores, apenas Barros aborda a socialização profissional dos oficiais do Exército na Academia Militar, baseando-se principalmente em autobiografias de militares.[13] Algumas de suas contribuições serão apresentadas adiante, bem como uma discussão sobre a questão da origem social dos cadetes.

Apesar da exortação sempre repetida por esses pesquisadores para que se estudem os militares a partir de uma perspectiva institucional, produziu-se muito pouco além do que foi citado. No campo da antropologia brasileira em particular, inexistem estudos específicos sobre os militares. Na falta de outras etnografias, esta deve ser vista como uma incursão inicial — e portanto apenas de reconhecimento — a um território vasto e que merece ser mais explorado.

1. Militares e paisanos

QUANDO CHEGAM À ACADEMIA, os novos alunos são considerados "candidatos a cadete". Só se tornam oficialmente cadetes após a matrícula, que ocorre de duas a quatro semanas mais tarde. Nesse meio-tempo eles vivem o que é conhecido como "período de adaptação". Esse nome poderia sugerir, a alguém desavisado, que se busca nesse período um ajustamento, uma acomodação gradual dos novatos à vida militar. Muito pelo contrário: a transição é brusca e intensa. Tanto oficiais quanto cadetes falam da adaptação como uma "peneira" que visa levar à desistência as pessoas que não possuem vocação ou força de vontade suficiente para o ingresso na carreira militar.

Os novatos são alojados em grupos de doze nos apartamentos que ocupam os primeiros andares do Conjunto Principal, o prédio central da Academia, que abriga os alojamentos, salas de aula, refeitórios, administração e comando.[1] Os novos alunos são também divididos em "pelotões", grupos de trinta a 35 pessoas comandadas por um tenente. Três pelotões constituem uma "companhia", comandada por um capitão.

Durante a adaptação as aulas ainda não começaram e o dia é ocupado com muita "ordem-unida" (treinamento coletivo de marchas, continências e posturas militares), educação física, instruções sobre os regulamentos, conhecimento do espaço da Academia, preenchimento de questionários com finalidades diversas, recebimento de uniformes e vários procedimentos burocráticos. Os cadetes afirmam que nesse período não têm tempo "nem para pensar", com atividades das seis às 22 horas, sem horários livres. Além disso, durante a adaptação não há licenciamento nos finais de semana; os novatos permanecem direto na Academia todo esse período.

"Pressão" é a palavra mais usada pelos cadetes quando falam sobre a adaptação. Essa pressão seria exercida principalmente pelos tenentes, oficiais com os quais os novatos estão em estreito contato o dia todo, e por diversos meios, como por exemplo através dos "exercícios de vivacidade", ordens dadas em sequência rápida e sem uma finalidade aparente. Um cadete do 3º ano relata que o tenente ordenava aos novatos que subissem e descessem repetidamente escadarias, sempre correndo e carregando seus sacos com os uniformes que tinham acabado de receber. Outro, do 1º ano, conta que:

> A gente voltava do rancho [refeitório] e [...] "Sentar! Levantar! Sentar! Levantar! Ficar de frente!..." O tenente apertava a gente, né? Não dava tempo, a gente voltava do rancho, o pelotão já tava em forma e ele perguntava: "Quem é que quer ir embora? Atenção! Isso aí é muito fácil, não está satisfeito é só ir embora".

Apesar de a pressão revestir-se por vezes de um caráter físico, como nos exemplos dados, os cadetes afirmam que ela é basicamente psicológica. Seu componente mais forte seria a humilhação verbal. Em quase todos os depoimentos é ressaltado o fato de que os tenentes — e em menor medida os outros oficiais — estão "sempre gritando" com os cadetes, pelas menores faltas. Três dentre os ex-cadetes entrevistados — eles

Militares e paisanos

saíram da Aman bem depois de seus períodos de adaptação —
são mais explícitos:

> [O tenente] grita com você, esculacha contigo, acaba com você,
> bota você lá embaixo [...] a moral, tudo, tudo vai embora. [...]
> Tudo isso faz parte do jogo. É como se fosse um jogo, isso aí faz
> parte da regra. Mas é aquele lance: ele grita lá e você... entra por
> um ouvido e sai pelo outro. Se você esquentar a cabeça você vai
> embora. Mas dá estresse no pessoal, muita gente chora, sente a
> maior falta... ainda mais no período de adaptação, [em] que você
> não pode ir embora pra casa [de licenciamento].
> A impressão que dá é que o tenente quer que você saia dali de
> qualquer jeito. É o momento em que eles põem à prova a pessoa
> para ver se ela realmente vai continuar ou não. Então você tá
> com o sapato brilhando, o tenente vem *na sua cara*... Pô, isso não
> é força de expressão, não, eu já vi a obturação no dente do cara
> gritando comigo: "Seu cagalhão! Você tem que sair daqui! Olha
> que sapato imundo!".
> Você chega na Aman e se assusta com o tipo de tratamento
> que você leva. Acaba com tudo, frescura de família, não tem mais
> aquele carinho dos pais, dos irmãos, não tem proteção. Você tá
> sozinho ali, tá jogado. [...] É uma época em que eles procuram ver
> se o cara realmente gosta da vida militar. O oficial fica gritando,
> falando alto demais, te humilhando... chega até certo ponto de
> te humilhar, dependendo da situação, pra ver se você aguenta e
> se era realmente aquilo que você queria ou se você foi lá influen-
> ciado pelos pais.

A exortação para que os novatos abandonem a Academia é
continuamente repetida. É muito comum os oficiais falarem

para eles coisas do tipo: "Vocês estão aqui voluntários, quando vocês quiserem ir embora podem ir. O portão é bem grande, cabe todo mundo. Se quiserem ainda levo a mala pra vocês!".

Os oficiais justificam esse procedimento observando que durante o período de adaptação ainda é possível a substituição dos que desistem por outros que aguardam uma chance na fila de espera. E a saída é fácil: basta assinar um documento e deixar a Academia no mesmo dia para que outro seja imediatamente convocado, seguindo a ordem de classificação. Isso não será mais possível após a matrícula, ao final da adaptação, momento a partir do qual as vagas deixadas pelos desistentes não poderão mais ser preenchidas.

A evasão no período de adaptação é grande, porém de difícil mensuração, pois os dados estatísticos a que tive acesso na Aman referem-se à evasão após a matrícula. Mesmo assim, qualquer um poderia observar, durante o período de adaptação de 1988, a presença de vários alunos de Colégios Militares que ainda estavam na fila de espera. Eles já ficavam hospedados na Aman, aguardando vagas que provavelmente seriam abertas com as desistências.

Encerrado o período de adaptação, os novatos que permaneceram são matriculados e participam, num clima de alegria, da solenidade de passagem pelo Portão Monumental que separa física e simbolicamente a Academia do mundo exterior. Entram pelo lado onde há uma placa com a inscrição "entrada dos novos cadetes". Quatro anos mais tarde os que conseguirem "transpor os obstáculos" sairão da Academia pelo mesmo portão, mas agora pelo lado oposto, onde está escrito "saída dos novos aspirantes". Nesse intervalo, lerão diariamente outra inscrição, em letras grandes, no pátio interno: "Cadetes! Ides comandar, aprendei a obedecer".

Militares e paisanos

A MATRÍCULA MARCA O PERTENCIMENTO ao Corpo de Cadetes e o ingresso no Curso Básico, como é chamado o 1º ano da Aman. O Curso Básico é comandado por um coronel e encontra-se dividido em companhias, comandadas por capitães. Por sua vez, cada companhia divide-se em três pelotões, comandados por tenentes. Em 1987 o Curso Básico iniciou o ano com 463 alunos, sendo 431 novos e 32 repetentes, divididos em quatro companhias. A partir de 1988 seu eletivo foi ampliado em cerca de duzentos alunos e duas companhias.

Após a matrícula inicia-se o período letivo, com as matérias do ensino fundamental ministradas em salas de aula e as do ensino profissional ministradas nos "parques", construções isoladas e específicas para instrução militar, além de educação física diariamente. As atividades seguem uma rotina determinada, planejada para o ano todo. O horário das atividades escolares para 1988 era:

HORÁRIO DAS ATIVIDADES ESCOLARES — 1988 (2ª A 6ª-FEIRA)*

Alvorada	5h50
Parada-avançar	5h55
Parada-rendição	6h10
Café	6h20
Formatura geral	6h40
1ª parte do expediente	7h-12h20
Almoço	12h45
2ª parte do expediente	14h-17h30
Jantar	17h45
Revista do recolher	19h
Estudo	19h30-21h30
Ceia (não obrigatória)	21h30
Silêncio	22h

* Nos finais de semana sem atividades e nos feriados não há expediente, mas os horários previstos são basicamente os mesmos; a alvorada é às 7h.

Além do horário, as atividades dos cadetes são reguladas em seus mínimos detalhes pelas Normas Gerais de Ação (NGA), que estabelecem as condutas a serem seguidas. Por exemplo, nas aulas, sempre de frequência obrigatória, o professor (ou instrutor) deve encontrar, ao entrar na sala, todos os cadetes já presentes. À sua entrada, o cadete que está chefe da turma (função exercida em sistema de rodízio) comanda "sentido!" e o professor (ou instrutor) autoriza ou comanda "à vontade!". Os cadetes estão sempre deslocando-se em conjunto para as atividades, daí a grande quantidade de formaturas, paradas e revistas que ocorrem durante o dia. Para entrar no rancho (refeitório), por exemplo, há sempre uma formatura no pátio interno, e todo o procedimento a ser seguido está previsto nas NGA:

O deslocamento para o rancho será em passo ordinário, mantendo-se o alinhamento das fileiras pelo centro, até o passadiço do refeitório, quando os cadetes tomarão o passo sem cadência e retirarão a cobertura. A entrada no rancho deverá ser realizada sem atropelos e em *silêncio*. Uma vez dentro do refeitório, cada cadete dirigir-se-á para seu lugar e tomará a posição de "descansar". O auxiliar do oficial de dia ao Corpo de Cadetes comandará "sentido!" e, após apresentar o Corpo de Cadetes ao oficial mais antigo presente, comandará "Corpo de Cadetes, à vontade!". A pasta (ou bornal) e a cobertura só poderão ser colocados sob a cadeira depois do comando de "à vontade".

As NGA pretendem regular também o comportamento do cadete fora da Aman, contendo prescrições do tipo: "Quando dançando, deverá evitar exibicionismo, fugindo sempre do ri-

Militares e paisanos

dículo ou das atividades incompatíveis com a seriedade do uniforme e dignidade do próprio militar". Ou então: "Será proibido, ao cadete licenciado, perambular pela rodovia Presidente Dutra, insinuando-se para conseguir transporte de 'carona'".

Entre muitas outras coisas, os cadetes ficam também sabendo pelas NGA, atualizadas todo ano,[2] que deverão cortar o cabelo semanalmente, não poderão usar barba ou bigode nem afixar cartazes, fotos ou similares nos apartamentos.

A infinidade de detalhes a serem observados e condutas a serem seguidas constitui uma das maiores dificuldades encontradas pelos novos cadetes. Mas o grau dessa dificuldade e o tempo que eles levam para assimilar os procedimentos de rotina variam em função de alguns elementos. O principal talvez seja a origem escolar dos cadetes, mostrada no quadro seguinte:

QUADRO 1. Distribuição dos cadetes matriculados no 1º ano da Aman em 1985, pela origem escolar*

ORIGEM	Nº	%
Concurso de Admissão	59	14,5%
Colégios Militares	125	30,8%
ESPCEX	218	53,7%
Colégio Naval e EPCAr	4	1,0%
Total	406	100%

* Não computados os repetentes.

Esses números mostram que mais de 85% das pessoas que ingressaram na Aman já tinham experiência de estudo em escolas militares. Para um período de dez anos, essa proporção é ainda maior:

QUADRO 2. Distribuição dos cadetes matriculados no
1º ano da Aman entre 1976 e 1985, pela origem escolar*

ORIGEM	Nº	%
Concurso de Admissão	318	8,7%
Colégios Militares	1425	38,9%
ESPCEX	1873	51%
Colégio Naval e EPCAr	53	1,4%
Total	3669	100%

* Não computados os repetentes.

Portanto, apenas um pequeno número de pessoas chega à Aman sem algum conhecimento de rotinas militares. No entanto, durante o Curso Básico toda a instrução militar é planejada e ministrada tendo em vista os alunos que nunca tiveram contato com a vida militar. Mesmo os alunos da Preparatória e dos Colégios Militares têm que "aprender" novamente as continências, posturas e marchas. A preocupação dos oficiais é "homogeneizar" os cadetes o mais rapidamente possível em relação ao nível de formação militar, e tanto uns quanto outros insistem em afirmar que as diferenças inerentes às experiências escolares anteriores ao ingresso na Aman desaparecem em poucos meses, igualando os cadetes.

No início do ano, os alunos oriundos da Preparatória — "preposos", na gíria acadêmica — estão mais acostumados à rotina, mais "maceteados". Eles já possuem também experiência de viver em internato (o curso da "Prep" tem a duração de três anos) e conhecem muitos colegas que ingressaram juntos na Aman. Já os que vieram dos Colégios Militares, embora tenham alguma experiência militar, estão menos maceteados

Militares e paisanos

que os de Preparatória. A maioria dos alunos de CM estudam em regime de externato e, como afirmam, um Colégio Militar é mais "colégio" que "militar". De todos os cadetes, os que entraram na Academia via Concurso de Admissão são os menos familiarizados com a vida militar. Não obstante, essas diferenças entre os alunos segundo a origem escolar não determinam o grau de ajustamento e satisfação pessoal nos primeiros meses de Academia. Por exemplo: justamente por já possuir uma prolongada experiência militar anterior, um aluno de Preparatória pode (ou não) perder o entusiasmo por ter de aprender novamente coisas que já sabe; um de Concurso de Admissão, por não possuí-la, pode (ou não) achar tudo novo e fascinante, assimilando melhor a rotina. A evasão escolar, que será mencionada mais adiante, atinge indiferenciadamente alunos de todas as origens. O ponto que deve ser destacado é que os oficiais procuram em todas as situações dispensar o mesmo tratamento e exercer a mesma pressão sobre todos os cadetes, independentemente da origem escolar.

Os CADETES, no 1º ano, têm pouquíssimo contato com oficiais que não pertençam ao Curso Básico, afora com os professores que porventura sejam militares. Dentro do Curso, ao contrário, o contato é intenso e frequente, embora diferenciado: ele decresce à medida que se sobe na cadeia hierárquica. Aliás, para ter acesso a um oficial como o coronel comandante do Curso Básico, por exemplo, o cadete, com raras exceções, tem de passar antes pelos oficiais intermediários.

O tenente, comandante do pelotão, é o superior imediato, com o qual o cadete interage mais vezes. É ele quem dá a maior parte da instrução militar e preside a maioria das formaturas e reuniões. É o principal responsável pelo "enquadramento" militar dos cadetes e pela vigilância a faltas que podem acarretar punições; na linguagem militar, é ele quem "cerra" (isto é, aperta) mais sobre os cadetes para procurar erros. Por outro lado, pode vir a ser o oficial mais "amigo", mais "aberto", que conversa com os cadetes e conhece-os profundamente. Quando recebe seu pelotão no início do ano, o tenente costuma ultrapassar o horário do expediente estudando as fichas e questionários preenchidos por seus comandados para conhecê-los um a um. As informações são detalhadas: um tenente mostrou-me questionários aplicados a seus cadetes que incluíam informações até sobre nomes e endereços de suas namoradas. Os tenentes também registram num quadro, durante todo o ano, o desempenho de cada um de seus comandados, anotando os graus em provas, punições, elogios, dispensas médicas e local a ser ocupado no refeitório.

O capitão, comandante da companhia, não deixa de ter uma certa proximidade com os cadetes, mas num grau inferior aos tenentes. Exerce mais funções administrativas que os tenentes e possui contato com o conjunto dos pelotões, não com um pelotão em particular. Com o coronel comandante do Curso Básico o contato pessoal dos cadetes é ainda menor. Uma das razões apontadas para isso, além da maior distância hierárquica, é que a sala de comando do Curso fica localizada no "parque", enquanto os tenentes e capitães ocupam salas localizadas na entrada das alas, pavilhões de alojamentos onde estão os apartamentos.

A hierarquia militar — ou melhor, a hierarquia do corpo de oficiais — apresenta uma característica fundamental: ela

Militares e paisanos

fraciona um *grupo de pares*. Um capitão, um coronel ou um general já foram cadetes; pode-se dizer que, de certa forma, eles são cadetes com alguns anos de experiência e de idade a mais. Todos são *oficiais* e comungam o mesmo *espírito militar*. Os cadetes sabem que, ao concluírem o curso da Academia, passarão a ter a mesma condição social que seus superiores, e que a distância entre as posições hierárquicas ocupadas por uns e outros será, basicamente, uma questão de "quantidade" de tempo: os generais de 1985 foram os cadetes de 1945-55; os cadetes de 1985 serão os generais da década de 2020. Nesse sentido, podemos chamar a hierarquia do corpo de oficiais de "hierarquia quantitativa", pois pressupõe a *possibilidade de ascensão* para todos os seus membros, a partir de uma situação inicial de *igualdade* formal de condições.

Falar em "quantidade" de tempo não quer dizer que todos ascenderão ao mesmo tempo, nem que todos necessariamente ascenderão; significa que todas as posições ocupadas pelos oficiais estão dispostas num mesmo eixo de tempo social e que, portanto, são redutíveis e comparáveis umas às outras — são distâncias "quantificáveis". Em contraposição a esse tipo de hierarquia teríamos as "qualitativas", onde as pessoas ocupam sempre as mesmas posições, inexistindo a possibilidade de ascensão e havendo, desde o início, uma situação de *desigualdade* de condições. Um exemplo clássico é o do sistema hindu de castas, no qual as posições ocupadas pelos membros de duas castas guardam uma diferença de qualidade, de diferentes graus de dignidade entre os seres, não estando essas posições dispostas num mesmo eixo de tempo social.

O objetivo dessas reflexões sobre a hierarquia militar é apenas ajudar-nos a compreender por que, embora os oficiais sejam vistos pelos cadetes como aqueles que têm poder, que os pressionam e punem, por outro lado são modelos daquilo que os cadetes pretendem vir a ser. Entretanto representam modelos, aos olhos dos cadetes, diferentes. Em primeiro lugar, há "chefes" e "líderes". Neste momento, é interessante resumir a análise feita por Simmel da diferença entre a ascendência por meio de "autoridade" e a ascendência por meio de "prestígio", que coincide com a distinção feita pelos cadetes entre "chefes" (ou "comandantes") e "líderes".[3]

A ascendência por meio de *autoridade* teria sua fonte num poder supraindividual que investe a pessoa de uma relevância que não advém de sua própria individualidade, estando baseada em normas impessoais e objetivas. Nesse sentido, a ascendência do "chefe" ou "comandante" está ligada à *posição* que ele ocupa, o que implica a separação entre indivíduo e posição social; neste caso, as qualidades e expectativas são atribuídas à posição e não ao indivíduo. Um dos efeitos marcantes dessa separação, para Simmel, é que a ascendência por meio de autoridade proporciona aos subordinados uma maior liberdade: o chefe também está preso à norma, aos regulamentos. Na Aman, por exemplo, o cadete que recebe uma ordem e a considera contraditória com os regulamentos pode, no limite, pedi-la "por escrito", o que na maioria dos casos acaba levando o superior a retirar a ordem. Exemplos desse tipo são muito raros, mas possíveis; e a própria possibilidade de que venham a ocorrer serve para desestimular ordens que não estejam respaldadas nos regulamentos.

Já a ascendência por meio de *prestígio* tem sua fonte, segundo Simmel, na própria individualidade do "líder". Na instituição militar, esse tipo de ascendência está subordinado ao anterior,

Militares e paisanos 43

embora possua algumas características peculiares. O "líder" militar também está preso às normas, mas distingue-se do "chefe" por um prestígio específico diante do qual o subordinado "se sente arrastado". De uma maneira geral, os cadetes gostariam de ser "líderes", embora afirmem que poucos dentre eles o serão de fato. É atribuída ao "líder" uma valoração superior do que ao "chefe", principalmente numa hipotética situação de combate. Para os cadetes, os líderes são aqueles oficiais que despertam *confiança*. Por um lado "dão o exemplo", isto é, mantêm uma postura pessoal em consonância com aquilo que exigem de seus subordinados. Por outro lado, são "mais humanos", preocupam-se com seus subordinados "enquanto pessoas", e não apenas com a manutenção da obediência devida.

Aliás, a obediência hierárquica não é cega. Ela depende de que o superior conheça os *limites* de sua autoridade, o que leva os cadetes a distinguirem entre os "bons" e os "maus" oficiais. Um cadete do 4º ano conta a seguir uma história ocorrida no ano anterior entre os elementos de sua companhia e o capitão:

Teve num sábado uma formatura aqui em que choveu muito e alagou a Academia, tava cheio de poça d'água. A gente tava com uniforme de gala branco, tá? Então o pessoal tava marchando e desviou de uma poça d'água, fez uma voltinha. Ele [o capitão] mandou a gente voltar, mandou sentar em cima da poça d'água. Aí depois o pessoal: "Pô, vamos boicotar esse cara". Aí chegou no outro sábado, era um concurso de ordem-unida, onde conta muito a apresentação pessoal. Então ele mandou até trazer uma graxa lá de Manaus pra dar um brilho no coturno e tal. Todo mundo fez questão de não desviar de poça nenhuma! Chegamos lá na esplanada, onde foi o concurso, com barro até aqui. O pessoal batia o pé no chão com força mesmo, pra esparramar barro pra tudo quanto é lado, deixávamos o FAL [fuzil automático leve] cair de propósito [...]. Resultado: tiramos o último lugar na ordem-unida. Ele [o capitão] começou a desconfiar que tinha alguém [na companhia] dando corda negativa. Aí o cara começou a pegar [...] por exemplo: passava por você e te chamava pra conversar, queria que denunciasse quem estava contra ele. Mas não tinha isso. O pessoal mesmo via que o negócio tava errado e boicotava, né? E o que aconteceu? Um dia aí eu estava sem fazer nada, aí mandaram todo mundo entrar em forma, com capacete, equipamento... "Pô, será que o cara vai fazer exercício hoje?" Que nada, era passagem de comando. Ele não aguentou, pediu pra ir embora.

Neste exemplo, o oficial não apenas desconheceu o limite da sua autoridade como também não tratou com respeito e "urbanidade" seus subordinados; foi, portanto, um exemplo de "mau oficial". O "bom oficial" deve, ao contrário, perceber o que pode e o que não pode ordenar, bem como a maneira correta de fazê-lo. Esta "humanidade" para com os subordinados, no entanto, não tem nada a ver com a valorização de uma espécie de "intimidade" entre superior e subordinado. Para Sennet, intimidade "conota calor, confiança e expressão aberta de sentimentos".[4] A amizade entre militares hierarquicamente distintos pressupõe, ao contrário, maneiras discretas e controladas de expressão dos afetos.

Mas tudo o que foi dito nesse segmento sobre as características da hierarquia e da subordinação militar é quase ficção para os novatos do $1^{\underline{o}}$ ano, e só se tornará realidade com o passar do tempo. Para os cadetes do $1^{\underline{o}}$ ano, a obediência devida muitas vezes deve ser cega e sem limites, e a humanidade

Militares e paisanos 45

não é característica necessariamente presente no tratamento a eles dispensado pelos oficiais. A realidade é que os alunos do 1º ano são "cadetes" apenas formalmente; informalmente não são tratados como tal nem pelos oficiais nem pelos cadetes de anos superiores. Os alunos do 1º ano são *bichos*.

O STATUS DOS CADETES VARIA conforme o ano em que estejam. Em primeiro lugar há uma precedência hierárquica regulamentar entre os anos, estando num polo os cadetes do 4º ano, superiores a todos os outros, e no outro os cadetes do 1º ano. Entretanto, essa disposição hierárquica não se constitui oficialmente numa "cadeia de comando" como a que se estabelece entre os oficiais, na medida em que, na vida diária, um cadete não dá ordens oficialmente a outro de ano inferior, exceto circunstancialmente, dependendo de determinadas funções previstas nos regulamentos que venha a exercer. Essa hierarquia é considerada "natural" pelos cadetes; afinal de contas, todos passam pela mesma sequência de anos, estando a possibilidade de ascensão aberta a todos.

Existem denominações informais para cadetes nos quatro anos do curso da Aman, usadas no cotidiano pelos próprios cadetes e, por vezes, também pelos oficiais. Um cadete no 1º ano é chamado "bicho"; no 2º ano, "calouro"; no 3º ano, "afim"; e no 4º ano passa então a "aspirante". É com os aspirantes que os bichos estão em contato mais frequente. Esse contato se dá em dois níveis: o formal, na medida em que os aspirantes desempenham a função de "adjunto", auxiliares dos tenentes nos pelotões; e o informal, através dos "trotes", antiga tradição nas escolas militares.

A relação de trote estabelece-se entre aspirantes e bichos. Por vezes, um aluno do 3º ano pode dar trotes num do 1º ano — afinal ele está hierarquicamente próximo, "afim" ao do 4º ano. Mas a superioridade necessária para a aplicação dos trotes é idealmente atribuída apenas aos aspirantes. Por outro lado, somente os bichos recebem trotes; os calouros e os afins não dão nem recebem trotes. Os bichos também devem dirigir-se aos cadetes de outros anos respeitosamente, tratando-os sempre por "senhor".

Alguns cadetes fazem uma distinção entre trote e "brincadeira". A diferença não é muito clara e na maioria das vezes os dois termos são usados indistintamente, mas em geral o trote é considerado "mais pesado", humilhante, dramático e desintegrador, enquanto a brincadeira seria "mais leve", cômica ou inofensiva e integradora. Acredito que os cadetes prefiram por vezes utilizar o termo "brincadeira" como um eufemismo, por ser um assunto de abordagem sempre delicada, principalmente com um pesquisador civil. Além disso, o trote é "terminantemente proibido" pelos regulamentos e a sua aplicação pode acarretar punições disciplinares. A justificativa geralmente apresentada para a proibição do trote é que se ele fosse liberado haveria o risco de um elemento "mais sádico" exagerar. Apesar de proibido, os oficiais sabem da existência do trote — eles também já foram bichos — e de maneira geral não procuram combatê-lo, mas apenas regulá-lo, evitando exageros. Como mostra Becker, "a existência de uma regra não garante automaticamente que ela será imposta. Há muitas variações na imposição de regras. [...] É mais típico que as regras só sejam impostas quando algo provoque a imposição".[5]

Militares e paisanos

Vários oficiais com os quais conversei defenderam o trote como um aspecto positivo e necessário, e existe uma espécie de acordo de cavalheiros entre oficiais e cadetes do 4º ano no sentido de que os trotes não devem ser "exagerados" nem executados na presença dos oficiais; por outro lado, estes fazem "vistas grossas" à sua ocorrência. Por isso os trotes acontecem geralmente à noite ou nos finais de semana, e nos alojamentos. O exemplo seguinte é dado por um cadete do 3º ano, narrando um episódio de que participou quando era bicho:

> Eu tava no meu apartamento no 1º ano, pagando flexão. Os aspirantes: "Vamos lá, bicho, você consegue!". De repente, chegou um cadete: "O oficial de dia tá aí!". Aí eu [estava] suando pra cacete, cansado assim, encostado na parede. Aí o oficial de dia entrou, o cara do 4º ano se apresentou. Aí o oficial de dia: "Tudo bem aí?". [O aspirante:] "Sim, senhor, tudo em ordem." "Pois bem, *prossiga.*" O oficial saiu, fingiu que não viu. Mas ele viu, eu tava todo caído lá, pagando flexão"...

Os exemplos de trotes são infinitos e sua variedade depende em grande parte da inventividade dos aspirantes. Entre os mais comuns está a prestação, pelos bichos, de serviços que em nossa cultura são tradicionalmente considerados inferiores. Nesse sentido, um aspirante não precisa fazer a faxina do apartamento, passar o uniforme, engraxar os coturnos, limpar a fivela do cinto: basta convocar um bicho para fazer tudo isso em seu lugar. Além desses, várias outras tarefas podem ser executadas pelo bicho: ler um jornal ou livro em voz alta para o aspirante estudar, contar histórias para ele dormir etc.

Alguns trotes pretendem causar um efeito cômico, com os bichos tendo que representar personagens do reino animal — pois não são eles "bichos"? Um bicho teve que ficar correndo de um lado pro outro no banheiro, abanando os braços e cantando: "Eu sou uma borboleta azul…"; outro, empoleirado no alto do armário, batia as asas e fazia "Có, có, có, có…"; um terceiro corria arrastando-se pelos cantos do apartamento, qual barata fosse, enquanto um aspirante, de vassoura em punho, tentava acertá-lo.

Outros trotes são mais "físicos", destacando-se as "pagações", quando o bicho tem que executar exercícios até o limite da exaustão: fazer flexões ("Paga trinta!"), ficar na ponta dos pés até perder o controle sobre as próprias pernas, entre outros exemplos. O bicho pode também ter que ficar contando piadas para uma estátua até ela rir, imitar uma bailarina dançando ou a Gretchen rebolando, contar em público suas experiências sexuais, tomar um "coquetel Molotov" (mistura feita por um aspirante com todos os ingredientes da refeição) ou ainda simular um "efeito Poltergeist", descrito por um cadete do 4° ano: "A gente coloca o bicho em cima da mesa e manda ele fazer o fenômeno. Então ele fica balançando a mesa, caem as coisas de cima da mesa e tal". Outro bicho foi "paraquedista" durante uma hora: ficava saltando do "avião" (uma mesa) ao mesmo tempo em que imitava o ronco do motor. Para encerrar os exemplos, vejamos o trote que um bicho, agora cadete do 3° ano, levou:

> Uma vez me levaram lá pra ala de Cavalaria, aí me vestiram de "Salomé de Passo Fundo". Aí sentei numa cadeira lá com um chimarrão na mão, uma lança da Cavalaria na outra, um cobertor em volta, um chapéu na cabeça, uns óculos assim… Aí o cara

Militares e paisanos

mandou eu contar uma história pra ele dormir. Aí eu contava, o cara: "Pô, bicho, não tô conseguindo dormir. Conta outra". Aí ele chegou: "Ah, vamos fazer um negócio: conta a sua primeira experiência sexual". Aí eu contei *aquela* experiência, né, aquele mulherão... O cara: "Ah...", começou a ficar assim... Aí depois me botou uma corda na boca assim [como rédeas], aí começou a dizer que eu era um cavalo, né? "Vamos lá!" Com um chicote atrás, eu pulando as cadeiras lá... Aí depois colocaram aveia na minha boca e cachaça por cima. Fiquei doidão, assim... Mas é bacana. O cara não vai te sacanear, dar porrada, nada disso.

"Mas é bacana." O final dessa citação pode parecer surpreendente. O fato é que o trote, de maneira geral, é aceito pelos próprios bichos como algo inofensivo e mesmo positivo. Eles sabem que não devem reagir aos trotes nem tentar denunciá-los aos oficiais. Se um bicho recusar um trote — "cagar", na gíria acadêmica — terá contra si uma pressão enorme, uma "marcação" por parte dos aspirantes, oficiais e até mesmo dos próprios colegas bichos. Um cadete do 1º ano que foi reclamar de um trote para o oficial ouviu como resposta: "Por que você não vai reclamar pro aspirante que te deu o trote?". Contra outro bicho que reclamou de trote, um cadete do 3º ano, também bicho à época da ocorrência, conta que

a própria turma fez tanta pressão em cima dele que ele se mandou. Foi embora, não tinha mais clima para ele aqui. O cara fica desunido. É aquele negócio: aqui na Academia é lugar pra *homem*, não é lugar pra criança nem viadinho. Então o cara quando vem pra cá [...] pô, o cara tem que virar homem de qualquer maneira. Eu cheguei aqui acostumado à comidinha da mamãe, roupa passada, roupa lavada... Eu cheguei aqui e tive que me virar, pô, entendeu?

Esse cadete parece sugerir que o trote é uma espécie de "prova de fogo", na qual o bicho tem que provar que merece ser militar, que "é homem", ainda que — paradoxalmente — sua masculinidade tenha de ser provada através da aceitação resignada de situações vexatórias. Algumas outras explicações para a existência do trote são dadas por cadetes e oficiais. Uns destacam mais o lado inercial, de "tradição" do trote, que deve ser preservado como — e por ser — um fenômeno tradicional. Outros apresentam uma espécie de visão utilitarista, como se o trote fosse uma situação na qual se aprende autocontrole e se adquire resistência a condições adversas. Para alguns ele teria uma função pedagógica, sendo uma espécie de aula prática de obediência, para o bicho, e do poder de ordenar, para o aspirante. Talvez para a maioria o trote tenha duas funções básicas: colaborar no "enquadramento" dos bichos e aproximá-los dos aspirantes, como contam dois bichos:

> O motivo maior do trote é a integração que acontece. O aspirante chega pra você: "Olha, limpa meu coturno, passa a minha blusa...". Você vai lá, passa a blusa dele, limpa o coturno dele, sabe? Tudo naquele intuito de brincadeira, não de humilhação. Então eu achei muito bacana, gostei muito. Nesse lance aí, eu me amarrei.

> Eu sou a favor do trote. O trote une o pessoal e quando não tem trote os bichos ficam mais confiados, não querem respeitar. O trote é uma coisa que põe o cara no lugar e une. Não o trote violento, tem que haver aquele respeito. Quando eu entrei, levei

Militares e paisanos

muito trote. O cara que me deu trote... eu tinha ódio dele, e hoje somos amigos. Aproxima.

Por que o trote aproxima? Ele não é visto como um momento apenas de humilhação, de obediência, de imposição da hierarquia. Normalmente o trote também leva a uma situação de descontração, de amizade, de *communitas*.[6] Após um trote, é comum rolar uma conversa entre o bicho e o aspirante na qual este deixa claro que não tem nada contra o caráter pessoal do bicho, que ele leva trote porque é bicho — porque está, então, num status inferior para o qual "o único direito é não ter direitos". É fundamental que o bicho perceba que seu status é passageiro, que todos os aspirantes e oficiais já enfrentaram a mesma condição. A proximidade com os aspirantes alcançada através da aceitação do trote é importante para os bichos por diversos motivos: porque possibilita o empréstimo de objetos, o conhecimento de "bizus" (dicas) sobre a vida na Academia e a obtenção de informações sobre as Armas.

Mas por que o trote? Certamente a aproximação com os aspirantes, o enquadramento dos bichos e outros fatores apontados para a existência do trote poderiam ser alcançados — e o são — por outros meios. Talvez ele permaneça por ser o meio mais *eficaz*, mais "econômico", por concentrar vários ensinamentos. O trote é um fenômeno complexo, e não creio haver uma resposta única que explique sua existência. Como uma contribuição adicional às visões mencionadas, gostaria apenas de realçar seu aspecto de *rito de passagem*.[7] Esse conceito abrange as "sequências cerimoniais que acompanham a passagem de uma situação a outra, e de um mundo (cósmico ou social) a outro".[8] Na Academia, o trote marca a passagem da condição de bicho à de cadete; estamos, portanto, diante de um rito de "elevação de status":[9] o bicho será um dia aspirante. Isso sempre está claro para o bicho: se ele hoje aceita o trote é porque amanhã estará numa posição em que poderá dá-lo. O trote humilha aquele que almeja um status superior e lhe ensina que, antes de subir, é preciso descer à posição mais baixa. E contribui também para desacreditar qualquer autoestima que o bicho tenha em função de sua vida pregressa e que queira trazer para a vida militar. Reduzidos simbolicamente a um estado pré-humano (de "bichos"), os novatos só reencontrarão sua dignidade se estiverem de acordo com as exigências da nova situação de vida a que aspiram.

UM PONTO COMUM AOS SOCIÓLOGOS que escreveram sobre as academias militares nos Estados Unidos é o destaque que dão à *intensidade* do processo de socialização profissional militar, combinada ao fato de que esse processo ocorre em relativo isolamento ou autonomia. Por isso, comparada a outras profissões, a militar representaria um *caso-limite* sociológico, contribuindo para uma grande coesão ou homogeneidade interna ("espírito de corpo"), mesmo que frequentemente ao preço de um distanciamento entre os militares e o mundo civil.

Para Janowitz a educação numa academia militar é a experiência mais crucial de um soldado profissional, e isso deve-se em grande parte a uma transição da vida civil para a militar que é "abrupta e súbita, e por isso mesmo frequentemente parece repulsiva aos que estão de fora" — transição marcada, na Academia Militar de West Point (do Exército americano), pelas seis semanas de *beast barracks*, talvez o equivalente ao nosso "período de adaptação".[10] Para Masland e Radway,

Militares e paisanos 53

O próprio termo [beast barracks] sugere que se trata de algo como um tratamento de choque destinado a impressionar o novo cadete com a ruptura que ele efetuou em relação à vida civil, a erradicar quaisquer hábitos desleixados que ele possa ter adquirido, a dar-lhe a confiança que provém do enfrentamento e da conquista de uma dureza apropriada, e a uni-lo estreitamente a seus companheiros que são submetidos à mesma experiência.[11]

Para Berger e Luckmann,[12] a socialização militar fornece um dos principais exemplos sociológicos da "alternação", uma forma particularmente intensa de socialização secundária na qual o indivíduo "muda de mundos" e em que há uma "intensa concentração de toda interação significante dentro do grupo". Para Dornsbuch, as academias militares constituem-se no "exemplo extremo" de uma "instituição assimiladora" (assimilating institution): "Ela isola os cadetes do mundo de fora, ajuda-os a se identificar com um novo papel, e, assim, muda sua autoconcepção".[13] Vidich e Stein[14] veem o processo de tornar-se um soldado como uma "dissolução" da identidade civil anterior e a aquisição de uma nova identidade militar. Num sentido próximo, Mills afirma que a "iniciação severa" nas academias militares

revela a tentativa de romper com os antigos valores e sensibilidades civis, para implantar mais facilmente uma estrutura de caráter o mais nova possível. É essa tentativa de romper a sensibilidade adquirida que determina a "domesticação" do recruta, e a atribuição, a ele, de uma posição muito inferior no mundo militar. Ele deve perder grande parte de sua identidade anterior para que então se torne consciente de sua personalidade em termos de seu papel militar.[15]

Infelizmente esses autores tratam o tema do ensino em academias militares de forma pouco extensa; à exceção de Masland e Radway,[16] os outros autores escreveram pequenos artigos ou fizeram rápidas referências em trabalhos que abordam outros aspectos da instituição militar. Por isso, é impossível pretender fazer uma "revisão bibliográfica" desse tema. Gostaria apenas de comentar que, ao escreverem sobre a construção da identidade militar, esses autores acentuam o caráter "corporativo" desse processo, definindo a identidade militar antes por seus elementos, traços, regras e comportamentos do que pelos modos de articulação do sentido, que são a própria condição de existência desses elementos. Creio que a instituição militar apresenta uma armadilha para o pesquisador por possuir um recorte morfológico extremamente claro: muros, sentinelas, uniformes, regulamentos etc. Sem dúvida a morfologia da instituição não pode ser desprezada pelo pesquisador. Mas este deve fugir à tentação de sobrepor àquele aspecto um inventário dos elementos constituintes da identidade militar — deve procurar perceber não "o que é", mas "como é" essa identidade, quais são seus mecanismos simbólicos.

Pelo fato de que a socialização militar ocorre em estabelecimentos relativamente autônomos em relação ao mundo exterior, outros autores classificaram as academias militares como *instituições totais*, entre os quais Jacques van Doorn, José Murilo de Carvalho e Alexandre Barros.[17] O termo "instituição total" foi utilizado por Goffman para designar "um local de residência e trabalho onde um grande número de indivíduos com situação semelhante, separados da sociedade mais ampla por considerável período de tempo, levam uma vida fechada e formalmente administrada".[18] Mais adiante ele explica melhor sua definição:

Militares e paisanos

Uma disposição básica da sociedade moderna é que o indivíduo tende a dormir, brincar e trabalhar em diferentes lugares, com diferentes coparticipantes, sob diferentes autoridades e sem um plano racional geral. O aspecto central das instituições totais pode ser descrito como a ruptura das barreiras que comumente separam essas três atividades da vida. Em primeiro lugar, todos os aspectos da vida são realizados no mesmo local e sob uma única autoridade. Em segundo lugar, cada fase da atividade diária do participante é realizada na companhia imediata de um grupo relativamente grande de outras pessoas, todas elas tratadas da mesma forma e obrigadas a fazer as mesmas coisas em conjunto. Em terceiro lugar, todas as atividades diárias são rigorosamente estabelecidas em horários, pois uma atividade leva, em tempo predeterminado, à seguinte, e toda a sequência de atividades é imposta por cima, por um sistema de regras formais explícitas e um grupo de funcionários. Finalmente, as várias atividades obrigatórias são reunidas num plano racional único, supostamente planejado para atender aos objetivos oficiais da instituição.[19]

Para Goffman, o interesse sociológico das instituições totais reside em que elas são "estufas para mudar as pessoas: cada uma é um experimento natural sobre o que se pode fazer ao eu".[20] Embora utilize como referências básicas as prisões e os manicômios, ele inclui as academias militares como exemplos de instituições totais.[21] No entanto, creio que se perde mais do que se ganha com essa classificação, pois as divergências com o modelo de Goffman são grandes, apesar de várias semelhanças formais. Em primeiro lugar, numa academia militar inexiste uma divisão rígida entre "equipe dirigente" e "internados", como vimos ao examinar algumas características da hierarquia militar. Em segundo lugar, Goffman deixa claro que nas instituições totais não se busca uma "vitória cultural" sobre o internado, mas a manutenção de uma tensão entre seu mundo doméstico e o mundo institucional, para usá-la como "uma força estratégica no controle de homens".[22] Numa academia militar busca-se justamente uma "vitória cultural", e não criar uma "tensão persistente": a academia é claramente vista como um local de passagem, um estágio a ser superado. Em terceiro lugar, Goffman trata principalmente dos estabelecimentos de participação compulsória. Numa academia militar, ao contrário, só fica quem quiser.

APESAR DE PRESSIONADOS POR OFICIAIS e por cadetes do 4º ano, a grande maioria dos bichos que conseguem resistir ao período de adaptação permanece na Academia. O Quadro 3 mostra que a evasão escolar é relativamente baixa (lembrando que os números registram apenas as desistências ocorridas após a matrícula, e que não se faz distinção entre desligamentos voluntários ou compulsórios).

QUADRO 3. Efetivo de cadetes ao início e ao final do ano letivo de 1987*

ANO \ EFETIVO	INÍCIO	FINAL	DESLIGAMENTOS	%
1º ano	463	411	52	11,2%
2º ano	328	313	15	4,6%
3º ano	342	334	8	2,3%
4º ano	340	337	3	0,9%
Total	1473	1395	78	5,29%

* Inclui repetentes.

Militares e paisanos

O fato é que os que pedem para sair o fazem por "precipitação" ou por "fraqueza", na opinião dos cadetes que permanecem, embora a "falta de vocação" possa ser considerada uma desculpa legítima para uns poucos. Os cadetes consideram necessárias as dificuldades existentes, como uma "provação" pela qual têm que passar e resistir. Como diz um cadete do 1º ano,

quando você chega aqui é uma pressão cerrada em cima de você pra ver os erros, [...] inclusive pra fazer o pessoal que não tá a fim ir embora, né? Porque se você deixar o troço mais fácil, aí tem aquele pessoal que entra, que vai na massa, vai na massa e de repente sai oficial sem questionar nada. Então o troço tem que ser realmente duro, pro pessoal pensar mil vezes: "Pô, será que é isso mesmo que eu quero?".

Mas não devemos levar muito a sério esse discurso de "vitória" daqueles cadetes que "resistiram". Quando perguntados sobre as razões que levaram ao ingresso no Exército, a "vocação" era o motivo sempre alegado. Histórias como "desde pequenino sempre gostei dessas coisas" são quase que padronizadas. Não afirmo que são "falsas", apenas que elas não devem elidir dois fenômenos importantes. Em primeiro lugar, é comum que o cadete tenha tentado o ingresso não apenas para a Aman, mas também para as academias da Marinha e da Força Aérea e para universidades civis; muitas vezes, o Exército não era a primeira opção. Em segundo lugar, são frequentes casos de cadetes pressionados, abertamente ou não, por seus familiares para que permaneçam na Aman. Para que um cadete desista é quase sempre necessário possuir uma rede de relações familiares que sustente e apoie sua decisão. Caso contrário, pode suceder o que este cadete do 2º ano conta:

> Não sei se algum cadete já comentou com você. Acho que a pior pressão é a de casa. É incrível, você chega em casa contando assim: "Tô pensando em sair, não aguento mais...". Vem tio, tia, avô, avó, até parente que você quase nunca tá em contato, dizer pra você: "Não, fica lá que...". Foi o que aconteceu comigo. Eu realmente tava pensando seriamente em sair.[23]

Acredito que todos os cadetes no início do 1º ano pensem pelo menos mil vezes sobre a possibilidade de sair, principalmente porque a rotina é absorvente e são poucas as recompensas imediatas por cumpri-la. Como conta um cadete do 3º ano,

> o meu tenente reuniu a gente no final do 1º ano, já em novembro, e falou que se por acaso até o meio do ano alguma liberdade a gente teve, é porque ele não viu que tinha essa liberdade. Ele falou que se visse que teve essa liberdade, ele ia lá e ia reprimir, porque ele falou que achava que o certo era isso.

"Até o meio do ano", disse esse tenente, porque só a partir de então é que o bicho passa a ser considerado formal e informalmente como cadete. O 1º ano da Academia é dividido ao meio pela cerimônia de "entrega dos espadins". Pouco depois de retornarem das férias de duas semanas que têm ao final do primeiro semestre, os cadetes recebem, em solenidade repleta de familiares e convidados, um objeto que é considerado "o próprio símbolo da honra militar": o "espadim", miniatura do sabre de campanha do Duque de Caxias, patrono do Exército. Oficialmente este é o mo-

Militares e paisanos

mento em que os novatos são "confirmados" como cadetes. Em termos práticos, isto é, em relação à rotina diária, o recebimento dos espadins importa pouco. Seu significado é antes simbólico, uma conquista pessoal através da qual cada bicho "se sente menos bicho". Normalmente os trotes diminuem de intensidade, após atingirem o clímax na "Noite de São Bartolomeu", véspera da entrega dos espadins e ocasião do trote coletivo mais famoso e de longa tradição na Academia. A pressão dos oficiais continua até o final do ano praticamente inalterada.

Os cadetes que permanecem possuem uma solução individual e outra coletiva para resistirem à pressão do Curso Básico. A individual é "colocar em *off*" nos momentos críticos. "Colocar (ou botar, ou pôr) em *off*" significa "desligar", tomar uma atitude passiva ou distanciada diante dos acontecimentos e desviar os pensamentos para coisas mais agradáveis, como um final de semana com licenciamento. Essa atitude coincide com uma das táticas de adaptação às instituições totais que Goffman chama de *afastamento da situação*: "O internado aparentemente deixa de dar atenção a tudo, com exceção dos acontecimentos que cercam o seu corpo, e vê tais acontecimentos em perspectiva não empregada pelos outros que aí estão".[24]

A solução coletiva, considerada como a ideal por cadetes e por oficiais, é buscar forças no "companheirismo". Esse termo subentende um convívio "cerrado", e os cadetes insistem que o companheirismo (também falam "camaradagem" e "amizade") na Aman não é "abstrato", mas sim "real", "concreto", manifestando-se cotidianamente em diversas situações: na ajuda mútua (nos estudos, empréstimo de objetos etc.), no compartilhar de momentos bons e ruins, ou na simples proximidade física diária.

DESDE O INÍCIO, os oficiais procuram criar situações que estimulem o desenvolvimento do companheirismo entre os cadetes. Todas as atividades são feitas em conjunto, chegando ao ponto de um cadete estabelecer a seguinte lei: "Se você estiver andando sozinho, pode parar e pensar, porque você deve estar fazendo alguma coisa errada". O companheirismo é facilitado também porque os cadetes compartilham símbolos, objetos, gírias e preocupações comuns, que possibilitam uma facilidade de comunicação raramente encontrada em outros lugares. No entanto, isso não quer dizer que todos sejam — ou devam ser — amigos. É um lugar-comum os cadetes afirmarem que os amigos são poucos, os companheiros são muitos. A relação de amizade estabelece-se por opção, por escolha, enquanto a de companheirismo é compulsória. Mas esta nem por isso deixa de ser muito "real" e importante para os cadetes. Os trechos selecionados a seguir, retirados de entrevistas com cadetes do 1º ano, exemplificam isso e apontam para três fatores básicos ao desenvolvimento do companheirismo: a vida em comunidade num meio espacial e simbolicamente isolado, a experiência da união através do sofrimento e a interdependência das pessoas:

A camaradagem aqui dentro é muito boa, porque tudo que se faz aqui [...] eles [os oficiais] criam um clima em que um depende do outro pra tudo.

No princípio a amizade vem da necessidade de um procurar apoio, um no outro. A barra pesa pra todo mundo, todo mundo enfrentando as mesmas dificuldades. Quer dizer, isso gera bastante união no pessoal [...], grande compatibilidade entre todo mundo, ninguém... não existe, assim, inimizades.

Militares e paisanos

Eu penso que pelo fato de juntar todo mundo, todo mundo da mesma idade, de lugares diferentes mas todo mundo morando junto, sujeitos às mesmas situações, cria um vínculo grande, uma intimidade grande. [...] A amizade que a gente cria é um fator importantíssimo! O que vale, o que fica disso tudo, o que a gente guarda do nosso curso, da Academia, é a amizade que a gente cria com o oficial da nossa turma, com o pessoal da nossa Arma. Esse espírito, isso aí é que é uma coisa impressionante, isso aí é o que vale. Quem vai embora sente, porque realmente a amizade que é formada aí fora, numa faculdade, num colégio de 2º grau, é diferente, a amizade de rua, porque é um negócio que tá... [Aqui] nem sempre os momentos que a gente passa são bons, e muitas vezes são maus. E muitas vezes a gente sente a força, a gente sente que — pô — que tem um algo mais dentro daquele cara que tá com a gente, porque — porra — ele realmente tá sentindo, tá com a gente, tá vibrando... é uma coisa que é muito boa. [...] Essa camaradagem não é uma coisa abstrata, não é uma coisa assim pra consumo externo: "O Exército cultua essa camaradagem". É verdade mesmo [...], é uma coisa quase palpável, quase concreta.

Neste último trecho foi esboçada uma comparação entre a amizade "que a gente forma aqui dentro" e a amizade "que é formada aí fora". A comparação entre "aqui dentro" e "lá fora" é recorrente no discurso dos cadetes, e serve de fonte para o estabelecimento de distinções entre militares e civis. Uma ideia subjacente a essas comparações é a de que existem atributos morais e físicos que distinguem e tornam reconhecíveis os militares mesmo quando eles não estão usando farda, a marca mais visível da corporação:

Fui pra Cabo Frio, eu e mais três amigos daqui. [...] Praia, o maior sol, a gente já tava há um bom tempo fora da Academia, tava todo mundo com o cabelo mais grande já, não dava tanto aspecto assim militar. Aí na praia tinha um oficial de Artilharia [...], ele levantou e veio falar comigo, já chegou perguntando como é que tava a Academia. Não é sacanagem, não, fiquei abismado! Eu perguntei pros meus colegas: "Porra, tá escrito aqui [na testa] que eu sou cadete, por acaso?". É um troço estranho. *(3º ano)*

Ano passado eu e um companheiro do 4º ano fizemos uma viagem de bicicleta do Rio pra cá. Fomos parando... é puxado, mas botamos mochila nas costas... E a gente tava de férias, eu tava meio barbudo. Tava na estrada há cinco, seis dias e, onde a gente passava, o pessoal: "Vocês são militares, tão vindo de onde?". Quer dizer, apesar do cabelo grande e de estar todo desfigurado, de short e suado, a pessoa percebia. É pelo modo de falar, de se trajar, de se postar. *(4º ano)*

Antes de prosseguirmos, é necessário explicar um termo extremamente comum entre os militares: "paisano". É normalmente usado em lugar de "civil" mas, embora pareça ser a mesma coisa, não é. "Paisano" é um termo claramente depreciativo, como explica um tenente-coronel cassado em 1964:

No momento em que o sujeito entra para o Exército, ali ele já começa a mudar o modo de pensar. É até curioso. Um soldado, poucos dias depois de entrar no Exército, ele está de serviço e vem trazer um recado ou então vem dizer que alguém quer falar com um oficial. Ele chega, faz aquelas continências, o processo todo de apresentação, e quando o oficial pergunta o que é que ele quer finalmente, ele diz: "Tem um paisano lá fora que quer falar com o senhor". Esse "paisano" é dito em tom pejorativo. Ele poderia dizer: "Tem um civil, tem um cidadão que quer falar com o senhor", mas não: "Um paisano lá fora quer falar com o senhor".[25]

A origem de "paisano" está no francês *paysan* (camponês, rústico). O equivalente a "paisano", em termos conotativos, seria "milico", depreciativo de "militar". Embora os militares usem "civil" quando se dirigem a civis, entre si eles usam quase sempre "paisano", e por esse motivo daqui em diante darei preferência ao último termo.

É importante observar que o reconhecimento de características diferenciais surge por contraste com paisanos de um nível socioeconômico e cultural elevado, com uma "elite" paisana, na medida em que os oficiais são a "elite das Forças Armadas". As camadas inferiores — o "povo" — entram no discurso apenas enquanto soldados em potencial, "tropa", universo de pessoas que passaram ou passarão pelo serviço militar obrigatório. Dessa forma, é esclarecedor conhecer as impressões e opiniões dos cadetes sobre a "faculdade", em comparação com a academia. Há grande interesse dos cadetes pelo ensino universitário civil. Vários deles costumam assistir a algumas aulas por curiosidade, em companhia de irmãos ou namoradas. Também não raro encontramos cadetes que efetivamente foram estudantes universitários antes de ingressarem na Aman. A transcrição de alguns trechos de entrevistas com cadetes do 4º ano — longos porém bastante ricos — pode ser uma boa introdução à apresentação de características diferenciais mais amplas entre "militares" e "paisanos".

Comecemos pela experiência de um aspirante que estudou três anos em universidade:

Quando fui para a faculdade, inclusive eu me desestimulei, eu senti um desânimo total... O professor não dava aula, dizia que a matéria era *x* e colocava no quadro. Dizia: "Cálculo numérico" — uma matéria dificílima — "hoje do capítulo 8 ao 12, qualquer dia eu vou perguntar". [Ele] pegava uma revista *Playboy*, sentava na cadeira e ficava lendo. Eu sentia o negócio muito jogado, eu não achava que seria o profissional que eu tinha ideal de ser. Já aqui não. Aqui a gente tem aula no ensino fundamental ou instrução de manhã até de tarde e a gente está sujeito a provas constantes, quase que semanalmente. Toda semana pelo menos uma prova a gente tem. Então o aluno nunca tá na ociosidade, está sempre preocupado com a prova, estudando, fazendo uma coisa diferente. Existem as famosas "verificações imediatas" do que a pessoa está fazendo: tem instrução e no final tem uma prova. Então o aluno tem que estar sempre prestando atenção, o que não acontece jamais na faculdade. Eu na verdade, não assistia aula na universidade. [...] O pessoal lá não quer nada.

Estas impressões são basicamente as mesmas de outro cadete que já assistira a várias aulas acompanhando ora o irmão, ora a namorada:

Sabe, eu acho que a gente tem... está certo aproveitar a idade, se divertir etc., mas eu trago uma coisa desde criança: eu acho que tem hora pra tudo. [...] Fui assistir a uma aula em [...] com o meu irmão. Aí passaram uma lista para saber se queriam que eu continuasse na sala, uma lista assim boba... se acha tal fulano bonito

Militares e paisanos

ou feio... estão sempre passando coisas desse tipo. Eu acho brincadeira superválida, mas o problema é que quando saí da aula, eu senti que eu, que não tinha nunca estudado [aquela matéria], eu tinha entendido mais ou menos o que o professor quis dizer. Eu não sabia os termos certos [...] mas eu entendi o raciocínio dele. Mas quando saí da sala, os caras estavam falando: "Eu não entendi nada, esse professor complica muito...". Então eu fiquei até abismado. Como é que eles querem entender alguma coisa se eles não prestam atenção? [...] E isso de maneira geral acontece, é gente saindo da aula e os outros assinando na falta etc. Não é que eu ache negativo, mas acho que não me acostumaria a esse tipo de coisa, justamente porque eu acho que estou numa faculdade é pra estudar, pra me formar e pra ser um profissional pelo menos com um certo nível, para ter uma certa competência, poder me realizar dentro da profissão.

Uma última transcrição, da entrevista de mais um aspirante que frequentemente assiste às aulas em companhia da namorada:

Eu não me adaptaria muito, não. Porque, por exemplo, o pessoal tem um conceito diferente de liberdade, lá fora. Parte do professor. Eu acho que o professor tem que estar decentemente trajado, entendeu? A gente vê nas universidades americanas ou mesmo aqui, na Escola Preparatória, os professores [civis] estão sempre de terno. Sempre muito bem apresentados, dando o exemplo, aquela postura, o linguajar correto. Agora, o que se vê lá fora? Gírias, palavrões, o elemento [professor] totalmente displicente em sala, de camisa aberta... então já parte do exemplo do professor. Os alunos, então... Daí você tira a média. Então [o aluno] entra na hora que quer, o aluno quando não está mais com vontade de assistir a aula — minha menina mesmo: "Pô, vamos embora, não tô mais com vontade de assistir isso, não". Então eu estranho, sabe, Celso? Eu estranho. Eu acho isso muito errado, porque eu vejo a escola também como um centro de aprimoramento individual da pessoa, no aspecto moral, de personalidade. [...] Aqui é que se tem liberdade: aqui você tem o seu lugar próprio, suas coisas, tem hora certa pras coisas. Então a vida corre livremente, entendeu?

Um quadro de oposições, construído a partir desses trechos de entrevistas, indica os seguintes elementos:

AMAN / "AQUI DENTRO"	FACULDADE / "LÁ FORA"
seriedade/profissionalismo/competência	falta de seriedade/profissionalismo/competência
atividade contínua	ociosidade
maturidade	infantilidade
atenção	desatenção (apatia)
os professores "dão o exemplo"	os professores não "dão o exemplo"
boa apresentação pessoal	má apresentação pessoal
linguajar correto	gírias, palavrões
verdadeira liberdade	falsa liberdade
disciplina	displicência
ordem	desordem
militares	paisanos
+	−

Seria fácil apresentar outros exemplos retirados de entrevistas que confirmam essa oposição, no que ela tem de básico, referindo-se a uma realidade mais próxima de vários cadetes: a experiência de estudo em colégios civis durante o curso secundário. Seleciono, entretanto, apenas um trecho, por mencionar algo que será retomado mais adiante sob outra perspectiva: a "cola".

Militares e paisanos

Eu acho que tem certas coisas que o militar tem que ter mais firme do que o civil, certas coisas que a carreira exige mais. Como, por exemplo, a cola. A cola em prova, aí fora o pessoal todo [...] é normal. E se eu estivesse estudando aí fora naturalmente eu estaria colando, assim como eu colava antes de entrar pra cá. Aí, quando você tá entrando [na Aman] o pessoal: "Não, colou é desligado". Entendeu? Um troço assim... um senso de honestidade que tem que ser levado a sério.

A comparação entre o ensino na Academia e o ensino civil introduziu uma série de características diferenciais que se repetem num plano mais amplo entre "aqui dentro" e "lá fora". A entonação da voz, clara e firme; o olhar direcionado para o horizonte, e não para baixo; uma postura correta, e não curvada; uma certa "densidade" corporal — tônus muscular, relação peso $\times$ altura equilibrada; uma noção rígida de higiene corporal — usar os cabelos curtos, o uniforme impecavelmente limpo, fazer a barba todos os dias (mesmo os imberbes); um linguajar próprio. Todos esses atributos físicos e comportamentais marcam uma fronteira entre militares e paisanos que é vigiada com o máximo rigor na Aman, sendo a causa mais frequente de punições disciplinares. A ideia dos oficiais é que eles têm que "apertar" os cadetes em coisas pequenas, como puni-los por estarem com o cinto sujo ou o lençol da cama mal esticado, para que não venham a se preocupar com coisas grandes. Apenas como exemplo, cito o caso de um cadete que, no $1^{\underline{o}}$ ano, foi punido por estar encostado na parede do corredor durante um intervalo entre as aulas: "militar não se encosta", e este deslize valeu-lhe a perda do licenciamento no final de semana.

Uma outra série — agora de atributos morais — reforça e amplia aquela fronteira: o senso de honestidade e "retidão" de caráter; a preocupação com causas "nobres e elevadas" — Pátria, Brasil (no Curso Básico, quando um oficial grita "Brasil!", os cadetes aprendem a contestar em uníssono: "Acima de tudo!"); o "espírito de renúncia" e o desapego a bens materiais; o respeito à ordem, à disciplina e à hierarquia são os exemplos mais comumente citados pelos cadetes.

Uma última série de atributos diferenciais — que chamaria de "ambientais" ou "ecológicos" — apontam para uma vida militar ligada ao ar livre, saudável, mais natural; a convivência em autênticas "comunidades" militares e o contínuo deslocamento espacial, principalmente pelo interior — locus de um Brasil "mais autêntico" e ao mesmo tempo "desconhecido" da elite paisana.

Um oficial explica aos cadetes por que "aqui dentro" não deve haver cola: "Aqui não pode virar paisanaria". Uma frase no quadro de avisos do Curso Básico afirma que "Cadete! Você é o melhor. Faça da Academia a melhor". A meu ver, todos esses ensinamentos são fundamentais para a construção do espírito militar. A notícia que eles transmitem é clara: os militares são diferentes dos paisanos. E não apenas diferentes, mas também melhores. São melhores — nessa visão — não por características singulares que os militares tenham ou venham a ter individualmente, mas porque eles — enquanto coletividade, corpo — *viveriam da maneira correta*. Englobando e fundamentando todos os níveis de características diferenciais entre militares e paisanos acima mencionadas existe uma ex-

Militares e paisanos

periência totalizadora e básica para a identidade militar: a da preeminência da coletividade sobre os indivíduos. O resultado é a representação da carreira militar como uma "carreira total" num mundo coerente, repleto de significação e onde as pessoas "têm vínculos" entre si. Vejamos como essa experiência é representada pelos cadetes:

> Aqui não pode haver egoísmo, não pode o indivíduo prevalecer sobre o resto. É importante que o grupo consiga, por exemplo, fazer a patrulha. Por isso é que a fração [de tropa] é tão estimulada a agir como um todo. Todo mundo tem que funcionar junto. *(3º ano)*

> Então a carreira militar, ela pega um universo bastante global — uma das coisas que me fascinam. Ela te abrange no aspecto físico, no aspecto moral, espiritual, intelectual... Quer dizer, em todos os planos. E é isso que eu queria pra uma profissão: uma coisa completa. [...] Lá fora as coisas são muito desvinculadas. Não deveria ser, né? As coisas ocorrem mais por interesse, mais por convivência diária ali, que é obrigado a ter, o que não acontece dentro do quartel. [...] Aquilo que eu gosto no Exército é esse estilo de vida, em que você acha significado em tudo aquilo que você faz. [...] Então eu acho que um simples cumprimento à bandeira, uma simples continência... tudo isso tem um significado muito grande. *(4º ano)*

> O soldado aprende a guardar a individualidade dele, a respeitar a coletividade, o que na nossa sociedade nunca acontece. Geralmente as pessoas são muito mesquinhas, pensam muito em si. [...] São tantos valores que distinguem um militar dum civil, desde uma simples pescaria num final de semana até questões financeiras. Por exemplo, você se sentiria mais seguro aceitando um

cheque de um militar do que de um civil, porque o caráter, o que ele [militar] já teve de formação é de manter suas coisas em dia, ter sua vida regrada, ou seja, ele só pode botar a mão onde alcança realmente. [...] Antes de fazermos uma coisa, a gente põe em risco tudo aquilo que nós conseguimos até aquele dia. Ou seja: "Poxa, eu não vou passar um cheque sem fundos pra não expor a minha conduta a comentários". Enquanto um civil já não pensa muito nisso, ele acha que se ele errar, mesmo que esse erro vá dar em outros problemas maiores, ele acha que isso aí não vai afetar. Justamente porque isso aí vem de uma raiz bem embaixo que se chama *pensamento em coletividade* — que nós temos, e muito — e ele [o civil] passar um cheque sem fundos e prejudicar terceiros, ele não está esquentando a cabeça com isso, enquanto o militar não. Se bobear, ele fica punido lá fora e aqui dentro também. Então quer dizer que ele pensa mais em termos de coletividade. [...] Lá fora não, lá fora é o lobo comendo o lobo. *(1º ano)*

Lá fora é diferente... tem fila, o pessoal discutindo, não respeitam a fila [...] Lá fora é generalizado, o egoísmo é muito grande. Então, aquele individualismo de certa forma é natural, porque lá fora as pessoas não têm vínculos fortes, as pessoas não dependem tanto umas das outras como aqui a gente depende um do outro. Você teve oportunidade [o cadete refere-se à patrulha de que participei], inclusive deve ter criado algum vínculo ali na fome, no frio, no cansaço... é aí que realmente você conhece as pessoas, você cria amizades. *(4º ano)*

Me traz muita satisfação ter um uniforme, a consciência de fazer parte do Exército. A gente se sente bem porque não é uma partícula isolada na sociedade, uma pessoa que tem a vida dela e vai pra casa e vai pro trabalho... A gente faz parte de uma coisa

Militares e paisanos

muito maior... tanta gente, tantos interesses do país inteiro. Isso traz até uma segurança psicológica e um conforto também, de você fazer parte de uma coisa grande e importante. Isso me traz orgulho, eu me sinto bem de estar aqui. Não sei, acho que eu vou sentir sempre isso. Quando ajo de uma forma que eu não acho coerente com o estatuto militar, eu me julgo um pouco... forçando, agindo contra a minha natureza. *(4º ano)*

Penso que estes trechos de entrevistas com cadetes exemplificam satisfatoriamente aquela experiência da preeminência da coletividade que instaura a fronteira primordial entre "aqui dentro" e "lá fora". Essa experiência traduz-se, para os cadetes, numa emoção especificamente militar: a *"vibração"*. Segundo os cadetes, a vibração, enquanto emoção, "se sente, não se define". Mas algumas de suas características podem ser descritas. Em primeiro lugar, geralmente não é um único fator que provoca a sua manifestação, mas vários fatores interligados: "Tem aquele momento que um monte de fatores te levam a viver intensamente". Além disso, é impossível vibrar sempre. Simular a vibração é quase sempre cair no ridículo — aliás, há um ditado que diz que o militar está sempre a um passo do ridículo, para mais ou para menos: se exagerar ou relaxar em coisas que têm uma maneira correta de serem feitas. O momento da vibração é um momento de totalização, quando a pessoa se sente integrada num todo "de corpo e alma", é "o que dá a vontade de ser militar". Por tudo isso, é uma emoção que surge preferencialmente em grupos, nas mais diversas ocasiões: voltando de um exercício militar prolongado, num desfile, numa confraternização de Arma.

A vibração de um mexe com a outra pessoa, a pessoa passa a vibrar e assim por diante. Aquilo se encadeia, como aquela peça de dominó que cai e todas vão caindo. Quer queira quer não, no Exército você tem uma carga inconsciente imensa, entendeu? Muito grande, muito grande... aquele inconsciente coletivo [...] Sem a gente querer, a gente tá recebendo influência, vibrações. *(4º ano)*

Mas nem só com experiências de integração se faz um militar. Se todos ao todo devem estar subordinados, não é menos verdade que cada qual possui seu próprio "P. O. interior" (P. O. = posto de observação), um *self* que possui espaços e estímulos específicos para buscar destacar-se. Na Aman, um caminho possível para o destaque pessoal é a participação nos esportes, quando o cadete torna-se "atleta", membro de uma das equipes desportivas. Outro caminho, todavia, é mais importante — não apenas para os cadetes como também para os objetivos desta pesquisa —, na medida em que vale para toda a carreira: o caminho da *excelência escolar*. A *classificação* em notas e conceito militar é considerada fundamental, pois é segundo a ordem de classificação que os cadetes escolhem a Arma e o local onde irão servir após a formatura, e é essa mesma classificação que influirá na ordem de promoção durante toda a carreira. Uma posição quase mítica é ocupada pelo cadete "01" ("zero-um") e, em escala decrescente, pelos outros cadetes "zero": 02, 03... São posições de prestígio. É o cadete 01 quem, no dia da formatura final do curso, recebe a espada de oficial das mãos do presidente da República e abre o portão de "saída dos novos aspirantes", por exemplo. "Aqui o que importa é a classificação", diz um cadete do 4º ano, e é notável como

Militares e paisanos

todos os cadetes conhecem não apenas a sua própria classificação, como também a de vários colegas de ano para ano, quem "subiu" e quem "desceu". É extremamente comum ouvirmos, em conversas com cadetes, afirmações como "sou o 17º em 38, entrei como 26º", ou "ano passado eu não tava com saco de estudar, caí quatro [colocações] pra trás", ou ainda "ele era o 09, mas estudou muito e agora tá ameaçando o 02". Mas uma boa classificação, embora seja muito, não é tudo. Como diz um cadete do 4º ano, "o cara pode ser o melhor de nota, o 01 da turma, mas se ele não for gente boa, um cara legal, o pessoal 'crema' ele". Ou seja, as performances individuais não estão livres do controle do grupo. Esse controle não é apenas informal, está inclusive oficializado na Aman através do "conceito horizontal". Todo cadete recebe um "conceito" semestral e, ao final do curso, o conceito de "aptidão para o oficialato". O "conceito" de um cadete é uma média aritmética de dois conceitos: o "vertical", dado pelos oficiais a que está subordinado, e o "horizontal", dado por todos os cadetes componentes de sua respectiva turma de aula. Os "aspectos" avaliados na atribuição dos conceitos, com seus respectivos pesos, são: "espírito militar" (peso 3), "devotamento" (peso 3), "valor intelectual" (peso 3), "aptidão para chefia" (peso 2), "resistência física" (peso 2) e "aptidão para trabalho em grupo" (peso 1). Abstraindo-se do conceito os dois últimos "aspectos", temos o conceito de "aptidão para o oficialato".

Para exemplificar, vejamos o "aspecto: espírito militar". Ele compreende o "conjunto de características que conformam a personalidade do indivíduo ao meio militar", segundo as *Normas para elaboração do conceito*. Cada cadete avalia, para cada colega de sua turma, os "atributos" correspondentes a esse aspecto, que são: entusiasmo profissional, lealdade, discrição, disciplina, apresentação e camaradagem. A cada um deles corresponde, finalmente, uma série de "indícios", com as menções correspondentes. Dentro do "atributo: camaradagem", por exemplo, temos, entre outros, os dois indícios seguintes: "destacou-se pela aceitação por parte de seus companheiros, com os quais cooperou em todas as situações", a que corresponde a menção "muito bom"; e "foi pouco aceito por seus companheiros, só cooperando com os mesmos em determinadas situações", a que corresponde a menção "insuficiente".

Ao final, cada cadete é avaliado por seus colegas mais próximos e por seus superiores imediatos em seis aspectos que compreendem 36 atributos, aos quais estão relacionadas centenas de indícios. A tabulação de todas as notas que cada cadete recebeu resulta no "conceito" numérico. O cadete tem acesso apenas ao conceito final que lhe cabe e às parciais dos aspectos, não sabendo nunca quem atribuiu individualmente que nota. Como os oficiais imediatamente superiores têm acesso aos conceitos de todos os cadetes, pode acontecer — o que não é muito raro — que eles venham a descobrir que cadetes a quem tinham em alta estima são considerados, por exemplo, "desleais" ou "indiscretos" por seus companheiros. O conceito horizontal oficializa, portanto, o controle do grupo sobre cada um de seus elementos.

Existe uma visão "ideal" a respeito da competição. Vejamos os seguintes trechos de entrevistas:

> Você luta por você, mas não pra prejudicar o outro, você entendeu? Você tenta dar o máximo de você... mas com o objetivo de conseguir para você, não com o objetivo de tirar do outro.

Militares e paisanos

A gente tem que conseguir fazer isso: ser amigo, amigo seu que estuda junto, mas ao mesmo tempo você batalhando... Pô, você tem uma dúvida, eu vou lá, tiro a sua dúvida, eu explico, não tem problema. Mesmo que você esteja concorrendo comigo. A gente não tá preocupado com isso, não tá ligando pra isso. A preocupação nossa é fazer o máximo possível: eu consigo até aqui, meu limite é esse; fulano consegue até mais um pouco; sicrano já consegue menos. E os três são unidos, sem problema nenhum... [...] Cada qual tentando *se* superar, não superar o outro, você tentando aumentar o seu horizonte, sem querer que o outro limite o dele, deixando o caminho dele tranquilo. Agora, se o outro conseguir te passar, meus parabéns! Claro que você preferia estar na frente, mas aqui não tem esse espírito de competição acirrada. *(4º ano)*

Aqui dentro a colocação é importante, [...] mas até um minuto antes da prova nós estamos estudando juntos. [...] [A competição] só existe na hora que você senta. Então se você tira um grau 7 e o companheiro tira um grau 10, você bate palmas pra ele, você chega e diz: "fulano é um cara inteligente". [...] Mérito dele, entendeu? [...] E quando eu fazia faculdade lá fora era cada um por si, Deus por todos. *(4º ano)*

Eu vou render o que tenho que render mesmo e não vou ficar preocupado com o outro. O que eu estudar vai sair. E cada um vai se classificar na medida de suas capacidades, o cara vai ficar na colocação dele normal. *(3º ano)*

A competição que há não tem aquele caráter pessoal, de vigiar a pessoa porque tá na minha frente. Tem muito mais autocrítica. Quando alguém tá na minha frente, por um motivo ou por outro, eu olho muito mais para *mim* do que pro outro cara. [...] Não sinto a competição que pudesse gerar uma desunião. Já me falaram que acontece, mas eu não posso te dizer de experiência própria. *(1º ano)*

A imagem de uma "competição sadia" é muito forte na Aman. Ela pressupõe a *igualdade de condições* para todas as pessoas num momento inicial. A partir daí, será formada uma escala de *méritos individuais*, provados através de exames. A educação militar, portanto, transmite valores meritocráticos e não desenfatiza a competição; mas ela

> tende a ser muito rigorosa quanto ao fato de que a competição tem de ocorrer de acordo com conjuntos de regras específicas e claras. Isto não prevalece necessariamente em outras profissões. É importante enfatizar que os militares são, possivelmente, o grupo que mais intensamente prega a competição interna, contanto que condições formalmente iguais sejam dadas a todos no ponto de partida.[26]

Da "competição sadia" surge uma disposição entre as pessoas baseada na precedência "natural" dos mais qualificados, conforme a tradição do individualismo moderno. Mas essa livre competição não seria contraditória com o que foi visto anteriormente sobre o sentimento da preeminência da coletividade sobre os indivíduos? Creio que se poderia tentar responder a essa questão em pelo menos dois sentidos, que gostaria de brevemente indicar.

A primeira possibilidade seria pensar na ideologia militar como um exemplo de "individualismo totalitário", uma expressão utilizada em outro contexto por Dumont.[27] Ele intro-

Militares e paisanos

duziu na antropologia social, através de seu estudo sobre o sistema tradicional de castas na Índia (1970), a análise da oposição entre as ideologias "holista" e "individualista", que caracterizariam, respectivamente, as sociedades tradicionais e a sociedade moderna. No individualismo, o indivíduo (enquanto ser moral independente) constitui o valor supremo; no holismo, o valor se encontra no ser coletivo como um todo. Acontece que, ao descer desse patamar elevado de comparação entre civilizações e deter-se mais detalhadamente na consideração da ideologia individualista, Dumont identifica *variantes* nesse sistema de ideias e valores característico das sociedades modernas. Essas variantes estariam relacionadas, basicamente, a subculturas nacionais, e seriam caracterizadas por combinações específicas de traços de inspiração holista e traços de inspiração individualista.[28] O "individualismo totalitário" resultaria "da tentativa, numa sociedade onde o individualismo está profundamente enraizado, e predominante, de o subordinar ao primado da sociedade como totalidade".[29] O que não quer dizer que a experiência da preeminência da coletividade sobre o indivíduo — que vimos constituir elemento fundamental na construção do espírito militar — seja "falsa". Dumont mesmo reconhece que a percepção "psicológica" do homem segundo a qual a única realidade psicológica e moral é a contida no indivíduo, embora característica das sociedades modernas, pode dar lugar, nessas mesmas sociedades, à percepção "sociológica" do homem, em determinadas experiências de coletividade — como a do Exército, por exemplo.[30]

A segunda possibilidade implicaria reconhecer, com Schutz,[31] que o estilo de vida de cada grupo social compreende diferentes domínios de relevância, e que os critérios válidos para cada um desses domínios não podem ser aplicados a outros. Nesse sentido, teríamos critérios que valem para o momento de integração e outros que valem para o momento da competição. Note-se apenas que esses domínios de relevância não têm uma ordem fixa e imutável: estão em fluxo contínuo e podem ser definidos de vários modos; cumpre, pois, distinguir sempre entre situações particulares.

QUALQUER QUE SEJA A RESPOSTA teórica que se dê para a questão integração × competição, o certo é que, na realidade cotidiana da Aman, a competição pela classificação escolar pode afetar a integração do grupo e abrir uma brecha perigosa na estrutura de realidade da visão "ideal" ou "sadia" da competição. Tendo por referência a *competição*, diversas questões são atualizadas segundo uma nova perspectiva, menos "ideal". Por exemplo, a cola: se antes aparecia como símbolo de desonestidade, característica diferencial entre militares e paisanos, agora a ênfase é deslocada para sua caracterização como meio ilícito de se conseguir vantagem num meio onde a igualdade de condições deve ser um dado. Por isso a cola é um assunto tabu; como diz um cadete do 3º ano, a cola é algo que "marca profundamente": "Quando um cara é pego colando aqui na Academia, tchau! Você pode até esquecer dos amigos que tinha, porque não tem mais". Não apenas a cola, mas também estudar escondido ou dissimular o estudo é malvisto: o verbo "trairar", corruptela de "trair", é utilizado para designar o ato de, por exemplo, uma pessoa estudar de madrugada enquanto os colegas dormem ou fingir que não passou o licenciamento todo estudando, enquanto os colegas descobrem que sua mala pesa como chumbo, pela

Militares e paisanos

quantidade de "papiros" (material de estudo) que provavelmente carrega. O "traíra" é aquele que não aceita a limitação de tempo igual para o estudo de todos, a igualdade absoluta de condições, e quer estudar mais tempo que os outros. Comparem-se as transcrições seguintes com aquelas que caracterizaram a "competição sadia". Agora, a união fundamental de todos aparece posta em questão; o "holismo" do mundo militar adquire um tom de artificialidade ainda não vislumbrado:

Sempre pensei assim [segundo a visão "sadia" da competição], até agora não mudei. Mas... já tive uns certos choques com isso. Eu, sendo desorganizado, tem certos trabalhos, certas apostilas que você não tem tempo de fazer, ou vai para casa final de semana e não faz. Aí chega apressado e vai pedir emprestado, já aconteceu de cara falar: "Não, eu perdi meu final de semana estudando, não vou te emprestar". Aí depois vai ver a classificação, o cara tá uma ou duas na tua frente. Aí é melhor você nem se tocar com isso. É um ponto meio crítico você analisar esse negócio de classificação... *(3º ano)*

Ano passado tinha um cara, a gente descobriu, a agenda anotada com as notas dos dois mais sérios concorrentes dele. [...] Em determinados momentos a gente se sente como uma família, dá pra sentir. Mas na maioria das vezes tu sente que tá sozinho, que é cada um por si, pela própria competição que tem. No final das contas, a gente... cada um tá interessado nos seus problemas, cada um se preocupa consigo. *(2º ano)*

Tem uma crítica que eu faço à Academia. [...] É esse modelo de classificação e de conceituação. Isso tinha que dar um jeito de mudar. Eu acho que isso cria um clima competitivo dentro da escola, o que é prejudicial a esse aspecto de união, de amizade. Tem muito cara nojento que fica comparando as notas, olhando... Então eu acho que cria um clima não ideal. *(4º ano)*

No Curso Básico da Aman o novato passa pelos rituais que levam à passagem da condição de bicho à de cadete, que coincide com a passagem da condição de paisano à de militar. A distinção entre militares e paisanos é o passo primordial, instaurador, do espírito militar. Mas não é o único, como veremos a seguir. Ao terminar o Curso Básico, o cadete já não é mais considerado paisano, mas é um militar ainda "em estado bruto", que tem de ser "lapidado" pela Arma.

2. Os espíritos das Armas

No dia seguinte à volta das férias, antes de iniciarem as aulas, os cadetes que concluíram o 1º ano são reunidos no auditório da Aman. Ali, num clima de grande tensão, eles são chamados individualmente, pela ordem de classificação escolar obtida no ano anterior, para escolherem suas Armas: Infantaria, Cavalaria, Artilharia, Engenharia, Intendência, Comunicações ou Material Bélico.[1] O leque de opções diminui à medida que o número de vagas previsto para cada Arma vai sendo completado; assim, os últimos não escolhem: são "compulsados". Feita a opção, cada cadete dirige-se para a ala de sua Arma, onde é recepcionado com alegria pelos cadetes mais antigos e oficiais, conhece seus novos alojamentos e recebe, para usar na gola do uniforme, o distintivo que passa a indicar seu pertencimento àquela Arma.

A cerimônia pode ser modificada de ano para ano, mas não o que a escolha da Arma representa. Em primeiro lugar, o cadete deixa de ser bicho: "Realmente, é um negócio vibrante, a entrada na Arma. O pessoal sente a diferença: não é mais bicho. 'Pô, graças a Deus, agora eu tô na Arma!' É uma ascensão violenta".

Com isso encerra-se o período dos trotes, que já vinham diminuindo desde a entrega dos espadins. O cadete passa a ser "igual aos outros", começa a "seguir o seu próprio caminho", deixa de pertencer à "vala comum": já tem Arma. O tratamento dispensado ao cadete pelos oficiais aos quais está diretamente subordinado também se altera, embora continue pautado pelos mesmos preceitos hierárquicos e disciplinares de antes. O que parece ocorrer, nesse caso, é o fim do "excesso", do "a mais" de cobrança e pressão característico do Curso Básico. Isso porque o cadete passa a pertencer, desde agora, à mesma Arma desses oficiais.

Na maior parte do tempo durante os próximos anos, o cadete estará em companhia exclusiva de "irmãos" de Arma. No cotidiano da Academia existe uma nítida separação entre as Armas, e por esse motivo alguns cadetes chegam a dizer que "aqui não é uma Academia, são sete Academias, uma para cada Arma. É totalmente diferente". As turmas de aula, tanto as do ensino fundamental quanto as do ensino profissional ou de educação física, são separadas por Armas. Os alojamentos (alas) são separados por Armas, e quando acontece de — por sobras no efetivo — parte de uma Arma ser alojada na ala de outra, ela "não participa da ala, só dorme lá". As refeições são feitas em mesas separadas por Armas. Finalmente, os exercícios de campo são feitos por Armas, muitas vezes com a participação de cadetes de mais de um ano da mesma Arma. Logo, a interação vertical dentro das Armas é muito mais intensa do que a horizontal entre os anos. Dentro da Arma convivem o 2°, 3° e 4° anos: embora as aulas sejam separadas, eles se encontram nas alas, nas festas da Arma e nos locais de instrução (parques). O ano passa a ser uma referência meramente cronológica. Um cadete é de Infantaria, Cavalaria ou outra Arma antes de ser do 2°, 3° ou 4° ano.

Mas falta ainda dizer a coisa mais importante que o dia da escolha de Arma representa: uma opção definitiva, para

Os espíritos das Armas   83

toda a carreira do militar. Muitos falam desse momento como "um casamento", porque "é pra vida toda, se escolher mal não vai dar certo", enquanto para outros ele é "pior que um casamento", porque "não pode mudar". Depois da escolha feita na Academia, não há a menor possibilidade de mudança de Arma: quem ficar insatisfeito com a Arma na qual ingressou, ou continua insatisfeito ou abandona a carreira.[2] Os futuros oficiais só perderão a Arma se vierem a atingir o generalato, visto como a consagração da carreira: os generais estão "acima das Armas".

Pelo que já foi dito, fica fácil compreender por que uma das preocupações centrais dos cadetes durante o 1º ano é a obtenção de informações sobre as Armas, informações que provêm das mais variadas fontes. Eles assistem a palestras proferidas por oficiais, além de irem às exposições que são montadas na Academia comemorando a "semana" de cada Arma. Também fazem visitas programadas aos vários parques das Armas e a algumas unidades do Exército. Mais importante, todavia, é a observação e o contato informal com oficiais e com cadetes de outros anos. É comum o bicho subir para a ala de determinada Arma em busca de contato com cadetes mais antigos. Em troca de possíveis informações sobre a Arma, quase sempre será preciso "pagar" um trote — que, se for "bem aplicado", ajuda a "puxar" o bicho para aquela Arma, da qual passa a ser "filho" (pretendente). Mas em geral os cadetes consideram pequena a gama de informações que podem obter antes da escolha, mesmo aqueles que estudaram em Colégios Militares ou na Preparatória antes do ingresso na Aman. Muitos criticam ainda o fato de ser o Curso Básico composto em sua quase totalidade por oficiais de Infantaria, os quais fariam o elogio de sua Arma, procurando induzir os melhores cadetes a escolhê-la.

O quadro seguinte mostra o efetivo das Armas no início de 1987, incluindo os cadetes repetentes:

QUADRO 4. Efetivo de cadetes por Arma e
por ano no início do ano letivo de 1987

ARMA / ANO	2º ANO	3º ANO	4º ANO	TOTAL	%
Infantaria	109	110	89	308	30,5
Cavalaria	38	41	45	124	12,3
Artilharia	55	60	67	182	18,0
Engenharia	41	40	48	129	12,8
Intendência	33	43	22	98	9,7
Comunicações	26	26	33	85	8,4
Material Bélico	26	22	36	84	8,3
Total	328	342	340	1010	100

Mas o que um cadete leva em consideração para a escolha da Arma? Em princípio "tudo", mas aspectos diversos podem ser privilegiados. A escolha pode ser feita seguindo uma tradição familiar, quando o cadete tem ou teve parentes de uma Arma. Pode também endossar o resultado do teste psicotécnico que é aplicado durante o 1º ano e indica onde o cadete deve se adaptar com maior facilidade. Ou ainda escolher uma Arma na qual entre com a melhor classificação. Entretanto, essas não são as razões mais evocadas pelos cadetes, e dificilmente uma delas é, por si só, decisiva. Outros motivos são apontados com maior recorrência. Um deles é o "local de servir", isto é, as cidades onde a Arma a ser escolhida possui unidades, como mostra um cadete do 3º ano:

É que eu sou do Rio, entendeu? Então 90% do 1º ano chega aqui, não tem muito contato com a Arma. Você tem aquela noção,

Os espíritos das Armas 85

entendeu? Você vai chegar no final do ano e vai ter uma palestra com cada Arma, mas você não tem aquele contato... Quer dizer, você chega no final do ano, na escolha da Arma, e você não sabe direito o que é Infantaria, o que é Cavalaria... Então você vai o quê? Vai escolher a Arma pelos interesses. Por exemplo: eu sou do Rio. Então o que me cabe? Escolher uma Arma que eu me... simpatizasse um pouco, e o local de servir. Acho que 50% da Academia escolhe a Arma baseado nisso. Então a Artilharia é uma Arma que serve bem, serve em capital, tem muito lugar no Rio... Entendeu? Por exemplo, gaúcho: a massa de gaúchos é de Cavalaria, porque a Cavalaria serve no Sul.

Esse tipo de resposta, embora não seja raro, é criticado pela maioria dos cadetes, para quem o local de servir é um aspecto a ser levado em conta, mas não pode ser o principal: "Porque onde você vai morar é relativo. Você pode morar num lugar maravilhoso e estar fazendo um trabalho ruim, você vai se decepcionar, vai ser um frustrado. Então você tem que fazer algo bom".

Ou seja, a preocupação maior deve ser com o aspecto profissional da Arma, com as atividades que ela vai exigir não só na Academia, como principalmente durante a carreira. A partir desse ponto, delineia-se o critério considerado como ideal para a escolha da Arma pela maioria dos cadetes e dos oficiais, aquele que deve ser privilegiado mas que, no entanto, "infelizmente às vezes isso não ocorre, entrando em jogo outros interesses que não o idealismo". Esse critério pode ser apresentado de diversas maneiras: o cadete deve escolher aquela Arma que "tem mais a ver consigo", que "casa com o seu jeito de ser", que sintoniza melhor com "a vibração da pessoa"; ou então o cadete pode "se projetar", imaginar "como quer ser" e a partir daí fazer sua escolha; deve ainda seguir "as suas características, o seu próprio gosto" e escolher a Arma "que tem a ver com a maneira de ser e com os interesses psicológicos, os anseios, a maneira do cara". Por vezes o impulso para a escolha é visto como "uma paixão", "algo que vem de dentro", alguma coisa "que brota de dentro da gente". A ideia comum a todas essas figuras de linguagem constitui o tema deste capítulo: cada Arma exige determinadas características de conduta e personalidade, devendo o cadete buscar uma congruência entre elas e sua "maneira de ser" ou o seu "desejo de vir-a-ser-assim". Cada Arma tem um *espírito*.

Os ESPÍRITOS DAS ARMAS COMPÕEM um sistema classificatório que estabelece uma homologia entre as características pessoais exigidas pelas diferentes "missões" (isto é, tarefas) de cada Arma numa situação de *combate* — as "atividades-fim" — e os diferentes padrões de conduta e personalidade mantidos na situação de não combate, no cotidiano. As características exigidas no combate certamente correspondem a exigências táticas, práticas. Mas elas também são utilizadas — e é isto que nos interessa aqui — para, numa outra ordem de realidade, produzir significação, cultura. Temos então uma espécie de "totemismo" no qual os membros de cada Arma compartilham entre si regras de conduta mais ou menos obrigatórias e um estoque de símbolos comuns (emblemas, canções, motes, patrono etc.) relacionados ao espírito da Arma.

Os espíritos das Armas 87

Neste momento é interessante mencionar um texto do antropólogo Ralph Linton, sobre o totemismo e a Força Expedicionária Americana na Primeira Guerra Mundial, escrito a partir de sua própria experiência como membro da 42ª Divisão, chamada de "Arco-Íris". Linton pretende mostrar o desenvolvimento, no Exército americano em ação na Europa, de uma série de crenças e práticas que apresentam uma considerável semelhança com os complexos totêmicos existentes entre alguns povos primitivos. Ele mostra como o nome da Divisão, arbitrariamente escolhido por membros do Estado-Maior americano, foi aos poucos presidindo um crescente sentimento de solidariedade grupal. Inicialmente, os soldados começaram a responder à pergunta "A que unidade você pertence?" com "Eu sou um Arco-Íris". Em seguida, com o passar do tempo, foi estabelecido pelos próprios soldados o uso de um arco-íris como insígnia, o respeito à representação desenhada desse "patrono", a crença em seu papel protetor e em seu valor de presságio — o aparecimento de um arco-íris antes de um combate passou a ser considerado sinal de vitória. Esse processo não se restringiu à 42ª Divisão: ao final da guerra, todo o corpo expedicionário americano estava dividido "em uma série de grupos bem definidos e às vezes mutuamente ciosos de si, e cada um se caracterizava por um conjunto particular de ideias e práticas".[3]

O sistema das Armas fornece os tipos ideais dos integrantes de cada Arma — o infante, o cavalariano, o artilheiro, o engenheiro, o intendente, o comunicante, o matbeliano —, em referência aos quais cada indivíduo deve fazer sua opção e, depois, regular sua conduta em várias situações. No entanto, é importante frisar que os espíritos das Armas não existem isoladamente; o mundo dos espíritos das Armas é um mundo de *relações*, tendo sempre em vista o conjunto, a totalidade — tanto no combate quanto no cotidiano. Se o combate é "bom para pensar" — parodiando uma célebre frase de Lévi-Strauss,[4] ele o é pela necessária integração e complementariedade das partes. Além disso, não existe um quadro fixo dos diferentes atributos relacionados a cada espírito de Arma: eles são dinâmica e continuamente "jogados" e "negociados". Todavia, na exposição que se segue, o quadro desses atributos necessariamente apresentará um caráter mais definido e estável do que eu desejaria expressar, pelas próprias exigências da análise.

Vamos então ao combate e às missões nele desempenhadas pelas diversas Armas. Antes, duas observações. Primeiro, as atividades exigidas dos membros de cada uma das Armas referem-se ao posto de tenente, objetivo da preparação profissional na Aman. Segundo, não me preocupei em dar uma ideia "correta" do emprego tático das Armas. As informações foram obtidas através apenas de entrevistas com cadetes, e são aproximadamente consensuais. O tosco diagrama a seguir talvez ajude a visualizar um "campo de batalha":

COMBATE

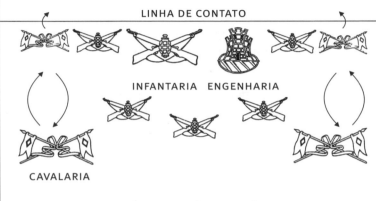

ARTILHARIA

A *Infantaria* dispõe-se ao longo de todo o front, dividida em pequenos grupos. O *infante* é quem está no "centro do fogo", quem tem um contato físico, direto, com as tropas adversárias, conquistando e mantendo posições: é quem vai "ver o branco dos olhos do inimigo". Para desempenhar suas missões o infante precisa, em primeiro lugar, ter uma ótima resistência física, para suportar as condições extremamente adversas com que se defronta. Ele tem de superar a pé todos os obstáculos naturais, andar muito, correr, rastejar para escapar aos tiros inimigos. Precisa também conviver com a falta de sono, de comida, de conforto: é quem "pega a batata quente". Ele também convive intimamente com o cansaço e a morte; por isso, deve ter "desprendimento", coragem e vibração: "São os destemidos, os caras que... Vamos lá! Infantaria! Tudo pela Pátria!".
Além de tudo isso, o tenente infante deve ser um *líder*, "dar o exemplo" para seus subordinados:

> Numa guerra, você vai e não sabe, muitas vezes, quando volta, ou se vai voltar com vida, ou faltando um braço ou uma perna. Então, quando você fala "vamos!" pra um soldado, talvez ele não vá. Por que... o que vai impelir aquele homem pra ir com você? Uma punição? Quer punição maior que uma perna amputada ou a morte? O que você vai fazer? Vai dar pancada no soldado? Aí é que ele não vai mesmo, ou então ele vai atirar em você. Vai gritar com ele? Vai fazer o quê? Por que que ele vai te seguir? Ele vai te seguir pelo teu exemplo, se ele tem confiança em você, se ele sente que você conhece a profissão, se ele sente que você tem preparo físico. Então tudo se resume na parte do exemplo. [...] Debaixo do tiro ele [o tenente] vacila, quem não vacila? Mas é lógico que a gente vai. Agora, o soldado não tem o nosso preparo,

não tem a nossa base, não acredita tanto nas coisas quanto nós. Então cabe à gente transmitir isso pro soldado. *(infante, 4º ano)*

A *Cavalaria* atua basicamente pelos flancos, e sua missão é fazer reconhecimento avançado (através de incursões no campo adversário) e abrir brechas na linha inimiga, favorecendo a passagem da Infantaria para a frente. Para isso, ela necessita do impacto e da rapidez proporcionados pelos tanques e outros carros blindados (outrora pelos cavalos): é a Arma do "assalto", da "decisão". Ela precisa movimentar-se com velocidade, entrar em contato com o inimigo e sair desse contato rapidamente, "ir para cima de morro, barro, água", "entrar de roldão", "como se fosse um furacão, destruindo", causando confusão nas hostes inimigas. Para alcançar esses objetivos, o *cavalariano* ·deve ser corajoso e rápido, "não pode perder muito tempo raciocinando", não deve "se preocupar muito com nada", tem de ser "descontraído", "largado". Outra característica do tenente cavalariano é que ele atua comandando seu pelotão muito distante de seus superiores imediatos, às vezes vinte ou trinta quilômetros à frente. O tenente infante, ao contrário, atua com seu pelotão a uma distância muito próxima de seus superiores, uns duzentos ou trezentos metros às vezes.

A *Artilharia* atua afastada da linha de contato, apoiando a Infantaria e a Cavalaria através de tiros de obus. Ela "imobiliza" os inimigos através de "barragens de fogo" ou então os "inquieta", causando-lhes adversidades e preparando o ataque de infantes e cavalarianos. Apesar de o desgaste físico do *artilheiro* ser menor que o do infante ou do cavalariano, seu trabalho também exige resistência física: "Às vezes a missão que você tá executando não dá pra parar e comer, ou então passa a noite sem dormir". O tenente artilheiro executa um trabalho "técnico" em relação aos tenentes das Armas anteriores. Ele recebe as coordenadas para o tiro, que são transmitidas por rádio desde as patrulhas de observação, faz na hora os cálculos para a pontaria e comanda o tiro. O artilheiro precisa ser meticuloso e exato:

> Você vai dar um tiro de treze quilômetros, por exemplo. Então, um milésimo que você altera ali na manivela de direção pode dar uma diferença de quinhentos, mil metros lá na frente. Ou seja, pode errar o tiro ou, o que é pior, acertar em tropas do seu próprio Exército.

A *Engenharia*, no combate, atua apoiando outras Armas, principalmente a Infantaria, a que muitas vezes acompanha. Suas atividades específicas são: construir pontes rápidas para a transposição de cursos d'água, desativar campos de minas, fazer demolições com o uso de explosivos, superar obstáculos naturais. Pela proximidade com a Infantaria, o *engenheiro* apresenta muitas das características daquela Arma; em casos extremos, pode até mesmo vir a atuar como tropa de Infantaria. Mas, ao contrário desta, a Engenharia não vai à guerra para combater: só o faz quando é estritamente necessário. O tenente de Engenharia atua muitas vezes isolado, precisando ter "individualidade" para tomar decisões. Ele executa um trabalho que, embora "braçal", "pesado", é fundamentalmente "técnico", "precisa pensar". Mas não pode nem precisa ser tão "perfeccionista", tão "detalhista", quanto o artilheiro, devido à rapidez com que deve realizar suas tarefas.

Os espíritos das Armas

As Armas restantes não participam da frente de combate: posicionam-se na retaguarda, num apoio "técnico" às Armas combatentes. As *Comunicações* ficam onde está situado o comando das tropas em combate (os oficiais mais graduados). Sua função é centralizar as informações recebidas por rádio de todas as unidades. O *Material Bélico* ("Matbel") atua no reparo e manutenção de viaturas e equipamentos, e a *Intendência* no fornecimento de suprimentos e na prestação de serviços (banho, comida, vestuário etc.); juntas, estas duas dão o "apoio logístico" às tropas.

Embora possuam papéis diferentes a desempenhar, as Armas em combate formam um *conjunto orgânico*:

Não há uma divisão assim: daqui pra lá é tal Arma, daqui pra cá é outra, sabe? Porque é tudo muito... Tem que ter aquela união, aquele entrelaçamento entre todas as Armas, pra funcionar tudo certinho.

Porque são organizações que vão atuar em conjunto. Nunca vai existir... nunca deve existir uma Infantaria atuando sozinha: se ela tá atuando sozinha, ela vai sofrer muitas perdas, se não tiver um apoio da Artilharia; se ela não tiver o apoio da Intendência com os suprimentos, ela vai padecer de fome. Então é um organismo.

O Exército, ele é um corpo e cada Arma é um órgão. E um Exército de campanha, numa situação de guerra convencional, não funciona se uma dessas Armas não estiver funcionando, o todo não funciona bem. Então todas elas são necessárias, todas devem ser respeitadas.

Tendo em vista a situação ideal de combate, os membros das diversas Armas devem apresentar, no cotidiano, características homólogas às que são exigidas naquela outra ordem de realidade. Veremos a seguir com que "rigor meticuloso, na aplicação prática de um esquema lógico"[5] isso é feito. Veremos também que no cotidiano surge um fato novo no jogo de atribuições entre as Armas: a jocosidade, que não está presente na situação de combate. Vejamos agora como se desenha o espírito de cada Arma na situação de não combate — espíritos diferentes, posto que relacionados às também diferentes funções desempenhadas no combate. Vale aqui a mesma observação feita quando da descrição da situação de combate: muito do dinamismo que rege a definição desses espíritos será perdido.

PARA OS INFANTES, uma exigência básica de sua Arma é a preocupação com o *físico*. Por um lado, a educação física é atividade que merece total dedicação, e a Infantaria tem a tradição de, por vontade própria, "sempre dar uma corridinha a mais" do que as outras Armas. Por outro lado, o infante deve demonstrar "rusticidade", "que se reflete não só no preparo físico mas também em aguentar qualquer coisa: o clima, o sono, a fome, a sede... Tudo isso tem que ser superado. É a tal história: a mente domina o corpo, né?".

Na Academia, é tradição a Infantaria "fechar primeiro em campo", isto é, ser a Arma que mais executa exercícios práticos durante o ano. Por isso o infante é visto mais vezes do que cadetes de outras Armas com o "uniforme camuflado", exigido nessas ocasiões, o que lhe vale o apelido de "homem--planta". Também é chamado pelos outros cadetes de "verme rastejante", porque "infante gosta de rastejar", e de "batata", porque "é raiz, do solo". Inclusive existe uma canção da Ar-

Os espíritos das Armas 95

tilharia que diz, em certa passagem, "vejo no céu granadas a explodir" que é substituída por "vejo no céu batatas a explodir".

A Infantaria deve ser não apenas a Arma que possui os elementos melhor preparados fisicamente, como também aquela que *vibra* mais, que tem maior disposição para fazer as coisas e entusiasmo para cumprir suas missões. Isso porque "ter um cara atirando em você e você correr pra cima dele, se você não estiver vibrando e confiar muito no que pensa, você não faz isso". Essas qualidades seriam, como já foi apontado, uma decorrência daquilo que é exigido dos infantes na situação de combate.

O "batismo" na Infantaria pretende ser uma iniciação a esse espírito ao mesmo tempo "ralativo" (de "ralar") e "vibrador", de "nós traça o que vier!". É uma espécie de trote coletivo conhecido como "Banhesp" e que ocorre poucas semanas após o ingresso dos novos cadetes na Arma, "o sangue novo da Infantaria". Embora não seja um acontecimento regulamentar, esse batismo — assim como o de todas as outras Armas — é assistido por oficiais e eventuais convidados. O nome dado ao batismo da Infantaria evoca as "Siesp" (Sessões de Instrução Especial), os exercícios de campo mais árduos realizados pelos cadetes, e inclui um "banho" no rio Alambari, que cruza o terreno da Academia: "Banh-esp". A ordem dos acontecimentos pode variar de ano para ano, o que vale também para os batismos nas outras Armas. Além disso, é preciso ter em mente que estão sempre surgindo novidades na caracterização dos espíritos das Armas, terreno propício a invenções. O que se segue é a descrição de um desses batismos.

Após a entrada na Arma, os cadetes do 2º ano já têm ideia do que está por vir, mas não sabem quando nem de que maneira. Num dia em que estão em forma para a "revista do reco-

96   *O espírito militar*

lher" (na ala, logo após o jantar), os infantes de 3° e 4° anos, com o uniforme camuflado, invadem a ala de surpresa, em meio a enorme gritaria. Os "bichos de Arma" são comunicados de que têm uma importante missão a cumprir e que devem se preparar para entrar em ação imediatamente. Em seguida são levados para o Alambari, onde fazem um pequeno circuito de exercícios que é realizado, algumas vezes, também por cadetes do 3° e do 4° anos:

> Tem uma corda lá que o pessoal vai puxando por dentro d'água, aí sobe um barranco, aí sai e rasteja o campo de futebol, sobe lá na seção de educação física... faz um circuito aí, umas pagações. [...] Então cria aquele espírito de união e dá vibração, a própria vibração de ir junto com o pessoal do 2° ano, todo mundo junto lá, rastejando na lama, mostrando pro cara que a gente tá interessado neles e que tá contente com a chegada deles na Arma. Quer dizer: mais gente na família... é vibração. *(infante, 3° ano)*

Já "purificados" dos "males do Curso Básico" pelo banho no rio, os cadetes participam de uma "cerimônia de incorporação" bem-humorada, durante a qual recebem o "espírito de Sampaio", patrono da Arma, representado por um cadete do 4° ano, e pronunciam a "oração do infante". Finalmente, após mais uma corrida e algumas "pagações", o batismo se encerra com uma confraternização regada a refrigerantes e salgadinhos. O dia seguinte é de atividade normal.

Em 1988 foi ainda retomada uma antiga tradição infante, a subida do "morro da Galinha Choca", que antecede o Banhesp, prolongando dessa forma a duração do batismo. Os cadetes do 2° ano vão "pagando" durante o caminho até o morro:

Os espíritos das Armas 97

O pessoal do 4º ano ia mandando: "Põe a mão na cabeça!" até o braço doer. Aí: "Uma mão levantada!", "Cantando!"... Aí pega logo o pessoal conhecido: "Canta não sei o quê!", uma música qualquer. Ou então gritar todo mundo, repetir a mesma coisa. Pegaram um tronco, aí: "Faz de conta que é um morteiro [canhão curto e portátil utilizado por tropas de Infantaria]! Tem que levantar lá pra cima!". Pegaram um crânio de boi que tava lá, aí mandaram carregar. Inclusive tá até hoje com a gente, em cima da televisão. É um símbolo nosso agora. Aí vai, sobe o morro... Cansa bastante mas vale a pena, porque a visão lá é muito bonita, vê até a Academia pequenininha, o dia tava claro... Aí tira foto, canta canção... Isso os oficiais, todo mundo vai junto.

No topo do Galinha Choca, os novos infantes hasteiam uma bandeira do Brasil e deixam uma placa para marcar o evento. A bandeira será retirada apenas no 4º ano, último do curso na Academia, quando irão acompanhando os novos infantes de então. No caminho de volta para a Aman, os cadetes ainda têm de enfrentar — para fazerem jus à Arma que passam a integrar — uma

"Emboscada! Emboscada!" Tinha uns caras no meio do caminho, todos camuflados. Pararam o ônibus e já começaram a atirar. Aí a gente bota o equipamento, que não tava usando no ônibus, e sai correndo desesperado, ninguém sabe o que tá acontecendo. [...] Pô, nessa correria eu pensei: "Meu Deus do céu, o que é que eu vim fazer na Infantaria?" *(risos)*

Ao final do 2º ano o novo infante terá de passar ainda pela temida "Prova Aspirante Mega", homenagem a um herói da

FEB, e que é a coroação prática de toda a instrução profissional ministrada durante o ano. Durante dois dias e meio os cadetes, divididos em patrulhas de dez, realizam exercícios em vinte "oficinas" (de tiro de morteiro e de fuzil, pista de corda, granadas de mão e de boca etc.), coordenadas por cadetes do 4º ano. O deslocamento entre as oficinas, cruzando todos os tipos de terreno, deve ser feito "em acelerado", e os cadetes não dormem nem se alimentam regularmente durante toda a prova. Concluir a Mega é ponto de honra, pois senão pode acontecer de "os companheiros dele acharem, pô, que o cara é fraco, que o cara não tem a mesma aptidão pro negócio".

Por essas e outras atividades físicas, a Infantaria é vista pelas outras Armas como a "Arma dos boçais", título aliás que os infantes não rejeitam. Surge aqui uma das principais atribuições feitas aos infantes no terreno da jocosidade entre as Armas: a de "burros". Diz-se dos infantes que "só sabem contar até dois", que têm "Q.I. de ameba", que "só servem pra rastejar e pra atirar", que "quando o infante tira o capacete, não pensa" (ao que os infantes retrucam dizendo que os cadetes das outras Armas "quando põem o capacete, não pensam"). Os infantes brincam com essa acusação, assumindo-a. Existe um mote na Infantaria que diz: "Apaga a gagazeira e patrulha a noite inteira!". "Gagazeira" é o apelido dado às luminárias individuais que servem para o estudo noturno. "Gagá" significa estudo, e "meter o gagá", estudar muito. Existe também uma música cantada em conjunto pelos infantes durante as corridas na educação física que diz:

Eu tinha que estudar,
Resolvi me exercitar,

Os espíritos das Armas

> *Na tropa perguntaram*
> *Como é que eu vou ficar?*
> *Bem burro, bem burro,*
> *Bem burro mas bem forte.*

Alguns cadetes de outras Armas insistem que essa adjetivação não é pura brincadeira, que, pelas notas da turma, poder-se-ia ver que isso tem um "fundo estatístico". Um matbeliano chegou a observar que os infantes "prestam-se mais à ação do que às atividades cognitivas", e que "até no estudo filosófico a gente vai vendo que a ação inibe o conhecimento". Embora apontem exceções individuais, é comum os cadetes de Infantaria reconhecerem que na Arma, como um todo, prega-se a ideia de que "papiro não é com a gente!", que "teve gente que optou por Infantaria porque aqui se estuda menos". Mas dizem que, por esse motivo, não existe competição em termos de classificação escolar tão forte quanto a que existiria em outras Armas, porque "o pessoal na Infantaria não tá nem tão preocupado com estudo". Além disso, como os exercícios de campo são vistos como geradores de união, a Infantaria é representada como uma das Armas mais unidas, por "sofrerem mais juntos". A *ação* é vista como mais importante do que o estudo não só porque ela dá preparo físico, rusticidade e união, mas também porque é nela que se forjam os *líderes*:

> É mais importante o cara sair daqui um líder, um cara que conheça o material com que vai lidar — o homem — do que um cara muito técnico. Porque a técnica tá no caderno, tá no livro. Se você, pô, tem que dar uma instrução [para a tropa] depois de amanhã, você vai e vira noite se for preciso, e aprende aquilo. Não

precisa ser nenhum gênio pra aprender, ainda mais porque você já viu alguma coisa daquilo na Academia. E se você se sai bem na parte teórica mas quando chega lá não consegue transmitir pro soldado... não adiantou nada o trabalho. *(infante, 3º ano)*

Reencontramos, assim, uma das características básicas apontadas como necessárias para o infante na situação de combate: a liderança. E como liderar é entendido fundamentalmente como "dar o exemplo", a Infantaria, no dia a dia,

prima por querer fazer bem as coisas, segundo o que é previsto, entendeu? Ela quer fazer as coisas corretamente e... na sua intensidade máxima. Se é pra marchar no pátio na hora da formatura, então ela é a que levanta mais a perna, é a que faz o maior movimento de braço, é a que canta mais alto, e o resto tudo fica... Então a Infantaria tem esse espírito aí, sabe? Espírito de atividade, de vibração, de querer fazer as coisas.

Tem a formatura do Corpo de Cadetes e todo mundo desfila em continência ao comandante. Então, pô, a Infantaria ali, ela arrebenta, quer desfilar melhor pra mostrar para os outros que nós somos melhores, entendeu? Na educação física, a gente quer fazer a melhor educação física.

Os infantes costumam dizer que "os melhores são apenas bons para a Infantaria", que pertencem à "Rainha das Armas", à Arma mais vibrante, disciplinada e "guerreira": a *mais militar*. Pela autoexaltação e pelo respeito aos regulamentos que os infantes demonstram, eles recebem mais duas qualificações por parte dos cadetes de outras Armas, além de "burros": "embus-

Os espíritos das Armas 101

teiros" e "bitolados". Os infantes são criticados por "se acharem semideuses", "os fodões", "os melhores"; pelo contrário, eles seriam "embusteiros". Isso porque o infante se vangloria de "coisas elementares, que qualquer um faz". A ideia dos detratores é que a Infantaria é uma espécie de prolongamento do Curso Básico e que, enquanto qualquer cadete de outra Arma poderia fazer tudo aquilo que os infantes fazem, a recíproca não é verdadeira. O que valeria dizer que os infantes não detêm um conhecimento específico. Como me disse um artilheiro, se um infante deixar o Exército "não tem jeito: onde é que ele vai arrumar uma firma que contrate ele pra ficar marchando o dia inteiro?". Os infantes respondem, brincando, que só se forem contratados como mercenários em alguma guerra, com o que pretendem mostrar que a opção feita pela carreira militar foi definitiva, que pensam em permanecer no Exército.

Na jocosidade entre as Armas, os cadetes de Infantaria são vistos como "bitolados" por seguirem com maior rigor os regulamentos, as ordens, o "sistema". Isso estaria relacionado com a situação de combate, na qual "mandou ir, eles têm que ir, não têm que pensar". É importante observar que existem diferenças entre as Armas em relação a como é vista a hierarquia militar. Ela seria exercida com maior rigor na Infantaria do que em outras Armas. É isso o que se revela na questão levantada por vários infantes sobre a "promiscuidade" entre os anos. Por esse termo eles entendem o relaxamento da superioridade hierárquica do 4º ano sobre o 3º e o 2º anos, dentro das Armas. Isso ocorreria nas outras Armas, que, por possuírem efetivo menor, precisam agrupar cadetes de vários anos numa mesma ala, embora ocupando apartamentos diferentes. A Infantaria, pelo contrário, mais numerosa, possui uma ala para cada ano. A ideia, segundo um infante do 4º ano, é de que a própria separação física mantém um relacionamento mais militar, mantendo mais a hierarquia, sabe? Porque a gente [Infantaria] não se encontra num ambiente de apartamento, que aproxima muito, que dá muita afinidade, e que tira um pouco da seriedade... o relacionamento militar, hierárquico. [...] Então o que eu já soube é que há uma "promiscuidade", como a gente chama, uma mistura ali... essa convivência na mesma ala. [...] O pessoal do 2º ano faz brincadeira com o pessoal do 4º, tem jambra [uma "briga" de brincadeira] envolvendo pessoas de anos diferentes. Na Infantaria não acontece isso de jeito nenhum, porque a gente não dá essa base toda para o pessoal do 3º e do 2º ano, certo? [...] E quando a autoridade realmente é hierárquica, você é do 4º, e o cara é do 2º, você se impõe. Mesmo se você não se impuser moralmente, pelas suas atitudes, você se impõe porque você tem quatro [listras no distintivo que indica o ano] e ele tem duas, então ele tem que calar a boca, entendeu? Mas quando há um relacionamento muito íntimo entre o 2º, 3º e 4º anos de uma Arma, o cara perde um pouco a autoridade. Então aquela ascendência, que devia ser natural, ela não se torna natural, porque há um relacionamento muito... Então o cara não tem como cobrar, porque o cara do 2º ano sabe das deficiências que o cara do 4º ano tem, sabe que ele não é nenhum santinho pra depois estar cobrando.

Os problemas resultantes dessa promiscuidade tenderiam a se manifestar, dentro da Academia, no exercício de funções de comando sobre companheiros, nas situações em que isso é previsto. Para cadetes das outras Armas, como veremos adiante, essa visão é falsa, e a maior *atenção à hierarquia* é vista como uma característica do espírito da Infantaria.

Se não tens a rapidez do raio,

O olhar da águia

E a coragem do leão,

Não és digno de pertencer

À Cavalaria

Este mote tradicional sintetiza as características que o cavalariano deve ter: rapidez, combatividade e coragem. Ingressando na "Arma de heróis", no "Reduto dos Centauros", o cadete encontra um ambiente que o compele a manifestar esses traços — considerados como fundamentais ao bom desempenho da Cavalaria no campo de batalha — também no cotidiano, marcando assim o espírito de sua Arma. Apesar de a Cavalaria atualmente usar no combate carros blindados (tanques) em vez de cavalos, a tradição hípica é mantida. Inclusive o uniforme é diferente do das outras Armas, com o uso de botas longas, esporas e pinguelim (um chicote pequeno). O contato com o cavalo permite, segundo os cadetes da Arma, desenvolver a flexibilidade, a coragem, a determinação, o desprendimento, a vontade de superar os obstáculos — enfim, tudo o que seria preciso para formar o espírito *cavalariano*.

Em primeiro lugar, para lidar com o cavalo "não pode ter frescura". O "novo centauro" deve perceber isso desde o batismo na Arma, conhecido como Cross do Picadeiro. Cross é uma prova hípica com obstáculos rústicos, e picadeiro é um local fechado que serve para a prática da equitação em dias chuvosos ou à noite, e para onde os cadetes recém-chegados à Arma são levados. Ao contrário da iniciação dos infantes, na qual todos vão uniformizados com o "camuflado", na Cavalaria os cadetes que passaram para o 2º ano vão apenas de capacete, calção e tênis, e os do 3º e do 4º ano vão "do jeito que o elemento decidir na hora: todo descaracterizado, pintado...". No picadeiro é montado um circuito de obstáculos baixos, e cada cadete faz uma demonstração com o cavalo. O detalhe é que os "cavalos", no caso, são os cadetes do 2º ano. Com um aspirante nas costas, eles se arrastam em cima de estrume, comem uma porção de alfafa a cada obstáculo superado, provam ração para cavalos. O Cross é o batismo tradicional da Cavalaria, sendo assistido por oficiais da Arma. O clima "é de bagunça, é farra, é de brincadeira". Ao final da "prova" hípica, a tradição manda que a confraternização termine num bar da cidade, na base da "famosa cerveja": um aspirante tira sua bota e a enche de cerveja para que os novatos bebam. Aliás, mesmo antes do Cross os cadetes já devem estar "calibrados" com cachaça. Tudo isso é feito

> dentro de um espírito de quebrar toda e qualquer... vamos falar aqui em termos claros: é pra deixar toda e qualquer frescurinha do elemento pra trás. E também pra dar aquela quebrada de gelo inicial, para ele tirar o peso dos ombros... daquele impacto do 1º ano. *(cavalariano, 4º ano)*

Além do Cross do Picadeiro existe o Cross da Ala, só que este é feito "escondido" dos oficiais — que obviamente sabiam de sua existência: eles já foram cadetes. Em 1988 os oficiais chegaram mesmo a assistir ao evento, apenas para evitar o consumo de cachaça, uma tradição da Arma que é formalmente proibida. Como no Cross do Picadeiro, o da Ala consiste numa pista de obstáculos, só que montada na ala. Como obstáculos são usados os mais variados móveis: armários, mesas, escadas etc. Antes da presença dos oficiais, os cadetes do 2º ano tinham

Os espíritos das Armas

de tomar um gole de cachaça a cada obstáculo superado. Os cadetes mais antigos também sujam os do 2º ano com o que puderem: farinha, água, doce... O circuito é realizado com os cadetes dando os gritos de guerra da Arma: "Hipo! Hipo! Hipo!" ou então "Osório!", o patrono da Cavalaria.

Os novos cavalarianos devem aprender também, desde cedo, a "sair na porrada" com os colegas cavalarianos dos outros anos. É comum os apartamentos do 2º ano serem invadidos por cadetes mais antigos, que já entram "quebrando tudo", derrubando armários e beliches no chão: "O cara já cai na porrada direto. Depois todo mundo se abraça, fica todo mundo 'Ah, tá tudo bom, beleza!'. É assim. É mais sacanagem, bagunça [...] o pessoal é bem bagunceiro".

No dia seguinte pela manhã tudo deve estar arrumado. Os oficiais sabem quando um "furacão" — como são chamados esses eventos — passou pela ala, mas fazem vistas grossas: a "pancadaria de brincadeira" é uma tradição da Cavalaria que visa fortalecer o espírito da Arma e "unir mais o pessoal". Os oficiais das outras Armas às vezes não gostam, como demonstra o depoimento de um cavalariano:

> Eu acho que eles têm até uma certa inveja da Cavalaria. Por exemplo, sábado passado a gente fez um "corredor polonês" na boca da ala. [...] Aí veio o tenente, acho que de Infantaria: "Isso não pode ficar assim! Vou comunicar ao capitão de vocês!". Aí, de repente, sai o nosso capitão do meio da muvuca! Aí o tenente ficou todo sem graça, puxou outro assunto...

Os cavalarianos não devem ter "frescuras" nem em relação a condições materiais nem a diferenças hierárquicas dentro da Arma. Isto, segundo eles, não leva à promiscuidade apontada pelos infantes, como é explicado a seguir por um cavalariano do 4º ano:

"Promiscuidade" de quê? Você vai ser tenente junto com o cara, você vai dormir no mesmo alojamento que ele! Se você der mole quando for oficial, ele te passa, você pega uma "carona"... O cara faz Estado-Maior e você não faz, então o cara passa a ser mais antigo do que você. Quer dizer, nós da Cavalaria vemos esse negócio por outro ângulo. Tá certo, tem o respeito, o cara respeita. Mas tem também a brincadeira. A gente senta num apartamento do 2º ano, bate papo com ele... O infante já não faz isso. Ele é um elemento mais... pelo próprio espírito de formar na Arma quando ele chega, de correção, acho que é de... disciplina: "Não, você tem que ser um cara disciplinado!". Não, isso não é disciplina! Eu não acho que isso seja disciplina. A disciplina é essa nossa aqui, a descontração. Não vou dizer que eles não sejam disciplinados, mas eu acho que o ideal... não seria nem o nosso, seria até mais à frente. [...] Nós não temos 2º, 3º, 4º ano, nós temos a Cavalaria aqui dentro. Quer dizer, não tem frescura esse negócio, não. Agora, se tá de serviço, se está nas suas funções: respeito. Aí não tem esse espírito de bagunça. Não é nem que seja bagunça, é que nós não temos aquela disciplina prussiana, do cara bitolado: "Sim, senhor! Não, senhor!". É correto, é disciplina? É, tá certo. Mas, pô, a realidade nossa não é essa, nós temos que jogar com a realidade: "Não, tudo bem...". O cara convive com você aqui. "Promiscuidade"?! Por que "promiscuidade"? Todo mundo é cadete. Não acho que seja promiscuidade. Pelo contrário, eu acho que é até um meio de fortalecer a instituição, você ter um companheiro seu mais ligado, que tem mais intimidade com você. E ele sabe respeitar

Os *espíritos das Armas* 107

você na hora que você estiver numa situação de comandar ele. Eu duvido que o 2º ano falte com respeito ao adjunto do 4º ano. Respeita porque tem que ser respeitada a função dele. É disciplina consciente. Não é aquele negócio imposto.

Já foi visto que a Cavalaria atua no combate "como um furacão" (isto é, com rapidez) e "atravancando" — ou seja, partindo para cima dos obstáculos. Tendo em vista a primeira característica, os cavalarianos desenvolveram uma maneira diferente de marchar: o "passo furacão". É um passo mais alongado, quase andando rápido, "não é um marchar tão marcial quanto o da Infantaria". Com isso a Cavalaria chega, por exemplo, mais rápida ao rancho do que as outras Armas. Por fugir à norma, esse passo é combatido pelos oficiais mais graduados da Academia, e a Cavalaria por diversas vezes tem que retornar e refazer o percurso marchando conforme está previsto no regulamento de ordem-unida. Por causa disso, os cavalarianos executam esse passo mais nos finais de semana, na ausência de oficiais. De qualquer modo, "é uma coisa bem caseira, que não pode ser levada a efeito numa formatura importante, nunca, porque vai destoar muito do grupo".

Se a Cavalaria "atravanca" durante a batalha, seus cadetes também "atravancam" no rancho: "Porque tem que ter espírito de rapidez, de seguir adiante, passar os obstáculos. Então chega no rancho lá, o pessoal parece que continua com o motor ligado, já vindo da atividade no parque". "Atravancar" na comida implica servir-se e comer "sem frescura": usando por vezes as mãos, não se importando em comer algo que ocasionalmente caia no chão, disputando o melhor quinhão de comida com os companheiros. Segundo um artilheiro,

No final de semana, quando as mesas não são separadas por Armas, quem senta junto com cavalarianos não consegue comer. O cara vem e cospe em cima do bife, ainda na bandeja: "Esse é meu!". Outro dia um cara espetou o garfo na mão do outro para pegar o melhor bife que tinha.

Por toda essa *performance*, cadetes de outras Armas dizem que os cavalarianos são grossos, bagunceiros, "pinguços", "puteiristas" (porque "adoram tocar um puteiro"); que vivem na sujeira, não ligam para a limpeza, cheiram mal por causa de estrume; e que o espírito da Arma é o espírito do "rápido e malfeito"; que pela ligação com os animais eles vão se tornando "beiçudos" (isto é, cavalos). Mas é importante dizer que o consenso é que, tirando essas brincadeiras, a Cavalaria tem um "espírito bom", principalmente por ser uma Arma muito coesa e que mantém com vigor suas tradições. Também é considerada Arma muito combatente e vibradora. Os cavalarianos possuem rivalidade maior com a Infantaria, embora afirmem que ela é a Arma "mais parecida" com a sua, por causa da ênfase na tradição, na ação e na "parte combatente". O combate da Cavalaria, no entanto, parece ter um certo colorido lúdico, de esporte, que não tem o combate da Infantaria.

Finalmente, os cadetes de Cavalaria devem desenvolver a iniciativa pessoal e a flexibilidade exigidas no combate. O cavalariano deve ter mais iniciativa que o infante, saber decidir sozinho e no momento certo a coisa certa a fazer. Esse é um dos motivos do "espírito de liberdade, não libertinagem" que vigora na Arma: "Ao passo que nas outras Armas o elemento pede permissão [aos superiores] para atuar, o cavalariano atua e informa. Essa é a diferença". Dessa forma, ele precisa ter

Os espíritos das Armas 109

"desprendimento", ter o "horizonte aberto", não deve ser "bitolado". Além disso, deve ser flexível: "Você tanto come numa marmita com o cavalo cuspindo em cima, como participa de um coquetel".

Uma última observação deve ser feita sobre a Cavalaria. Para os cadetes da Arma, seu espírito vem se modificando em virtude da introdução dos blindados. Embora a mudança seja lenta e eles acreditem que a "parte hipo" continuará sendo fundamental, a tendência seria a de que o cavalariano desenvolva uma "parte técnica", de "maior estudo e ponderação", devido à sofisticação dos novos equipamentos com que irão lidar.

Os *ARTILHEIROS* TAMBÉM PROCURAM demonstrar no cotidiano as características necessárias às missões que cumprem no combate. Dessa forma, o principal traço distintivo de seus cadetes deve ser a *meticulosidade*, já que no combate, como foi visto, eles não podem "errar um milésimo". Isso deve transparecer na arrumação tanto pessoal quanto do ambiente. Os artilheiros costumam dizer que seus quartéis são os mais limpos, os mais organizados do Exército, da mesma forma que seus alojamentos o são na Academia: "Se você entra num apartamento de um artilheiro e entra num apartamento de Cavalaria, você vai sentir uma diferença incrível. E se você convive com um ambiente cavalariano, você vai sentir, basta ver".

Nas mesas da Artilharia, durante a refeição, o procedimento é oposto ao dos cavalarianos. Cada dia um pega o bife primeiro; em seguida a travessa circula e cada um dos outros escolhe o seu, repetindo o circuito pelo que pegou o menor bife; além disso, o arroz é dividido em porções iguais etc.: "O pessoal faz questão de ser mais educado em tudo". Mas, apesar dessas diferenças com os cavalarianos, a grande rivalidade dos artilheiros é com a Infantaria; "talvez as duas até se juntassem pra fazer frente à Infantaria" *(artilheiro, 4º ano)*. Os infantes são ironizados em várias canções da Artilharia. Numa delas, o verso que diz "com seus fogos poderosos a nossa Artilharia leva o apoio à Infantaria. Hurra!" teve seu final substituído por "... leva o apoio àquela Arma... burra!". Por cantarem isso, certa vez os artilheiros passaram um final de semana punidos.

Na Artilharia são cobrados detalhes de arrumação "impressionantes", segundo cadetes de outras Armas. Um exemplo citado por vários deles refere-se ao uso de pantufas de feltro nos apartamentos, que num período recente foi adotado na Academia. O objetivo era manter o sinteco sempre limpo, mas os cadetes de todas as Armas só as calçavam em presença de oficiais, atirando-as a esmo logo em seguida. Na artilharia, as pantufas deviam permanecer corretamente empilhadas, o que era cobrado pelos oficiais: o cadete escalado como faxineiro no dia era "torrado" (isto é, punido) se elas não estivessem arrumadas. Outro exemplo desse rigor é o caso de um cadete punido porque a caixa que guarda a barretina (cobertura do uniforme de gala) e que fica em cima do armário estava "dez graus fora do lugar", conforme anotação do oficial. Um cadete comenta: "Mas é isso aí: se o cara dá um tiro dez graus fora do lugar...". Os oficiais de Artilharia têm a fama de "torradores" por causa disso: "O cara vem e passa o dedo no chão pra ver se não tem cisco ali" *(artilheiro, 4º ano)*. A boa apresentação pessoal também é cultuada na Arma. Os artilheiros são conhecidos como aqueles que levam graxa e escova para os exercícios de campo, que vão e voltam com o coturno brilhando. Conta a

Os espíritos das Armas

lenda que, antigamente, o símbolo de uma das alas de Artilharia era uma lata gigante de Kaol, produto para limpeza da fivela dos cintos. Um cadete faz uma observação interessante sobre os artilheiros:

> O cadete que vai pra Artilharia, você já sente na primeira semana no Básico. Se perguntassem para mim quem do 1º ano vai pra Artilharia, mesmo sem ter conversado com ninguém, eu ia errar muito pouquinho. Você já sente que o cara... A letra do cara é bonita, acho que não tem nenhum artilheiro de letra feia... Eu não dava pra Artilharia, tem que fazer o número redondinho. O cara senta, pega a caneta... se botou a caneta ontem aqui, ela é aqui; se a calculadora tava do lado de cá, vai ter que ficar do lado de cá. É tudo no lugar, o cara é organizado mesmo. Mas é do cara, o cara não tá forçando, não... já vem de berço. Acho que artilheiro já vem de berço. É o único que já chega na Academia pronto pra ir pra Arma. *(engenheiro, 3º ano)*

Um bicho, quando por algum motivo vai a uma das alas de Artilharia, tem que tirar os sapatos antes de entrar. Sobre isso, um matbeliano comenta: "O espírito não é pra não sujar, o espírito é que ele tem que entrar ali... como se fosse a pureza da ala, entende? Não é o caso pra sujeira, né, porque isso é o de menos, todo mundo [dos outros anos] entra de sapato."

Essa natureza simbólica da pureza artilheira parece estar relacionada com a figura de Mallet, patrono da Arma e iniciador dessa tradição. Vale a pena aqui comentar a força evocativa dos *patronos* das Armas. Veremos como as características dos espíritos das Armas têm uma estreita correspondência com aspectos consignados às biografias dos patronos.[6]

Antônio de Sampaio (1810-66), patrono da Infantaria, nasceu num povoado do sertão cearense, filho de um ferreiro, entrando na carreira militar como soldado. Não cursou a Academia Militar, não possuindo estudo sistemático. Foi sempre, em primeiro lugar, um combatente. Galgou os postos da carreira devido à sua participação em muitas lutas: "Atingiu o generalato à custa de sua espada". Morreu após ferimento recebido durante a batalha de Tuiuti, na Guerra do Paraguai. É considerado patrono da Infantaria desde 1928, quando,

> por sugestão do hoje marechal Humberto de Alencar Castelo Branco, simples 1º tenente, aos aspirantes de Infantaria, os alunos da então Escola Militar do Realengo consagraram o vulto de Sampaio "para simbolizar as qualidades másculas do infante e para patrono do Batalhão de Infantaria dos cadetes".[7]

Manuel Luís Osório (1808-79), marquês do Herval, patrono da Cavalaria, era gaúcho e, como Sampaio, não cursou a Academia: sempre foi sobretudo um "guerreiro". Participou de muitas lutas, tendo sido ferido em combate na Guerra do Paraguai. Já aos catorze anos

> possuía atilado tino, curiosidade insaciável e apurado gosto para caçadas, esporte em que não raro se mostrava exímio atirador. Perfeito ginete, as coxilhas sulinas eram devoradas pelos céleres galopes de suas árdegas montarias. As manobras guerreiras que idealizava e dirigia, à frente do grupo de petizes amigos, contra outro idêntico, considerado adverso, vadeando rios, afrontando sérios perigos, removendo óbices, eram seus brinquedos preferidos.[8]

Os espíritos das Armas 113

É interessante ver a comparação entre a personalidade militar de Caxias e a de Osório feita pelo Visconde de Taunay, que conviveu com ambos na Guerra do Paraguai:

> Aliás, a grande correção de Caxias, em tudo quanto se prendia à subordinação militar, não se dava bem com os modos bonachões, o *laissez-aller* e o pouco caso do Osório em muitos pontos dessa espécie. [Osório] levava os homens por arrebatamento e pelas qualidades pessoais, mais do que pelo prestígio da posição e respeito à lei e aos preceitos regimentais. Daí a radical diferença com o Duque de Caxias, este muito mais general estratégico, organizador e sobretudo administrador, do que aquele, de maior mérito e realce tático, pela indomável bravura, valentia toda natural, calma, serena, como se, no meio dos maiores perigos que um homem pode correr, estivesse sempre numa sala de baile a cortejar damas.[9]

A biografia do patrono da Artilharia, Emílio Luís Mallet (1801-66), difere em muitos aspectos das duas anteriores. Mallet nasceu na França, numa família de boa situação econômica e cultural (seu pai era construtor de navios). Estudou Humanidades em Bruges, onde chegou a conquistar uma medalha por seu desempenho, e ingressou em 1817 na Academia Militar francesa, em Saint-Cyr. Cursou apenas o primeiro ano, pois teve de acompanhar sua família em mudança para o Brasil, aqui chegando em 1818. Após a Independência, foi convidado pelo imperador Pedro I a entrar para o recém-criado Exército brasileiro, matriculando-se em 1823 na Academia Militar do Império. Lutou na Guerra do Paraguai, onde notabilizou-se por sua calma e sangue-frio. Além disso, "ninguém ignora o zelo com que inspecionava sua tropa: nunca deixou de passar as mãos enluvadas (em luvas de pelica branca) pelo lombo dos cavalos e pela culatra das peças de artilharia para certificar-se do imprescindível asseio".[10]

Voltando ao cotidiano da Aman, reencontramos a mesma tradição iniciada pelo patrono: o cadete de Artilharia

> limpa, limpa, limpa o tubo do canhão, depois vem um tenente com um lenço branco e enfia lá [...] pra ver se está bom. Se estiver bom ele libera, se não estiver o pessoal continua no processo. Isso não é tão usado nas unidades [quartéis da Arma], isso não é tão cobrado como é cobrado aqui na Academia. Porque aqui é pra formar o espírito do militar, entendeu? *(artilheiro, 4º ano)*

A razão para a preocupação com a limpeza do armamento seria de ordem prática: a necessidade de evitar os acidentes de tiro. Mas os cadetes das outras Armas não perdoam. Por essas e outras características, os artilheiros são chamados de "frescos", "babacas" (ou "artibacas"), "certinhos", "chatos", "gravatas" (por associação com a figura de um indivíduo de paletó e gravata). Mas ao mesmo tempo que é ironizada, a precisão dos artilheiros pode vir a ser exigida pelos mesmos que os criticam. Por exemplo, após um erro de tiro ocorrido durante um exercício de uma unidade de Artilharia (não da Aman) no campo de Gericinó, no Rio de Janeiro, que causou a morte de uma senhora,

> Pô, isso aqui virou um inferno. O pessoal da Infantaria caía em cima da gente. Porque tem exercício aqui na Academia em que a gente dá tiro por cima da Infantaria, então a moçada:

Os espíritos das Armas 115

"Não vai me matar, não!". Uma semana antes eles queriam saber quem era o cadete comandante da bateria, pediam pelo amor de Deus pro cara dar uma estudada, dar uma papirada ali, pra não acontecer nada.

Os artilheiros são também apontados como aqueles que, dentre as Armas combatentes, se desgastam menos no campo de batalha, fazendo deslocamentos motorizados e entrando em ação a partir de posições fixas. Os artilheiros protestam dizendo que suas funções exigem em primeiro lugar organização e "visão", saber associar coisas como observação, central de tiro e linha de fogo.

E ao mesmo tempo ele tem que ter "endurance". Ele tem que resistir, passar a noite acordado, entrando em posição, colocando as peças [de artilharia] no local, fazendo pontaria... Então ele é exigido no desgaste físico e no desgaste mental também. Então o artilheiro fica no meio do caminho: ele pertence a uma Arma técnico-combatente.

Este último ponto é importante. Embora sejam considerados e se considerem combatentes — inclusive sua Arma é conhecida como "Dona da Guerra" ou "Deusa das Batalhas" —, os artilheiros afirmam também que realizam um trabalho "técnico". Por esse motivo, o estudo é muito incentivado na Arma, e é tradição na Academia artilheiros ocuparem boas posições na classificação escolar geral do Corpo de Cadetes. O papiro é muito valorizado, mais do que a ralação. Aliás, durante a iniciação na Arma, os artilheiros fazem o juramento de "nunca mais rastejar", numa referência ao Curso Básico e à

Infantaria, a "Arma dos rastejantes". Sobre a importância dada ao estudo e à classificação escolar na Artilharia, um infante observou que, para um almoço com o ministro do Exército para o qual foram solicitados alguns cadetes, a Infantaria escolheu os seus ao acaso ("inclusive um deles era o último classificado em notas no Curso"), enquanto a Artilharia enviou os alunos mais bem classificados.

Várias atitudes, além das mencionadas, marcam o espírito da Artilharia no dia a dia. Pela precisão necessária no combate, os artilheiros contam os números de forma singular: um é "uno", dois é "duno", seis é "meia dúzia". Esta seria uma forma de não haver possibilidade de dúvida na recepção de coordenadas por rádio durante a situação de combate. Mas os artilheiros também contam desse modo durante a educação física, o que já passa a ser considerado "gravatice" pelos outros cadetes. Por terem de ser calmos e metódicos, os artilheiros cantam suas canções de forma mais lenta que os cadetes de outras Armas, bem como marcham numa cadência mais lenta, o "passo Mallet". Enquanto a cadência regulamentar é de 120 passos por minuto, os artilheiros só dão 106 — ou melhor, "uno zero meia dúzia passos por minuto". Além disso, a formação de marcha inclui uma coluna invisível: "São duas colunas aqui, depois tem um espaço como se tivesse uma coluna e depois a outra aqui. É o espaço de quatro mas só que com três. Então a gente fala que aquela ali é a 'coluna do Mallet'. O patrono é que está ali em forma".

E mais ainda, esse passo — bastante marcial — é feito com a mão fechada, novamente contrariando o regulamento de ordem-unida. Por esse motivo, os artilheiros não o executam em solenidades com a presença de outras Armas, assim como acontece com o passo furacão da Cavalaria.

Os espíritos das Armas 117

Outra peculiaridade da Artilharia é o seu "fora de forma". Antes, uma breve explicação. Os cadetes — de qualquer Arma — marcham sempre em formação, e quando chegam ao objetivo é preciso ser comandado o "fora de forma!" para que então a tropa se disperse. Além disso, existe uma norma da Aman que diz que, quando uma tropa entra marchando no pátio interno, os elementos dispersos — não importa de que Arma — que lá estiverem têm que permanecer parados, em posição de sentido, no local em que se encontram, aguardando os comandos de "alto" e "fora de forma" da tropa. Pois bem, enquanto tropas de outras Armas saem de forma rapidamente, as de Artilharia propositalmente prolongam ao máximo esse processo. Após o "alto", o cadete que está comandando a tropa posiciona-se à sua frente e declama o tradicional poema "Se", da Artilharia, cujas frases vão sendo repetidas pela tropa de cadetes. O poema começa com:

Se das bocas de fogo entre os clarões
Deus não te crês dos raios e trovões,
Erraste a vocação.
Para trás, inditoso companheiro.
Não poderás nunca
Ser um artilheiro.

E por aí segue o poema: "Se o tiro não comandas com justeza...". Terminada a declamação, o cadete que está na frente, em posição de sentido, levanta o braço direito lentamente, faz o sinal da Artilharia com a mão (como se estivesse desenroscando uma lâmpada) e abaixa o braço, também lentamente — o que significa a ordem de "Fogo!" para a bateria de Artilharia —, enquanto a tropa grita, vagarosamente "Aaaar...", abrindo a voz.

O cadete repete os movimentos de braço e a tropa acompanha: "tiii..." até completar "Ar-ti-lha-ria". Depois ainda tem o grito de guerra "Mallet", "que inventaram agora, pra demorar mais". Só após esse grito é que a tropa sai de forma e os elementos que até então permaneceram aguardando em posição de sentido podem voltar a andar. O processo todo demora uns quinze minutos e, por fugir aos padrões regulamentares, esse "fora de forma" só é permitido quando os artilheiros estão retornando de exercício de campo. Os cadetes das outras Armas ficam injuriados, "de saco cheio" quando têm o azar de cruzar com uma tropa de Artilharia nessas condições. Mas os artilheiros gostam disso: "É o espírito da Arma", pois

> o artilheiro tem essa característica de *inquietar*, entende? Porque a tropa de Artilharia, ela perturba o inimigo. Então, se ela sabe que o inimigo está alojado em tal lugar, ela fica dando "tiros de inquietação": ela atira, atira, atira... incomodando, abatendo o moral do inimigo.

Como já foi dito, os *engenheiros* apresentam, na situação de combate, várias características dos infantes, aos quais muitas vezes acompanham.

As diferenças originam-se do fato de que, enquanto a Infantaria vai para combater, a Engenharia vai para apoiar, e a missão dessa Arma exige conhecimentos técnicos que não são exigidos da outra. Por causa disso, os engenheiros se dizem "os infantes que pensam", sintetizando a mistura de "ralação" e de "técnica" que caracteriza o espírito da Arma e que "satisfaz a gregos e troianos".

Mas a Engenharia não possui missões a cumprir apenas no combate: ela é também Engenharia de construção, que vai trabalhar na construção de rodovias, ferrovias, pontes e outras obras em regiões pouco desenvolvidas. O engenheiro, então, deve possuir, a par de um gosto pelo "pioneirismo" — eles são os "bandeirantes modernos" —, um sentimento "humanitário" bastante desenvolvido:

> O que me empolga é saber que eu vou poder, talvez, pegar um Batalhão de Construção na Amazônia, num lugar que nunca foi pisado, nunca foi desbravado, que tem alguma coisa pra fazer, e eu, quando chegar, poder construir alguma coisa, poder levar gente pra lá, poder deixar alguma coisa com o meu modo lá, entende? Eu acho que isso é uma coisa que me empolga, é esse pioneirismo da Arma de Engenharia. *(engenheiro, 4º ano)*

> O engenheiro, talvez mais do que o infante, devido a essa parte de construção, tem que ter esse lado humanitário, humanístico, mais aguçado ainda, em maior grau, porque a atividade deles é mais social do que a nossa. Numa construção de estrada, você tá empregando o elemento civil. Você tá na região norte, isolado, você é que vai indicar o pessoal [...] até reza missa! Se bobear, até reza missa. Então o elemento tem que estar com essa parte humanitária bastante à flor da pele. *(infante, 4º ano)*

Segundo os engenheiros, a parte técnica da Arma a aproxima da Engenharia civil. O trabalho realizado pela Engenharia de construção seria aproximadamente o mesmo que é realizado por empresas civis, só que em regiões onde estas não teriam possibilidade de atuar por serem regiões inóspitas, de condições de trabalho muito difíceis. Mas os engenheiros dizem que a tendência a longo prazo é que a Arma se torne cada vez mais exclusivamente Engenharia de combate, devido ao grande crescimento das empresas civis, que as coloca em condições de assumirem tarefas até então aceitas apenas pelo Exército. No entanto, essa semelhança com uma atividade realizada no meio civil ainda é vista como importante para os engenheiros:

> Quando eu tenho que explicar para alguém aí fora [...], falar um pouco da carreira [...], eu costumo comparar a Engenharia de construção à Engenharia civil, porque os papéis são parecidos.

> [...] não que nosso espírito seja civil, mas nós temos uma formação técnica mais próxima de uma faculdade aí fora, enquanto que a formação profissional das outras Armas [...] não tem nada a ver com nada aí fora. É lógico que dentro da profissão militar eles são importantes, não tem Arma mais importante do que as outras, mas eles, realmente, não são formados em nada. Então digamos que se um capitão de Infantaria, que só se dedique à Infantaria, seja reformado por doença ou outro motivo, ele vai ficar mais na mão que um capitão de Engenharia que esteja na mesma situação, porque este vai poder se virar. Nem que tenha que pegar [a função de] mestre de obras por aí, ele se vira. Nesse ponto então, nós temos formação técnica bem diferente das outras Armas.[11]

Os cadetes de Engenharia geralmente dizem que o espírito de sua Arma é o de *união*, a consciência de que apenas o trabalho solidário permite ao engenheiro o cumprimento de suas missões. Mas a representação mais forte sobre o espírito da Engenharia — tanto por parte de seus cadetes quanto dos

Os espíritos das Armas 121

de outras Armas — é a de que ela é a Arma do *trabalho*. Para ingressar nela, o cadete deve "gostar de trabalhar". E o trabalho da Engenharia é um trabalho "produtivo", "que se vê", como diz um engenheiro:

> Por exemplo, vamos construir uma passarela. Aí todo mundo trabalha, né? De repente, acabou o serviço: tá lá a passarela pronta. Aí você vê o trabalho feito. Não é como na Infantaria, por exemplo: o cara trabalha o dia inteiro, rasteja, vai pra lá, vem pra cá... No final do dia, vai ver o que fez: não fez nada, o cara só suou.

No terreno da brincadeira entre os cadetes das diversas Armas, a Engenharia destaca-se por ser a que menos vezes é qualificada negativamente. O consenso geral é de que se trata de uma Arma "muito boa mesmo", com um pessoal que "gosta de trabalhar". A única brincadeira que fazem refere-se a um fator estranho às atividades profissionais da Arma. Uma das características da Engenharia é possuir muitas unidades no interior, nas regiões Norte e Nordeste, "no meio do mato": diz-se que o engenheiro só serve fora de rumo, ao contrário dos artilheiros, que "só pegam fronteira é com o oceano Atlântico". Por esse motivo, muitos cadetes naturais dessas regiões escolhem a Arma pensando em, futuramente, servirem perto de casa. A Engenharia, por isso, é chamada de "Arma dos aratacas" (ou "Aratacolândia"), de "Xingulândia", aquela que tem o pessoal "mais feio", "os belezuras", "aquele pessoal todo atarracado".

Afora isso, as qualidades atribuídas aos engenheiros são todas positivas. Sua Arma é considerada como a que se dá bem com todas as outras, embora pareça ter uma afinidade maior com a Infantaria. Os infantes consideram a Engenharia uma

Arma "bem militar", embora afirmem que ela não é tão vibradora quanto a Infantaria e que lhe falta ainda maior tradição, mais "lendas". Essa ideia é geralmente aceita por engenheiros, alguns dos quais mencionam o batismo na Arma como exemplo dessa carência de tradição em relação às Armas anteriormente vistas. Apenas os botes, utilizados na ocasião, são considerados como símbolos da Arma; no mais, o espírito da Engenharia não ficaria "bem caracterizado". Os cadetes do 2° ano têm de seguir de bote pelo rio Alambari. No caminho, são fustigados de todos os modos pelos cadetes mais antigos, os quais, posicionados nas pontes sobre o rio ou em suas encostas, tentam virar os botes, atiram estrume etc. Depois tem lugar uma "cerimônia" em que os novatos adoram o "rei", que é o cadete "mais feio" da Engenharia, todo vestido de branco. Os gritos de guerra da Engenharia são "Xingu!" — segundo alguns oriundos de um Pelotão de Operações Especiais (Pelopes) que combateu a guerrilha no Araguaia — e "Pioneira!".

A Intendência atua no combate apoiando as outras Armas com suprimentos e serviços: seu grito de guerra é "Suprir!". No cotidiano, cuida da parte administrativa do Exército. Ela tem duas "linhas". A primeira, a "linha bélica", organiza-se junto com o Material Bélico nos Batalhões Logísticos (blog), motivo pelo qual são consideradas Armas muito próximas. Num blog a Intendência possui um pelotão de serviços (que dá apoio de banho e lavanderia às tropas em campanha), um pelotão de suprimentos (que fornece comida, munição e combustível) e um pelotão de transportes (que leva as tropas até a área de combate). A "linha administrativa" (ou "burocrática") da Intendência cuida, em quartéis de todas as Armas, dos serviços de aprovisionamento, tesouraria e almoxarifado.

Quanto à atuação num combate, os *intendentes* afirmam que, se o risco de vida é menor do que nas Armas combatentes, o trabalho é maior: "É aquele negócio, a gente trabalha a noite inteira, a gente quase não dorme, e eles ralam bastante. É um tipo de relação diferente, que às vezes eles não entendem e têm um certo preconceito".

Os intendentes dizem que, para desempenharem suas funções de rotina, precisam ser "calmos", "tranquilos" e "metódicos". O intendente não é um "guerreiro", mas trabalha "com a cabeça"; não é "bitolado", mas "mente aberta"; não é tanto "vibrador", é mais "racional", "lógico", "que gosta de sentar à mesa e conversar, resolver as coisas". Para os intendentes, sua Arma possui grandes vantagens em relação às outras. Em primeiro lugar, o intendente trabalha em quartéis de todas as Armas, o que aumenta o leque de opções para servir. Em segundo lugar, ele é o elemento que terá maior contato com o meio civil durante o desempenho de suas funções — o que possibilitaria manter uma "vida social". Além disso, a Intendência seria a Arma que "mais tem a ver com a realidade civil", o que seria de grande valia no caso de a pessoa vir a sair do Exército, com uma integração ao mercado de trabalho mais fácil:

Na vida da caserna a gente acaba ficando muito bitolado, se não tomar cuidado, né? Então, esse contato assim com o civil é importantíssimo.

Eu me decidi a vir pra Intendência porque [...] por exemplo, se fosse pra Infantaria, eu só poderia usar aquilo que eu aprendi no Exército. Vindo pra Intendência, eu poderia usar em outros campos, se precisasse, se quisesse [...]. Mas pra também manter uma vida social, né? Que não é só chegar, vir morar na vila militar, conhecer só o pessoal da vila e ficar naquela vida social ali com eles. Tem que conhecer outras pessoas também, levar uma vida normal.

A gente tem consciência de que a gente tá bem, a gente tá num patamar mais elevado do que eles [os cadetes das Armas combatentes], tá? [...]. Se for comparar o nível de conhecimento que eles têm com o do pessoal de Intendência, é muito inferior. Então, em termos de preparação para a vida aí fora, não pode comparar com um intendente. A Intendência hoje é computador, tudo é metódico, tem que ter uma boa cultura pra fazer. O cara vai sempre em banco, lida com ordem de pagamento...

Além disso, os intendentes procuram valorizar sua Arma insistindo que nela trabalha-se muito e que esse trabalho é fundamental para o funcionamento do Exército:

O cara não precisa ser vibrador, o cara tem que ser exato, tem que fazer as coisas certas, não pode errar. O infante, se ele errar, ele morre, o problema é dele. Se o intendente errar, morre um batalhão inteiro. [...] É um trabalho diferente, mas é um trabalho que não para. Porque, em tempo de paz, se um infante não fizer nada, tá safo. Agora, se o intendente não fizer, ninguém come, ninguém se veste. Se o intendente errar, falta comida, ou então se joga comida fora. Então, tem que ser aquele negócio certinho.

A referência constante à comida é que dá o motivo para o batismo na Intendência. Os cadetes do 3º ano pegam ovos podres,

Os espíritos das Armas 125

farinha, ketchup, mostarda e outros ingredientes e, com essa mistura — "fede pra caramba" — sujam os novos intendentes: "isso porque a Intendência é ligada a gêneros alimentícios". Os cadetes do 4º ano só assistem, "pra não sujar a mão, né?".

Por dever ser "menos bitolado", "mente aberta", "mais tranquilo" na Intendência, o cadete do 2º ano pode sentar no apartamento de um do 4º ano e "bater papo até altas horas", tratá-lo por "você", desde que demonstre respeito nas situações em que tal for exigido. Mas, em situações normais, "não precisa chamar de senhor, diferentemente da Infantaria".

Pode-se notar, pelos trechos de entrevistas acima reproduzidos, que os intendentes muitas vezes contrastam o espírito de sua Arma com o da Infantaria. Para cadetes de todas as Armas, Infantaria e Intendência estariam em "polos opostos", seriam "os dois extremos", uma seria o contrário da outra. Isso daria uma certa "nitidez" aos espíritos dessas duas Armas, facilitando a jocosidade por parte de cadetes das outras. Nesse terreno, a Intendência é uma das Armas mais visadas. A imagem que sobre ela é veiculada pelos que não são intendentes é muito diferente da que foi esboçada. Os intendentes surgem, agora, como os "menos enquadrados", "menos vibradores", "menos militares", "mais paisanos", os que "não querem nada com nada". A Intendência seria a Arma dos "sem saco", que para lá vão pensando em ficar no Exército como um meio de sobrevivência, ou então que já estão pensando em sair. É a Arma dos que só querem facilidades "sem dar duro", que não gostam de educação física nem de atividades ao ar livre. São os "pilotos de birô", "o pessoal mais gordinho, mais barrigudo, você pode ver". A forma de marchar da Intendência seria sintoma desse espírito "pouco militar": eles vão "quase andando", mas, diferentemente da Cavalaria — que "quase anda" com rapidez —, os intendentes marcham "como se estivessem andando mesmo, se arrastando, é um negócio incrível!". A honestidade do intendente também é posta em questão: como irá lidar com os recursos do Exército, é um "trambiqueiro" em potencial, "aquele cara que vai dar golpe", que quer "se dar bem".

Porque nos quartéis, o intendente é responsável por... adquirir determinado material: carteiras de sala de aula, por exemplo. Aí ele lança concorrência no mercado lá da cidade e tal. Os caras que querem vender as carteiras, eles oferecem um presente: "Ó, se você comprar as minhas carteiras, eu te dou um videocassete". Isso aí é comum pra caramba, acontece muito mesmo. *(infante, 3º ano)*

Os intendentes por vezes revoltam-se contra o tradicional preconceito que dizem existir contra a Intendência, como nos exemplos seguintes:

Olha, eu acho o seguinte: eu acho que não deveria haver rivalidade nenhuma [entre as Armas]. Porque se o pau quebrar, vai ter que ir todo mundo junto. Não vai ter "o intendente", não vai ter "o infante": vai todo mundo pro mesmo lugar, entendeu? Eu acho que esse tipo de rivalidade é imbecilidade, pô.

Aqui na Academia... tudo bem, aceita-se brincadeira: "Ah, intendente ladrão, mexe com dinheiro...". Depois do dia que eu me formar, o cara que me chamar de ladrão, eu dou porrada mesmo, entendeu? Porque tem muito infante lá que eu também sei que é lixo pra caramba, o cara não presta pra porra nenhuma! Só presta pra atirar e carregar fuzil, entendeu? Falta nele muita coisa.

Os espíritos das Armas 127

Agora, pô, eu chego aqui na Intendência... Sempre fui um cara bitolado na minha vida, bitolado pra caramba. Quando começa a entrar em forma, me enquadro rapidinho. Agora, tem cara na Infantaria que é lixo pra cacete, tem cara na Artilharia que você olha pra ele, você nunca vai dizer que é um oficial do Exército, nem vai chegar a ser. O cara vai, vai se formar. É o negócio: você vê coisas aqui que às vezes você fica até meio assim... Eu tinha um amigo no Curso Básico, amigão mesmo. Depois que eu vim pra Intendência, o cara já não fala mais comigo, entendeu? É como se eu tivesse sido jogado no purgatório, sabe qual é? "Intendência? Um lixo!"

É porque muitas vezes ficou já aquela imagem, alguns não querem mudar ou os que querem não conseguem. Ou, mesmo já tendo mudado, o pessoal que vê não quer aceitar aquilo, não quer que mude. Muitas vezes o pessoal diz: "Ah... vai ser intendente?!", às vezes até a paisanaria diz que vai roubar, vai ter oportunidade de meter a mão... Pô, aqui não dá para meter a mão, o cara tem que fazer... tem que estar tudo anotado, tem que estar previsto.

As duas Armas restantes, Comunicações e Material Bélico, são as de menor efetivo, além de serem as de criação mais recente. Por isso, são consideradas por cadetes de outras Armas como de "pouca tradição" e "espírito fraquinho", pouco definido, "que não fede nem cheira". Junto com a Intendência, elas compõem as Armas exclusivamente "técnicas", não combatentes. Devido a isso, a preocupação com o estudo seria muito forte, tendo como consequência a maior competição entre os cadetes, e a atividade de campo seria menor, gerando menos união. No conjunto, seriam as "menos tipicamente militares". Alguns cadetes dessas Armas "técnicas" dizem que as três representam a "minoria étnica" da Academia, e que por isso possuem uma maior afinidade entre si.

Das três, a Arma de Comunicações seria a "mais combatente", que "tem algum espírito", decorrente, em grande parte, da tradição de seu patrono — evocado pelo grito de guerra: "Rondon!". Os *comunicantes* reconhecem que sua tradição enquanto Arma ainda é pequena em relação às outras, mas acreditam que isso seja mera questão de tempo. Uma das últimas turmas criou o brado "Comunicações! Brasil!" logo após o fora de forma: é assim que as tradições vão surgindo. O batismo na Arma já se tornou característico: o "choque", que simboliza uma "purificação". Os cadetes dos 3º e 4º anos montam, atrás do parque da Arma, várias "oficinas" com aparelhos de choque, improvisados a partir de equipamentos de comunicação em campanha e que lembram sessões de tortura. O novo comunicante vai passando pelas oficinas e levando choques até completar o circuito. Ele foi previamente molhado para oferecer uma melhor condutividade e está

> sempre com um saco na cabeça, para ele não ver quem tá dando o trote, entendeu? A gente coloca um saco azul, só pra ele não enxergar o que a gente tá fazendo. Então um conduz ele pelo braço e ele vai levando choque, vai cantando as músicas das Comunicações etc. É pouca coisa, acho que uns quarenta, cinquenta minutos de choque ali, tá liberado. *(comunicante, 3º ano)*

As opiniões sobre os comunicantes variam. Para alguns eles são "meio fresquinhos", precisam ter "uma certa finesse" e

Os espíritos das Armas 129

"saber conduzir uma conversa" — isso, em grande parte, pelo fato de que atuarão no combate junto aos oficiais superiores, junto ao comando. Para outros, os comunicantes "se dão bem com todo mundo", são "bons de jogo", um pessoal "mais mente aberta", mas que "se precisar pegar pesado, pega". Finalmente, há quem os considere "sisudos", "introspectivos". Ponto consensual — inclusive para seus integrantes — é que a Arma exige um trabalho muito técnico, que "puxa pela cabeça" e no qual o cadete aprende coisas que "pode até usar lá fora". O estudo é muito valorizado, seguindo a tradição de seu patrono, que enquanto cadete foi o primeiro classificado de sua turma, nunca saindo da escola para ter mais tempo para estudar.[12]

Os cadetes do Material Bélico são conhecidos pelos das outras Armas como "papirões" (porque "têm de estudar muito") e disputam com a Intendência o título de "civis de farda". Alguns cadetes dizem que acham estranho alguém ir para o Exército e "querer trabalhar como mecânico": essa seria uma "atividade lá de fora"; o matbeliano

é aquele cara que ficou na dúvida até a última hora... Não é um cara que tem opinião formada: "Eu vou pro Matbel!". Eu acho que não existe esse cara. [...] Seria um campo mais pro civil, sabe?, um civil-militar. O cara podia fazer o curso fora, ganhar a patente e não precisar fazer Academia pra ser Matbel. *(engenheiro, 3º ano)*

Os matbelianos preferem dizer que são "calmos", "tranquilos" e "estudiosos". Sua maior tradição é o batismo dos novos matbelianos, que consiste num "banho de óleo" — "porque a gente mexe muito com óleo, graxa, né?". Os cadetes do 2º ano passam antes óleo Johnson, para vedar os poros, e em seguida são banhados em óleo preto pelos cadetes mais antigos. Aliás, o "totem" do Material Bélico é a estátua do "Patolino", um pato preto (que, portanto, parece estar sujo de óleo) que fica na entrada da ala. O batismo é assistido por oficiais e ocasionalmente por convidados e inclui ainda uma "cerimônia" dirigida por "sacerdotes" do 4º ano fantasiados, durante a qual os iniciantes têm de "orar" ao Patolino pedindo seu ingresso no "Reduto dos Gênios", na "Família dos Graxeiros", e rezar a "Oração do Matbeliano".

> *Ave polia cheia de graxa*
> *O motor é com ronco*
> *Benditas sois velas entre bielas*
> *E bendito é o filtro*
> *Que o vosso ar conduz*
> *Santa bateria, mãe dos rabichos*
> *Rogai por nossos distribuidores*
> *Agora e na hora de nossa centelha*
> *Anéis.*

Da caracterização dos espíritos das Armas sobressai a importância da jocosidade no jogo de atribuições que desenha os contornos dos tipos ideais de integrantes das diversas Armas. Para a maioria dos cadetes e oficiais, trata-se de uma "rivalidade sadia", "brincadeira", "sacanagem", que pressupõe a amizade entre todas as Armas — do mesmo modo que, na situação de combate, "não existe uma sem a outra". A jocosidade seria uma forma de marcar bem, de fortalecer o espírito de cada uma das Armas, contribuindo dessa forma — como

Os espíritos das Armas 131

muitos pensam — para o fortalecimento do espírito de corpo do conjunto das Armas, do Exército. Um oficial superior da Aman me disse, por exemplo, que "o dia em que acabar o espírito de Arma acaba o Exército, porque o espírito do Exército nada mais é do que o somatório dos espíritos das Armas". No entanto, existiria um limite para essa "rivalidade sadia", além do qual ela se tornaria prejudicial, "rivalidade mesmo". É como se um exagero da "quantidade" de jocosidade resultasse na sua transformação qualitativa em rivalidade. O exemplo mais citado foi o da Olimpíada interna de 1986. Nesse ano, conforme mandava a tradição, ocorreram verdadeiras "operações" de ataque a símbolos das Armas, como roubar o sino da Artilharia e jogá-lo no rio, enforcar a estátua equina da ala de Cavalaria, pintar com tinta os bustos dos patronos etc. No entanto, uma série de acontecimentos teria "extrapolado" a brincadeira:

O espírito de Arma já estava se reforçando tanto que já estava havendo uma distinção que não era interessante, porque o negócio tem que ser entrosado, as Armas têm que ser entrosadas entre si, não podem ser tão distintas, criar... É sadio a Arma ter aquele espírito, mas até certo ponto, porque elas vão atuar em conjunto. Pra que atuem em conjunto não pode haver rivalidade, não deve haver rivalidade entre uma e outra. *(infante, 4º ano)*

As informações sobre os acontecimentos são imprecisas e contraditórias, mas consta que tentaram esvaziar ou furar os pneus do carro do comandante do Corpo de Cadetes, que atiraram uma garrafa de uma das alas, quase acertando o comandante da Aman ou que houve um envolvimento além do desejável dos oficiais na disputa. O fato é que, nos anos seguintes, por determinação do comando da Aman, a Olimpíada passou a ser disputada entre os anos, e não mais entre as Armas. O resultado, segundo os cadetes, foi a perda de interesse nas competições, pelo fato de que os anos, ao contrário das Armas, não unem, não têm espírito. Exemplo disso é que, em jogos coletivos, os cadetes passaram a torcer pelos elementos de suas Armas, individualmente, dentro das equipes. No período em que a pesquisa foi realizada, a expectativa geral dos cadetes era que, num futuro próximo, a Olimpíada voltasse a ser disputada entre as Armas, que lhes fosse dado um "voto de confiança":

> Eu acho que, apesar dos problemas disciplinares que ocorreram, podia simplesmente ter passado por cima disso, ter dado um voto de confiança e... deixar, vamos dizer assim, o barco rolar, porque eu acho que ia dar certo. Porque a própria turma acaba expurgando um elemento desses, que faz uma... uma besteira maior aqui dentro. Eu acho que a gente precisava de um voto de confiança desses, pra manter a Olimpíada do jeito que era, mesmo porque ela vem sendo feita assim há décadas. E é tradição. [...] Desde que não se danifique nada, não quebre nada, não machuque ninguém, eu acho válido. Isso aí faz parte também do espírito da Academia como um todo, entendeu? *(cavalariano, 4º ano)*

Se a Olimpíada era o evento no qual os espíritos das Armas ficavam mais realçados, com os contornos mais nítidos e portanto mais distintos, o "Manobrão" é aquele no qual a integração de todas as Armas é mais visível. Trata-se da última manobra do ano e conta com a participação conjunta de todas as Armas, simulando uma situação de combate: "O pes-

Os espíritos das Armas 133

soal trabalha mais em grupo realmente. Então, por enfrentar uma série de dificuldades juntos, cria realmente um espírito de corpo maior".

A COMBINAÇÃO DE DISJUNÇÃO E CONJUNÇÃO sociais que caracterizam as relações marcadas pela *jocosidade* já foi objeto de reflexão por parte de antropólogos. Radcliffe-Brown caracteriza o terreno onde surgem as "relações jocosas" como uma situação estrutural que combina brincadeira e distância, amistosidade e antagonismo, ligação e separação. A existência de uma "relação de amizade na qual há aparência de antagonismo, controlada por normas convencionais", seria a alternativa às relações de amizade através do extremo respeito mútuo e evitação:

> Toda hostilidade séria é evitada pelo antagonismo divertido da zombaria, e isto em repetição regular é uma expressão constante ou reminiscência daquela disjunção social que é um dos componentes essenciais da relação, ao passo que a conjunção social é mantida pela amistosidade que não se ofende com o insulto.[13]

Embora o campo etnográfico privilegiado sobre o qual se move a argumentação de Radcliffe-Brown seja o das relações de parentesco, especialmente as originadas do casamento, ele reconhece que outros casos podem ser incorporados à teoria geral, como aqueles de semelhante relação entre grupos de pessoas, como por exemplo tribos e clãs — e, acredito, entre Armas. Mas enquanto para Radcliffe-Brown as relações jocosas são, num determinado tipo de relação social, "meios de estabelecer e manter equilíbrio social",[14] o exemplo das Armas parece sugerir que a jocosidade, nesse caso, é ainda o meio privilegiado através do qual estabelecem-se *fronteiras* — embora fluidas e móveis —, permitindo a "construção" de identidades (ou de espíritos) que não existem fora dessas relações entre as Armas, e que são sempre contrastivas.

Contudo, o princípio de oposição presente nas relações jocosas não circula livremente, como observa Luís Fernando Duarte: "Diversos fatores impõem padrões e recortes que se atualizam sucessiva ou concomitantemente".[15] As brincadeiras entre as Armas apresentam certas recorrências, certas modulações naquilo que está em jogo na atualização de seus espíritos, e essas modulações têm sua origem na tensão específica de um eixo que polariza Armas "mais combatentes" e Armas "mais técnicas".

Infantaria e Cavalaria são sempre apontadas como Armas combatentes, sendo que a primeira seria a "mais combatente de todas", a "única 100% combatente". A Artilharia, embora seja tradicionalmente incluída no rol das "combatentes", foi alocada entre as "técnico-combatentes" principalmente pela opinião de seus cadetes. A Engenharia possui uma dupla face: se na situação de combate é "muito combatente", o peso da Engenharia de construção na situação de não combate a desloca para a coluna das Armas técnico-combatentes. Comunicações, Intendência e Material Bélico são sempre conside-

Os espíritos das Armas

radas como as Armas "técnicas", sendo a primeira a "mais combatente" das três.

Se considerarmos apenas os polos e fizermos uma separação entre os atributos das Armas "combatentes" e os das "técnicas", conforme o que foi visto na caracterização dos espíritos, teremos a maior parte desses atributos relacionados às categorias incluídas no esquema seguinte:

ARMAS "COMBATENTES"	ARMAS "TÉCNICAS"
vibração	razão
ação	estudo
físico	mental
união	competição
sentimento de conjunto	individualismo (egoísmo)
menor contato com o meio civil	maior contato com o meio civil
tradição grande	tradição pequena
continuidade	mudança
espírito forte	espírito fraco

A tensão presente no eixo entre as Armas "mais combatentes" e as "mais técnicas", moduladas segundo as categorias relacionadas nas colunas acima, seria a tensão entre dois modelos englobados por aquele dominante e quase sempre explicitado da igualdade entre as Armas. O ponto comum a esses dois modelos não dominantes seria a tentativa de estabelecer, nesse universo de igualdade formal entre as Armas, uma distinção hierárquica, nos termos de Dumont:[16] uma ordem resultante do emprego de *valor*, distinta do poder ou comando. As Armas então não teriam mais status simétricos e equidistantes, mas estariam dispostas hierarquicamente, assimetricamente — embora permanecendo interdependentes.

No primeiro modelo não dominante teríamos a superioridade hierárquica (enquanto valor) das Armas combatentes, em particular da Infantaria, a "maior rival" de todas as outras Armas, a "Arma-base" e a única que pode entrar sozinha em combate, ainda que precariamente. Por um lado, seriam privilegiadas as qualidades associadas à emoção, à participação direta no combate e o maior afastamento do mundo "paisano" no cotidiano — proximidade esta vista como essencialmente perigosa e potencialmente poluidora: seriam valorizados os "mais militares" por oposição aos "civis de farda". Por outro lado, seria também valorizada a antiguidade histórica das Armas e a consequente maior tradição. Por fora destas duas valorações, teríamos ainda o argumento quantitativo, que não pode ser desprezado: o maior efetivo realmente é de elementos combatentes. A ordem de realidade privilegiada neste modelo é a situação de combate.

No segundo modelo não dominante teríamos a superioridade hierárquica (enquanto valor) das Armas técnicas. Seriam valorizadas as categorias associadas à cognição, à maior proximidade com o meio civil, à mudança e modernização. Nesse caso, a ordem de realidade privilegiada é o cotidiano.

Esses dois modelos não são dominantes, não são o "modelo oficial", aquele da igualdade entre as Armas, mas eles estão sempre em disputa. Por exemplo, na escolha de Armas de 1988, a ordem de fechamento das opções foi: Material Bélico, Cavalaria, Intendência, Comunicações, Artilharia, Engenharia, Infantaria. Um intendente acredita que esse resultado demonstre a valorização crescente das Armas mais "técnicas", e comenta:

> Você vê que a ideia tá mudando? O negócio tá mudando. O Exército tá evoluindo, tá deixando de ser aquela grossura pra ser um

negócio mais técnico, entendeu? Tanto que você vê: as Armas que fecham primeiro, na escolha de Armas, são as Armas técnicas.

Contudo, isso pode ser apenas bazófia, na medida em que as Armas a fecharem primeiro são geralmente aquelas que possuem menor número de vagas. De qualquer modo, o modelo oficial e dominante é o da igualdade e simetria de status entre as Armas, englobando os outros dois. Estes talvez atuem como os elementos dinâmicos, tensionadores do sistema. E a jocosidade, nesse meio, seria o veículo equalizador, posto que a zombaria que pressupõe a amizade está fundada no terreno da igualdade.

CABE PERGUNTAR SE OS CADETES realmente *têm que* seguir a conduta e apresentar as características prescritas pelos espíritos das Armas. A resposta é: sim, mas em determinadas situações. Ou seja, é esperado que os cadetes de determinada Arma manifestem o seu espírito apenas nas situações em que ele está em jogo. Fora disso, cada cadete possui um grau bastante variável de adesão ao tipo ideal de membro de sua Arma. Existem, por exemplo, "papirões" na Infantaria e "raladores" na Intendência — só que, quando a palavra de ordem na Infantaria for "Apaga a gagazeira e patrulha a noite inteira!" e na Intendência for "Com a caneta e o papel a gente não sai do quartel!", eles têm de juntar suas vozes ao uníssono do grupo.

Mesmo assim contextualizada a adesão ao espírito da Arma, os cadetes oferecem exemplos vários de não adaptação crônica. Os casos mais frequentes são os de cadetes "compulsados", que não puderam escolher a Arma de sua predileção. Os relatos sobre esses casos concordam quanto aos pontos essenciais. Ao indivíduo não adaptado é dado um "prazo" durante o qual seus colegas tentam "puxá-lo" para o espírito da Arma, muitas vezes através de brincadeiras. Ao final desse período de tolerância, o indivíduo deve ter "absorvido", "incorporado" o espírito. Caso contrário, ele não conseguirá criar amizades, será "deixado de lado" pela turma, que lhe dará um "gelo". Segregado e isolado, só restará à "ovelha negra" pedir seu desligamento, pois aqueles colegas e aquela Arma são para toda a carreira: "Ou vai ou racha: ou o cara entra no esquema e tudo bem, ou então o cara pede as contas". Os exemplos são múltiplos.

No entanto, vários cadetes notam uma possibilidade, embora rara, de que a pessoa não adaptada ao espírito da Arma consiga permanecer: quando ela tem uma "personalidade muito forte", como no exemplo citado por um cavalariano do 4º ano:

> Você tem que dançar conforme a música. [...] Você só pode ficar contra a maré se tiver uma personalidade forte, se achar que aquilo que você tá fazendo tá certo. Aí você mantém aquilo, mesmo os companheiros sendo contra. Na minha turma tem um exemplo. Não é que o cara seja fresco... talvez ele seja até mais militar que a gente. Então quando a gente chegava no rancho, atravancava, e ele nunca atravancou. A gente queria ir para a cidade beber e ele achava que era errado, nunca foi. Então ele, por ser assim, por ter uma personalidade muito forte e saber o que ele quer, ele mantém isso até hoje, e ele está fazendo as coisas da melhor maneira possível. Muitos da nossa turma criticam ele, mas alguns que têm um conhecimento mais anterior que esse pessoal passam até a admirar a conduta dele, porque mesmo nessa situação, todo mundo indo contra ele, ele conseguiu manter esses

Os espíritos das Armas 139

princípios, que para ele são corretos e que todos deveriam fazer. Ele é sacaneado, mas [...] acho que ele é um militar assim muito difícil de ter... porque ele realmente gosta do que faz, ele procura fazer sempre tudo da melhor maneira possível. Agora, a maioria incorpora isso, né? A gente incorpora o que é transmitido para a gente. Mas ele não. Acho que ele já cresceu, sabe, com algum dom pra isso. Todo mundo é contra ele, mas ele sempre mantém as atitudes dele.

É interessante ainda fazer uma observação sobre o poder classificatório que o sistema dos espíritos das Armas possui, tornando-o potencialmente utilizável em outra ordem de realidade. Um indicador disso é o que acontece no cinema da Aman. Durante a projeção de um filme, é tradição os cadetes irem identificando personagens que apresentam as características atribuídas a cada Arma. Quando surge na tela um "artilheiro", por exemplo, os cadetes — numa intenção jocosa — acompanham sua aparição com assobios que simulam o som da trajetória de um projétil de obus. O interessante é que essa identificação de tipos é feita não apenas com personagens e filmes sobre militares, mas com todos os tipos de filmes e personagens, mesmo civis.

FALTA MENCIONAR A EXISTÊNCIA de mais alguns espíritos militares. A meio caminho entre um "espírito militar" instaurado a partir da diferenciação entre militares e paisanos, e os "espíritos das Armas", temos os *espíritos das Forças*: Força Terrestre (Exército), Força Naval (Marinha) e Força Aérea (Aeronáutica). Eles são menos importantes para os cadetes do que os espíritos anteriores, na medida em que os cadetes têm, nessa fase de socialização profissional, pouco contato com militares da Marinha ou da Aeronáutica. Mesmo assim, alguns traços diferenciais entre as três Forças são apontados com certa recorrência, principalmente por aqueles cadetes que estudaram em estabelecimento militar de ensino secundário de outra Força (Colégio Naval ou Escola Preparatória de Cadetes do Ar) antes do ingresso na Aman, ou por cadetes atletas que participaram das Navamaer, as Olimpíadas anuais entre cadetes do Exército, da Marinha e da Aeronáutica.

As informações obtidas durante a pesquisa são insuficientes para a montagem de um sistema classificatório com os espíritos das Forças semelhantes ao que foi feito para os espíritos das Armas, embora acredite que ambos os sistemas possuiriam a mesma natureza estrutural. Faltaria também conhecer as representações feitas pelos cadetes das outras Forças, para perceber todo o dinamismo e relatividade desse jogo de atributos. Apesar da precariedade dos dados, vale a pena apresentar alguns traços diferenciais entre os espíritos das três Forças, ainda que vistos exclusivamente do ponto de vista dos cadetes do Exército. Um aspecto a destacar é que são apontadas diferenças (ou melhor, matizes) em relação à ênfase dada a princípios de hierarquia e disciplina que seriam, em tese, os mesmos para as Forças Armadas.

Muitas das referências aos espíritos das Forças passam por uma espécie de "teoria dos quatro elementos" militar, equacionando:

$$\frac{\text{Exército}}{\text{terra}} \therefore \frac{\text{Marinha}}{\text{água}} \therefore \frac{\text{Aeronáutica}}{\text{ar}}$$

Os espíritos das Armas 141

O "combate" estaria relacionado ao elemento "fogo", encompassando os outros três. É comum, por exemplo, cadetes afirmarem que escolheram o Exército por se adaptarem mais "às características assim de terra mesmo", por acharem que "dou mais pro chão, pra terra firme". O Exército aparece no discurso dos cadetes como tendo o espírito "mais militar", por "ralar" mais. Seria também a Força mais comprometida com os problemas nacionais:

> Porque o Exército é terra, é território, é fronteira. A Marinha, ela tá aqui do litoral pra fora, então o oficial da Marinha é um oficial mais voltado para o exterior, ele tem que conhecer bastante línguas estrangeiras... O aviador, ele tem que ser muito técnico para ser mais... piloto. Ele tem que ter mais esse espírito técnico, e ele não toma contato com o combate como o Exército toma, porque ele passa lá por cima, joga as bombas dele e tudo bem. O Exército tem que estar aqui embaixo num confronto mais direto, é o que toma mais contato com o inimigo. E, no caso de paz, o Exército é que é um fator muito mais importante de integração nacional, de desenvolvimento. Tem batalhão lá na Amazônia, na fronteira, Calha Norte, Pantanal e tal. O Exército tá lá, né? Então por isso o Exército é mais Brasil. *(artilheiro, 4º ano)*

O espírito da Marinha aparece nas entrevistas como mais elitista, aristocrático e algo racista se comparado ao do Exército. Por vezes o espírito da Marinha é referido ao da Artilharia: "gravata", "cheio de frescura". Segundo os cadetes, os militares da Marinha se acham de um nível superior e mais educados que os do Exército, além de desfrutarem de algumas vantagens financeiras, como o pagamento em dólares durante viagens ao exterior. Para os cadetes da Aman, o espírito da Marinha é menos operacional, menos "ralativo" e mais "técnico", de muito estudo. Um cadete filho de oficial da Marinha achou que ela seria "muito devagar pro meu ritmo. Sempre gostei desse negócio de ralação". A importância dada à classificação escolar é apontada várias vezes como elemento de diferenciação entre as escolas do Exército e as da Marinha, como conta um cadete que estudou no Colégio Naval:

> Lá era o seguinte: no alojamento, o armário que ficava mais perto da saída era do primeiro colocado, e ia assim até o último colocado, que ficava com o armário no final do alojamento. E nas camas era o contrário: no fundo fica mais silêncio, então a última cama era do primeiro colocado e a primeira cama era do último. Quer dizer, eu acho isso aí... o que a gente vê lá é isso, há uma rivalidade muito grande entre o pessoal. E aqui não há tanto, apesar da classificação ser importante também. [...] É lógico que o pessoal estuda pra passar o outro, mas não é essa rivalidade.

Já o espírito da Aeronáutica é representado como sendo "mais tranquilo", "mais paisano", de menor atenção à hierarquia e à disciplina que nas outras Forças, e também de menor enquadramento. O trecho seguinte é um bom exemplo:

> A gente vê os pilotos que vêm fazer os exercícios com a gente aqui. O cabelo dos caras é uma juba, um negócio incrível! [...] Eu era xerife de um grupamento, fui apresentar meu grupamento, eram dez que iam fazer voo de helicóptero de reconhecimento. Cheguei lá, tinha um capitão lá dentro, era o piloto, né? Fui apresentar [o grupamento], aí ele: "Pô, para com isso! Todo mundo aqui é paisano, entra aí todo mundo". *(artilheiro, 4º ano)*

Se por vezes os militares da Aeronáutica são considerados "um pessoal mais malandro, meio playboy e tal", por outra eles são "mais mente aberta, mais avançados". De qualquer forma, seriam mais simpáticos aos olhos dos militares do Exército do que os da Marinha, embora representem um "militarismo diferente", muito voltado para o lado técnico e para o estudo — espírito considerado oposto ao do Exército.

UMA DAS CARACTERÍSTICAS FUNDAMENTAIS da perspectiva sociológica de Georg Simmel é não aceitar qualquer modelo hipostático (ou substancialista) da sociedade, como "consciência coletiva" ou "espírito de grupo", realidades independentes e autossuficientes em relação aos indivíduos. Para esse autor, são as ações recíprocas dos indivíduos — interações — que criam a sociedade: um processo que nunca acaba, está sempre acontecendo.[17] No estudo de uma instituição repleta de "espíritos" como a militar, essa postura ajuda-nos a compreender a não substancialidade desses "espíritos" — ou "identidades",[18] que passam a ser vistos como *construções ideais*, necessárias para que militares, num caso, e cientistas sociais, no outro, possam interpretar e classificar a realidade. Nas palavras de Simmel, seriam ficções inventadas "a fim de produzir uma síntese de elementos que de outra maneira estariam difusos".[19] Visão parecida à de Lévi-Strauss, para quem a identidade é "um tipo de foco virtual, ao qual é indispensável nos referirmos para explicar um certo número de coisas, mas sem que ele tenha jamais uma existência real".[20]

Não se pode deixar de reconhecer, entretanto, a existência de organizações sociais mais estáveis e com maior continuidade histórica que outras, apresentando sociações como que "cristalizadas". Dentre estas, a instituição militar talvez represente um caso-limite. Mesmo assim, essa aparência de cristalização pode ser entendida como uma espécie de "arranjo condensado" de sociações historicamente recorrentes. Afirmar que as identidades sociais são construídas a cada momento não significa dizer que esse processo ocorre de forma puramente sincrônica e aleatória. Existe um *acervo* disponível de elementos e um *campo de possibilidades* para sua atualização, ambos histórica e socialmente restritos.[21] Estes elementos, permanentemente selecionados através de contrastes e enfrentamentos simbólicos, têm seu sentido definido em cada contexto.[22]

De qualquer forma, abandonamos a concepção da identidade social como uma "constante", algo imutável que "caracterizaria" um grupo, em favor de outra, chamada por Manuela Carneiro da Cunha de "algébrica",[23] ao referir-se a uma passagem onde Simmel compara a identidade "a uma variável numa equação. Embora se trate sempre da mesma variável, seu valor muda em função dos valores dos outros fatores; em consequência, diferentes resultados são produzidos".[24]

Essa concepção "algébrica" enfatiza a dimensão *política* da identidade social em detrimento de sua dimensão "psicológica", pois a identidade deixa de ser vista como uma propriedade do grupo que é "assimilada" por seus integrantes e passa a ser analisada como a oposição entre grupos ou categorias que se enfrentam tanto no plano simbólico quanto no plano da interação social. Essa *oposição*, para Simmel, tem dois aspectos: "Os indivíduos têm necessidade de se oporem, para permanecerem unidos. Essa oposição pode manifestar-se igualmente ou pelo contraste que apresentam as fases sucessivas de suas relações, ou então pela maneira segundo a qual o todo que eles formam se diferencia do meio ambiente moral que os envolve".[25]

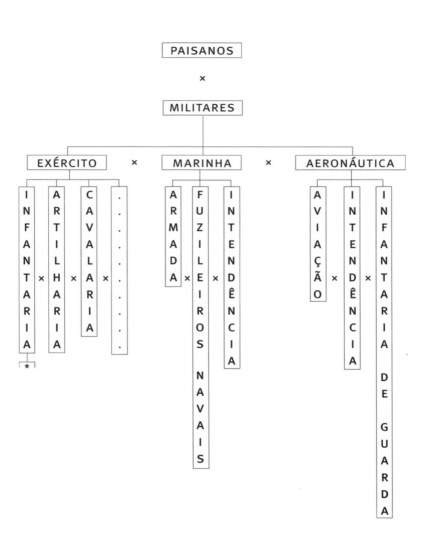

* Poderíamos incluir outro nível, o das especializações dentro das Armas. Por exemplo, temos infantaria mecanizada, de selva, de montanha, paraquedista etc., cada qual com um "espírito" próprio.

Passemos agora à análise de alguns aspectos do processo de construção da identidade militar, descritos anteriormente. Dois pontos teóricos devem ser fundamentais para tal análise, segundo Duarte: o reconhecimento da *contrastividade,* "enquanto processo que faz opor, em um nível, elementos partícipes, em outros, de alguma forma de 'continuidade'", e o da *não substancialidade* de toda identidade, sua natureza propriamente simbólica, cultural.[26] O primeiro ponto já foi mencionado no tratamento da questão da jocosidade a respeito dos espíritos das Armas — mecanismo que, combinando movimentos de separação e unificação, permite que se delimitem fronteiras simbólicas essenciais para a construção dos próprios espíritos ou identidades. Tratarei agora do segundo ponto, que engloba o anterior, evocando a noção de uma *lógica da situação* presente na análise das instituições políticas nuer feita por Evans-Pritchard.[27] (Veja-se o esquema da p. 145.)

A ideia é que o "espírito militar" não é uma constante, mas sim um *sistema segmentário* em relação ao qual o *valor* de cada um dos espíritos se define.[28] Para Evans-Pritchard, uma das características mais importantes dos sistemas segmentários é sua *relatividade estrutural*, resultado da existência de duas tendências opostas: uma para a divisão e oposição de seus segmentos, outra para a fusão com outros segmentos de sua própria ordem em oposição a segmentos maiores. Falando-se em termos de estrutura, os valores estariam sempre em conflito:

> Um valor vincula uma pessoa a seu grupo e um outro a um segmento do grupo em oposição a outros segmentos do mesmo, e o valor que controla suas ações é uma função da situação social em que a pessoa se encontra. Pois uma pessoa vê a si mesma

Os espíritos das Armas 147

como membro de um grupo apenas enquanto em oposição a outros grupos, e vê um membro de outro grupo como membro de uma unidade social, por mais que esta esteja fragmentada em segmentos opostos.[29]

Evans-Pritchard está se referindo à não substancialidade, à relatividade das diversas ordens de distinções, em relação com as *situações* em que são vistas em ação. Nesse sentido, as relações entre os "espíritos" ou "identidades" são dinâmicas: eles seriam mais bem colocados como tendências para conformar--se a certos valores em certas situações. Para Evans-Pritchard, os princípios de segmentação "controlam o comportamento real entre as pessoas através de valores. Esses valores parecem contraditórios. Somente são vistos como coerentes quando encaramos a estrutura como um conjunto de relações definidas com referência a situações específicas".[30]

Para dar um exemplo, digamos que um infante, diante de um intendente, deve procurar regular sua conduta segundo o espírito da Infantaria. Mas os dois seriam não mais infante e intendente, e sim membros do Exército e participantes de seu espírito, caso se juntasse ao grupo um membro da Marinha. Este, por sua vez, não seria, nessa situação, membro do Corpo da Armada ou do Corpo de Fuzileiros Navais, mas membro da Marinha. E todos os três seriam, diante de um paisano, representantes não do Exército ou da Marinha, mas sim das Forças Armadas e do "espírito militar". Chegamos assim à "situação--zero" das identidades militares: a oposição fundamental entre militares e paisanos. Para além disso, podemos imaginar uma situação em que essa oposição se dissolva e ocorra uma nova mudança de nível: numa situação de combate entre "brasileiros" e "inimigos da Pátria" (externos ou internos).

Obviamente este é um exemplo esquemático; no cotidiano as coisas não são assim mecânicas. Os espíritos devem ser vistos como *tendências* a conformar-se aos valores, pois a realidade está sempre sendo negociada e é frequentemente confusa e conflitante. Como disse Mary Douglas,

Nem todos [os indivíduos] têm a mesma ideia sobre qual nível particular da estrutura é relevante num dado momento; sabem que há um problema de comunicação para ser superado para que a sociedade exista. Através de cerimônias, linguagens e gestos, fazem um constante esforço para concordar numa visão de como é a estrutura social relevante.[31]

Deve também ficar claro que várias circunstâncias podem contribuir durante a carreira do militar para modificar a experiência que ele adquiriu na Aman. Como exemplo, a realização de cursos especiais, cada qual com seu próprio espírito (paraquedismo, combate na selva, comandos etc.) e algumas aproximações horizontais entre espíritos de segmentos de diferentes Forças (a proximidade entre infantes e fuzileiros navais, por exemplo).

Os espíritos ou identidades militares não são, portanto, molduras fixas às quais os indivíduos conformam-se, mas um equilíbrio dinâmico entre tendências opostas, embora complementares, para a fissão e a fusão; e uma certa *tensão* na definição dos espíritos é inerente ao sistema. Aqui é pertinente evocar um comentário feito sobre a análise de Evans-Pritchard por Louis Dumont, que afirma ser a segmentação um aspecto da *estrutura* por oposição à *substância*.[32] Ou seja, *substancialmente*, reduziríamos tudo a um plano único de consideração: "o es-

Os espíritos das Armas

pírito do Exército", por exemplo; *estruturalmente*, "o espírito do Exército" aparece em algumas situações e desaparece em outras em benefício de entidades maiores ou menores.

As análises efetuadas por cientistas sociais que estudaram a instituição militar exploraram até agora a primeira das possibilidades assinaladas por Dumont — a redução a uma instituição dotada de uma mesma substância. Isso não quer dizer que esse procedimento esteja "errado": não existe um nível privilegiado, trata-se de uma necessidade do nível em que se trabalha. Mas estamos aqui interessados na segunda possibilidade. Pois senão perceberíamos apenas os fenômenos de *divisão* da instituição militar em grupos de natureza diferente (como as quebras de hierarquia e disciplina, os conflitos e "rachas" históricos entre grupos de militares etc.), e não o fenômeno de sua *segmentação* em múltiplos grupos de igual natureza, ainda que de escala menor. Se "divisão" está do lado do "excepcional", "segmentação" está do lado do "cotidiano". Mais que isso, os fenômenos de divisão são os mais visíveis e aparentes a partir de um ponto de vista exterior (ou "paisano") à instituição, enquanto os fenômenos de segmentação são invisíveis e subterrâneos a partir do mesmo ponto de vista. Uma *etnografia* talvez seja a melhor forma de ter acesso a essa realidade "interna".

3. Digressão: Uma história da Academia Militar

FAÇAMOS AGORA UMA MUDANÇA de rumo, do presente ao passado. Como o título acima pretende indicar, veremos a seguir *uma* história da Academia Militar, limitada pelos objetivos e interesses específicos deste estudo. Várias outras histórias seriam possíveis, e seguramente mais completas. Nesta serão selecionados alguns aspectos dos quase dois séculos de existência da Academia para introduzir uma perspectiva temporal naquilo que foi dito nos capítulos anteriores e, através desse procedimento, visualizar melhor algumas facetas do espírito militar. A precariedade de tal intento deve ficar desde já bastante clara. Não serão feitas ligações com fatos fundamentais que influenciaram de vários modos a formação de oficiais do Exército: guerras nacionais e internacionais, acontecimentos políticos e contextos sociais que determinaram o papel e a importância da instituição militar no Brasil, a experiência de ensino militar em outros países. Ciente dessas limitações, espero que as páginas seguintes sirvam para afirmar a necessidade de novos estudos, e mais cuidadosos.[1]

A ORIGEM HISTÓRICA DA ATUAL Academia Militar das Agulhas Negras remonta à criação, pelo príncipe regente dom João, da Real Academia Militar, em 4 de dezembro de 1810. As aulas começaram em 23 de abril do ano seguinte — data em que se comemora o aniversário da Aman — no edifício que hoje abriga o Museu Histórico Nacional, no Rio de Janeiro.

O surgimento dessa Academia Militar insere-se em dois contextos históricos: um mundial, de criação de escolas militares na França, Prússia, Estados Unidos e em outros países; e outro de criação de estabelecimentos de ensino superior no Brasil, como a Real Academia dos Guardas-Marinha (1808), as escolas de medicina do Rio de Janeiro e de Salvador (1813 e 1815), a Academia de Belas Artes (1820) e os cursos de direito de São Paulo e Olinda (1827).

O curso da Academia não era considerado, nessa época, indispensável para o ingresso no oficialato e para a ascensão na hierarquia militar. O regulamento de 1810 previa um regime escolar de externato e um número ínfimo de regras disciplinares. Estas limitavam-se às recomendações de que "os estudantes devem achar-se nas suas respectivas aulas às horas em que se der princípio às lições" e "para com seus mestres se haverão com o maior respeito".[2] Além disso, a Academia não teria um comando unificado e permanente, mas uma junta diretora de cinco membros que se reuniria uma vez por mês. Pelos padrões atuais, essa seria considerada uma Academia "desmilitarizada".

Pelo regulamento de 1810, havia um estatuto de desigualdade entre as Armas. Enquanto os estudos de Infantaria e Cavalaria durariam dois anos, os de Artilharia e Engenharia teriam a duração de sete anos.[3] As duas últimas eram consideradas Armas "científicas", por requererem estudos de matemática superior, de balística e de fortificações. Mas as Armas não eram vistas como linhas específicas de ensino, e sim apenas

Digressão: Uma história da Academia Militar 153

como níveis ou graus diferentes de estudos militares. Ou seja, os sete anos de estudos para artilheiros e engenheiros *incluíam* os estudos de Infantaria e de Cavalaria.

No início de seu funcionamento, a Academia Militar tinha um corpo discente extremamente heterogêneo, tanto em termos etários quanto de nacionalidade ou de status enquanto aluno. Dos 63 alunos matriculados na primeira turma, 23 tinham menos de vinte anos e muitos mais de trinta, chegando um deles a ter 43 anos; 36 eram brasileiros, dezesseis portugueses, um italiano e de dez a procedência não foi registrada; 31 alunos já eram oficiais (entre tenentes, capitães e majores), dezessete eram cadetes (título à época nobiliárquico),[4] catorze eram praças simples e sete civis, além de quatro que não tiveram a categoria especificada.[5]

O estatuto de 1810 permaneceu em vigor por mais de vinte anos, mas algumas mudanças foram feitas na Academia durante esse período. Em 1812 ela foi transferida para o prédio hoje ocupado pelo Instituto de Filosofia e Ciências Sociais da Universidade Federal do Rio de Janeiro, no Largo de São Francisco. Em 1822, após a Independência, seu nome foi mudado para Imperial Academia Militar. Em 1823, um ato do governo permitiu a matrícula de alunos que não tivessem nenhum compromisso com a carreira militar, dando origem a uma categoria de alunos ditos "paisanos", aos quais corresponderia, concluído o curso, o diploma de engenheiro civil. Estabeleceu-se, portanto, uma dualidade entre "militares" e "paisanos" no interior mesmo da Academia Militar, embora o termo "paisano" não pareça ter, nessa época, caráter depreciativo. Finalmente, em 1830 a junta diretora foi extinta e em seu lugar foi nomeado um comandante.

A heterogeneidade do grupo de alunos continuou a ser a regra durante essas duas primeiras décadas de funcionamento da Academia, e assim continuaria ainda por muito tempo. Mas ao final desse período algumas alterações já se faziam notar, como revela um exame do livro de registro dos 38 alunos matriculados entre maio de 1830 e maio de 1831.[6] A faixa etária continuava bastante ampla (de quinze a trinta anos), mas quanto à nacionalidade havia 35 brasileiros contra apenas três nascidos em Portugal. Houve um aumento na proporção de "paisanos": 24 contra catorze militares (um capitão, quatro tenentes, cinco cadetes, três sargentos e um guarda-marinha). A coexistência de alunos com patentes militares tão variadas parece ter sido elemento causador de problemas disciplinares. Por exemplo, no registro de um caso ocorrido em 1833, de briga entre dois alunos militares de patentes diferentes, vemos que o de maior patente reclamou da repreensão pública a ambos feita, afirmando que a falta era do outro aluno, que deveria "guardar entre si as relações dos postos".[7]

A PARTIR DE 1832, e durante a Regência, a Academia teve seu nome alterado para Academia Militar da Corte. Uma reforma feita nesse ano manteve o mesmo perfil "desmilitarizado" da Academia vigente desde 1810, mas introduziu a novidade de fundir num só estabelecimento duas Academias: a Militar e a de Guardas-Marinha. Essa fusão não durou mais que um ano, e dela sabe-se muito pouco. Nova reforma foi feita no ano seguinte, e é interessante determo-nos em alguns de seus propósitos. Discursando em maio de 1833 na Câmara dos Deputados, o novo ministro da Guerra, brigadeiro Antero José Ferreira de Brito, conta:

Digressão: Uma história da Academia Militar 155

Pareceu-me indispensável dar à Academia uma forma militar, subordinando todo o pessoal da mesma ao comando de um oficial general, a exemplo de todas as Academias militares das nações mais ilustradas, como França, Inglaterra e Estados Unidos.[8]

O estatuto de 1833 tentou "militarizar" a Academia através da organização do comando e de um novo regime disciplinar. Um artigo diz que o comandante será "sempre um oficial dos corpos científicos", isto é, da Artilharia ou da Engenharia. Outros artigos concediam à direção competência para punir disciplinarmente, uma inovação nesses 22 anos de funcionamento da Academia. A partir de agora o comandante "corrigirá os discípulos inquietos ou turbulentos, incluindo a prisão por mais ou menos dias, não excedendo a oito", assim como aos reincidentes "despedirá da Academia, precedendo representação motivada ao governo". Ao comandante caberá também "dar ao corpo de discípulos, sejam paisanos ou militares, uma forma militar, obrigando-os a formaturas e revistas".[9]

Com a reforma assumiu o comando o brigadeiro Raimundo da Cunha Matos. Para Jeová Mota, ele era um

homem de fileira, educado no culto dos valores militares consubstanciados no "serviço", no "acampamento", no "manejo das armas". Até então, desde 1811, a direção da Academia estivera com homens de outra família: eminentes, estudiosos e até sábios, voltados para a ciência, sensíveis antes ao estudo puro do que à ação, mormente à ação que se reveste de feitio militar.[10]

Mas Cunha Matos permaneceu apenas por um ano no comando. Ao início do ano letivo de 1834 leu "ordem do dia solene" e em janeiro de 1835, para encerrar o ano letivo, levou alunos e professores para a Fortaleza da Praia Vermelha, para a realização de "exercícios práticos" que, embora prescritos já pelo estatuto de 1810, nunca tinham sido realizados. Durante um mês fizeram-se, segundo relatório do comandante, trabalhos geodésicos, levantamentos topográficos, exercícios de montagem e utilização do armamento, prática de acampamento e também "muito bons tiros para a ilha da Catacumba e outros lugares".[11] O comandante foi muito censurado pelas despesas feitas e pelo programa de exercícios, vindo a deixar a Academia dois meses depois: "... ao que tudo indica, como decorrência de sua orientação, vítima de uma conspiração dos lentes, de súbito guindados a uma situação de prestígio político, com a escolha de um dos seus para o cargo de ministro da Guerra".[12]

O fato é que, por decreto de 23 de fevereiro de 1835, o novo ministro anulou a tentativa de "militarização" da Academia, suspendendo os exercícios de manejo de armamento e prática de tiro, mantendo os exercícios práticos apenas para as disciplinas que não fossem estritamente militares.

Essa situação permaneceu até 1839, quando os estatutos da Academia sofreram uma reforma aberta e diretamente inspirada na experiência do ensino militar francês. O nome foi mudado para Escola Militar, e foi retomado o enquadramento dos alunos num corpo militar:

> Os alunos deverão ser distribuídos em duas companhias, a saber: a primeira composta dos alunos do 1º curso (infantes e cavalarianos); e a segunda dos que pertencem ao 2º curso (artilheiros e engenheiros), as quais serão comandadas por dois oficiais-instrutores, nomeados pelo comandante, que será o chefe deste corpo.[13]

Digressão: Uma história da Academia Militar 157

Essa figura do "oficial-instrutor", responsável pelo comando das companhias de alunos e também por ministrar a "instrução prática das Armas", é novidade. Como são novidades também prescrições do tipo:

Haverá formatura diária, e geral, dos alunos da Escola, meia hora antes da abertura das aulas do primeiro tempo; outra no intervalo destas às do segundo tempo; e a terceira, depois destas. Por ocasião das ditas formaturas se farão alguns exercícios militares. Todos os sinais para o serviço interno da Escola serão feitos por caixa de guerra, ou por cornetas.[14]

O estatuto de 1839 conferia ainda destaque à "instrução prática", que seria ministrada em cinco anos. O horário semanal previa tempos para exercícios de Infantaria e Cavalaria, equitação, manobras, esgrima, formação e condução das equipagens de campanha, de sítios e de pontes militares. Mas essas ideias não vingaram. Já em 1842 foram eliminadas por nova reforma, que abandonou as ideias oriundas do ensino militar francês. Por causa do novo estatuto, o comandante teve que recolher ao Arsenal de Guerra fuzis e outros armamentos antes distribuídos à Escola, já que *não eram mais previstos exercícios militares*. Essa reforma, presidida pelo ministro da Guerra José Clemente Pereira, que era civil, desagradou a Sebastião do Rego Barros, que presidira a reforma anterior. Agora deputado, este assim se pronunciou na Câmara, em 29 de maio de 1843:

Veio ultimamente uma nova reforma; e a falar com franqueza não vejo jeito na tal reforma. Ou a Escola é Militar ou é uma academia de ciências, física e química; se é academia física e química, então não pode haver essa disciplina, essa ordem que deve haver. A Escola deve ser inteiramente militar; mas se acaso a Assembleia lhe der nova organização, então forme-se uma nova academia destacada, mas o que é militar deve ser militar.[15]

Essas palavras não parecem ter sido levadas em consideração, pois em 1844 nova reforma feita nos estatutos manteve o regime escolar "paisano" anterior. Além disso, introduziu no Exército os títulos de "bacharel" e de "doutor": "Os alunos que tiverem os sete anos do curso completo terão o título de bacharéis, e os que se mostrarem aprovados plenamente em todos os referidos anos, receberão o grau de doutor em ciências matemáticas".[16]

Façamos uma pausa nessa sequência de regulamentos e estatutos, para destacar alguns pontos dessas quatro primeiras décadas de funcionamento da Academia: as diferenças entre as Armas, a composição do grupo de alunos e o fortalecimento institucional da Academia.

As Armas, como visto, não eram consideradas ramos distintos; ao contrário, estavam dispostas numa única sequência de estudos militares. Havia entre elas uma diferença de grau ou de nível: elementar para infantes e cavalarianos, superior para artilheiros e engenheiros. Estes estudavam o mesmo que aqueles e mais alguma coisa. Até 1832 infantes e cavalarianos cursavam dois anos, artilheiros e engenheiros, sete anos. A partir dessa data, começou-se a fazer distinção entre os estudos das duas Armas ditas "científicas", pois o curso de Artilharia foi limitado em quatro anos. Com a reforma de 1842, o curso

Digressão: Uma história da Academia Militar 159

de Artilharia passou a ser de cinco anos, o de Infantaria e o de Cavalaria de três anos e o de Engenharia permaneceu nos sete anos.

Na metade do século XIX continuava a heterogeneidade do corpo discente, embora com menos contrastes que algumas décadas antes. Uma pesquisa no livro de registro de matrículas de 1853 revela que, entre noventa alunos matriculados no 1º ano havia 54 paisanos, 28 cadetes, três alferes, um sargento, três soldados e um aluno que não foi identificado.[17] Os alunos passaram a se concentrar, portanto, nas categorias "paisano" e "cadete". Em termos etários, comparando-se os anos de 1830 e 1853, vemos que houve um aumento proporcional de alunos mais jovens: se para a primeira data a proporção de alunos com até 21 anos é de 62,2%, para a segunda é de 85,6%.

Apesar do grande número de reformas e mudanças de orientação, a Academia foi se fortalecendo como instituição. No período entre 1832-50, por exemplo, cinco professores da Academia exerceram a função de ministro da Guerra. A partir de 1839, o governo procurou estimular as matrículas concedendo vencimentos aos alunos. Em 1840 foi criado o posto de "alferes--aluno", para estimular o estudo. Receberiam esse posto os alunos mais bem classificados ao final do 3º ano, com o que teriam vencimentos maiores, embora sem patente (ou seja, não seriam considerados hierarquicamente superiores aos outros alunos). Passou-se a ter, em oposição ao título de "cadete", então privilégio de nascimento, o de "alferes-aluno", obtido por mérito individual. Finalmente, a partir de 1850 a Academia começou a aparecer, pela primeira vez, como pré-requisito para se atingir o oficialato e para a ascensão na carreira, embora isso tenha se dado de forma progressiva.

NA DÉCADA DE 1850 O ENSINO militar ingressou numa fase de ampliação e profissionalização. Em 1851 foi criado um curso de Infantaria e Cavalaria no Rio Grande do Sul, composto das mesmas matérias previstas para os alunos dessas Armas no curso da Escola Militar. Foi instalado em Porto Alegre em 1853 e teve uma história tumultuada, devido a sucessivas reformas; se às vezes era considerado uma autêntica escola militar, por outras era visto como um simples curso preparatório. Data dessa época a criação dos cursos preparatórios ao ingresso na Escola Militar, passando o Exército a ministrar também o ensino secundário. Em 1858 o curso da Escola do Largo de São Francisco (agora chamada de Escola Central) foi precedido de um "ano preparatório". A partir de 1863 os estudos preparatórios passaram a constituir verdadeiros cursos, funcionando na Praia Vermelha e no Rio Grande do Sul.

A par de sua ampliação, o ensino militar começou a ter seu conteúdo profissional valorizado. Em 1851, por exemplo, o ministro da Guerra discursou na Câmara pedindo para a Escola Militar um regime de internato, de quartel, capaz de

acostumar os jovens militares à obediência, inspirar-lhes hábitos da vida a que se destinam e tornar-lhes familiares os exercícios de suas respectivas Armas e a economia dos corpos. [...] O jovem cadete, entrando de 15 anos e passando sete na mais ampla independência e liberdade, não reconhecendo outra superioridade que a do saber escolástico, habitua-se a ter em pouco as múltiplas e minuciosas práticas do serviço militar, e sem as quais não é possível haver tropa regular. [...] Nenhuma Academia conheço à semelhança da nossa. [...] A nossa Escola tem todos os elementos para fazer sábios; poucos, porém, para formar oficiais.[18]

Outro ministro, em 1854, afirmou que "a insuficiência de instrução prática dada na atual Escola Militar e a falta de internato explicam o pequeno número de indivíduos habilitados para os postos subalternos dos corpos científicos".[19]

O resultado prático dessas observações foi o desdobramento da Escola Militar em duas, com a criação de uma Escola Militar e de Aplicação que, embora aprovada em 1851, só veio a tornar-se realidade em 1855. O próprio nome da nova escola mostra que seu objetivo era aplicar de forma prática o ensino ministrado de forma teórica no Largo de São Francisco (Escola Central).

Entre 1855 e 1874 a formação dos oficiais do Exército desdobrou-se em dois estabelecimentos de ensino: um antigo, vindo de 1811, e um novo, instalado inicialmente na Fortaleza de São João (bairro da Urca) e, após 1857, na Fortaleza da Praia Vermelha. Os dois estabelecimentos não tinham subordinação recíproca: possuíam comandos, quadros de professores e de administração próprios. Os alunos de Infantaria e Cavalaria cursavam o 1º ano do curso da Escola Central e, em seguida, o 1º ano do curso da Escola de Aplicação. Os alunos de Artilharia e de Engenharia frequentavam ambas as escolas na totalidade de seus cursos. Essa situação permaneceu até 1874, quando a Escola do Largo de São Francisco passou, com seus estudos de engenharia civil, à responsabilidade do Ministério do Império, deixando de ter significação militar. A Escola da Praia Vermelha, criada inicialmente como um complemento da outra, cresceu continuamente em importância.

NA ESCOLA DE APLICAÇÃO FOI IMPLANTADO, pela primeira vez na história da Academia Militar, o regime de internato.

Uma escola, mas também uma "praça de guerra", conforme seu regulamento. O comandante seria um oficial general ou superior, pertencente a uma das "Armas científicas" — isto é, Artilharia ou Engenharia.[20] O horário das atividades passou a ser — como hoje — meticulosamente compartimentado:[21]

5h-6h:	levantar, cuidados de asseio e revista
6h-8h:	estudo, exercícios das Armas ou ginástica, equitação e natação (conforme o dia da semana)
8h-8h30:	almoço
8h30-8h45:	parada geral
8h45-11h15:	tempo de aula
11h30-14h:	tempo de aula
14h15-15h:	jantar
15h30-16h:	formatura
16h30-18h:	tempo de aula e exercício
18h-18h30:	leitura da ordem do dia
18h30-19h:	ceia
19h-21h:	estudo
21h-22h:	revista e silêncio

Foi também criado um Batalhão de Engenharia aquartelado na própria Escola e subordinado ao seu comandante, destinado a auxiliar o ensino prático das diversas Armas. O Batalhão era parte do Corpo Acadêmico e os alunos eram individualmente considerados adidos ao Batalhão. Com a criação da Escola de Aplicação, realizaram-se pela primeira vez manobras militares. Em dezembro de 1856, durante quinze dias, os alunos deslocaram-se para os "campos" de Copacabana, Leblon e Jardim Botânico, para a prática de marchas, acampamento, reconheci-

Digressão: Uma história da Academia Militar 163

mento topográfico, organização do terreno, exercícios de tiro e esgrima.

A divisão do ensino militar em dois estabelecimentos começou a ser criticada já nos primeiros anos de funcionamento da Escola de Aplicação. Ainda no final da década de 1850 o comandante da Praia Vermelha, general Polidoro, escrevia em seus relatórios que

> uma das causas a que atribuo a facilidade de cometerem os alunos transgressões mais graves é a falta de educação militar e dos hábitos de disciplina que deveriam adquirir desde que assentam praça, o que só seria possível obter com um regime de internato continuado, numa mesma escola.[22]

Os alunos provenientes do Largo de São Francisco eram vistos por Polidoro da seguinte forma:

> O desdém e a repugnância que alguns mostram para a obediência e o cumprimento dos seus deveres é quase sempre consequência do hábito em que estão de nenhuma sujeição, ou persuasão de se acharem isentos desse dever em virtude de garantias que supõem ter, como oficiais ou como cadetes, tornando-se principalmente presumidos quando para esta escola vêm com habilitações ou títulos científicos em outras adquiridos.[23]

Com essas convicções, Polidoro não tinha dúvida de que tais males perdurariam "enquanto a instrução militar não fosse dada em um internato continuado, desde o começo ao fim dos seus estudos".[24]

VEJAMOS QUAL ERA O AMBIENTE na Escola Central (Largo de São Francisco) nesse início da segunda metade do século XIX. Com o Brasil ingressando na era da estrada de ferro, do telégrafo, da navegação a vapor, o estudo da engenharia passou a ser um grande atrativo para os jovens, o que levou o diretor da Escola Central a afirmar, em seu relatório de 1859, que "este estabelecimento vai em crescente importância e, depois que se tem vulgarizado a ideia de que a profissão de engenharia civil é vantajosa, cresce o número dos alunos paisanos".[25]

Uma das fontes que temos para conhecer melhor esse ambiente são as memórias de Taunay, que ingressou em 1859, aos dezesseis anos, no "ano preparatório" da Escola Central. O regime era de externato, ao contrário do vigente na Praia Vermelha, e reunia alunos paisanos e militares. É interessante notar que Taunay usa, para referir-se à mistura de alunos paisanos e militares, o adjetivo "promíscua".[26] Os alunos militares, após a conclusão do curso da Escola Central, iam fazer o curso de dois anos da Praia Vermelha. O depoimento de Taunay é importante, além de ser um dos raros sobre o período, porque ele presenciou uma reforma "militarizante" ocorrida em 1860, talvez em consequência de observações como as presentes nos relatórios de Polidoro vistas atrás. É assim que Taunay descreve a mudança:

> Em fins desse ano de 1860 passou por nova reforma o estabelecimento, procurando o governo dar-lhe cunho mais militar e rigorista, havendo para tudo formaturas, chamadas e marchas, além de aulas de esgrima e ginástica e sobretudo enorme e ameaçador portão de ferro, sempre fechado. Os diversos anos, formados em pelotão, eram comandados pelo aluno que tivesse merecido, pelo conjunto das

Digressão: Uma história da Academia Militar

notas de aprovação, classificação em primeiro lugar, tocando a este não poucas regalias e daí responsabilidades, por exemplo, trazê-los sempre em ordem e silêncio, podendo repreendê-los e até dar-lhes voz de prisão. Também qualquer falta ou transgressão nas ordens caía inteira e imediatamente sobre o comandante do ano, que tinha de responder por todos os atos dos comandados. [...] [O diretor] nos levou à valentona, trancando o portão e mandando pôr uns ralos às portas das aulas para vigilância severa durante as lições e salas de estudos — uma das inovações daquele estapafúrdio regulamento. O arrocho era grande; e cheguei, como comandante do ano, a ir passar uma noite no estado-maior do 1º Batalhão de Infantaria, preso, por não querer denunciar não me lembro quem...[27]

O sentimento de repúdio à reforma que emana do depoimento de Taunay parece ter sido compartilhado por seus contemporâneos, como indica um panfleto anônimo redigido e distribuído por alunos em 1861:

Acadêmicos! Onde estão vossas garantias? Que é feito dessa liberdade que sempre há caracterizado os filhos da ciência? Percorrei todas as Academias do Império; folheai os seus regulamentos; comparai-os com o desta Escola e vereis então o papel que representais! Já não sois estudantes, sois escravos![28]

O maior rigor disciplinar introduzido pela reforma reflete-se na forma pela qual as penalidades passaram a ser aplicadas aos alunos transgressores. Em junho de 1861, por exemplo, após uma troca de insultos entre um professor e alguns alunos do 3º ano, estes foram enviados aos corpos de tropa para aprenderem no serviço ativo dos ditos corpos a praticar as regras da disciplina, da subordinação e do respeito a seus superiores, de que devem dar exemplo nas escolas militares os jovens que procuram na carreira das armas um futuro proveitoso para si, para o Exército e para o país.[29]

Iniciou-se com a reforma de 1860 na Escola Central a separação entre alunos civis e militares, até então misturados. Para o ano de 1861, dado o grande número de matriculados no 1º ano, decidiu-se pela divisão das turmas. O critério adotado foi o da separação entre turmas de militares e de paisanos. A Escola tinha nessa época 281 alunos, dos quais 146 militares e 135 paisanos.[30]

Em 1865, com o início da Guerra do Paraguai, os alunos militares deixaram a Escola, permanecendo apenas os paisanos. Já no ano seguinte o ministro da Guerra afirmava, em relatório, ser necessário tornar a Escola Central "independente do Ministério da Guerra e destinada a ensinar matemáticas, ciências físicas e naturais, e a formar engenheiros civis".[31] Em 1873, outro ministro pregava essa separação para "os oficiais do Exército que se destinam aos corpos científicos não estarem à mercê de passarem pela Escola Central, onde perdem os hábitos de disciplina, que tem sido mais uma escola civil do que militar".[32]

A separação ocorreu, finalmente, em 1874, quando a Escola Central foi transferida para o Ministério do Império com o nome de Escola Politécnica, passando a dedicar-se exclusivamente ao ensino da engenharia civil. Os estudantes de Engenharia Militar foram transferidos para a Escola Militar da Praia Vermelha. Após 62 anos, o Exército retirou-se do Largo de São Francisco.

Digressão: Uma história da Academia Militar

VOLTEMOS À PRAIA VERMELHA no início da década de 1860. A Escola de Aplicação teve seu nome mudado para Escola Militar. O general Polidoro, agora ministro da Guerra, determinou em 1863 nova reforma no ensino militar. Infantes, cavalarianos e artilheiros deveriam cursar somente a Escola da Praia Vermelha: dois anos para Infantaria e Cavalaria, três anos para Artilharia. Os engenheiros iniciariam o curso na Praia Vermelha (três anos) e o terminariam no Largo de São Francisco. A Escola Militar passou a ser a escola básica, militarmente falando, reduzindo-se a Escola Central à condição de escola complementar.

Polidoro procurou imprimir à reforma um espírito profissionalizante, mas parece que a realidade não correspondeu aos seus desígnios. Não se repetiram grandes manobras como as de 1856; a instrução restringiu-se à pequena área da Escola. Os poucos exercícios práticos realizados fora da Escola não eram proveitosos, como os que ocorreram durante o mês de janeiro de 1864 na Fábrica de Pólvora da Estrela, na raiz da Serra de Petrópolis, descritos por Taunay:

> Durante aquela estada, de que não tiramos o menor proveito, empregávamos o tempo em vadiagens, excelentes banhos no rio que por lá corre, em *flirtation* com umas mocinhas, queixas contra a temperatura e correrias atrás do Basson para lhe atirarmos em cima cobras verdadeiras ou não, de que tinha enorme medo.[33]

Continuava a heterogeneidade dos alunos, já que entre eles havia oficiais, alferes-alunos e "praças de pré" (militares que não tinham patente de oficial). Em 1864, num conjunto de 109 alunos, 35 eram oficiais, 24 eram alferes-alunos e cinquenta eram praças de pré.[34]

Entre 1865 e 1870, durante a Guerra do Paraguai, a Escola da Praia Vermelha foi fechada, funcionando apenas o "curso preparatório"; no Largo de São Francisco só continuaram estudando os alunos paisanos. Instrutores e alunos militares seguiram para o teatro de operações.

COM A SAÍDA DA ESCOLA do Largo de São Francisco da órbita militar em 1874, a Escola da Praia Vermelha monopolizou os estudos militares, passando a englobar o curso de Engenharia e liberando o Exército da responsabilidade de formar engenheiros civis. A partir de agora, todos os alunos da Escola Militar seriam militares. A oposição entre militares e paisanos passou a ser exterior à instituição.

Na Praia Vermelha continuou a diferença meramente quantitativa entre o ensino das Armas. Por uma reforma feita em 1874, com o general Polidoro novamente à frente da Escola, o curso passou a compreender três anos de "curso preparatório" para todos os alunos e mais dois anos para infantes e cavalarianos, três anos para artilheiros e quatro anos para engenheiros. Entre 1881 e 1887, após o falecimento de Polidoro (1879), os cursos de Infantaria e de Cavalaria foram reduzidos a apenas um ano, além dos três anos preparatórios. O novo comandante da Escola, general Severiano da Fonseca, achava que os oficiais dessas duas Armas não precisavam mais que sumário ensino geral, o que provocou reações em alguns círculos militares. Num artigo publicado em 1883 na *Revista do Exército Brasileiro* está escrito que

os oficiais de Infantaria e de Cavalaria se colocam, assim, em pé de inferioridade terrível para com os seus camaradas de Arti-

Digressão: Uma história da Academia Militar 169

lharia. [...] O atual curso de Infantaria e Cavalaria deveria ser o exigido dos candidatos a oficiais-inferiores, mas nunca de oficiais que aspiram a serem chamados, um dia, a dirigir os destinos do Exército, onde não basta a bravura, são precisos também conhecimentos superiores.[35]

Logo após o general Severiano deixar o comando, o curso para infantes e cavalarianos voltou a durar dois anos. Mas o fato é que a diferença entre as Armas levou a uma preeminência das Armas ditas "científicas" em relação às outras, e isto num estabelecimento concebido basicamente como escola de práticas militares. A instrução militar era pouca; entre 1880 e 1885 algumas manobras ainda foram mantidas, mas foram exercícios muito deficientes.

Vejamos o depoimento de dois alunos da Escola Militar dessa época: Lobo Viana e Afonso Monteiro,[36] que ingressaram em 1878 e 1882, respectivamente. Ambos falam de uma escola com grades de ferro nas janelas, nenhum conforto ou higiene, sem água e mal iluminada a gás. Já existiam toques de corneta para alvorada e para silêncio, formaturas, revistas, chamadas pelo número dos alunos para verificação de presenças. A disciplina, entretanto, não deve ter sido rigorosa. Taunay refere-se ao comando do general Severiano da Fonseca como "moleza": um ambiente indisciplinado, havendo alunos com "regalias excepcionais".[37] Uma observação de Lobo Viana confirma essa opinião. Ele menciona a existência de um horário de estudo obrigatório, durante o qual os alunos eram mantidos numa sala por duas horas, mas onde "ninguém estudava", e comenta que, às vezes, alguns oficiais de serviço muito exigentes eram vaiados, ao cumprirem com suas obrigações referentes ao funcionamento da sala de estudos: "Muitos superiores e oficiais de dia saíam desses prélios com o moral um tanto arranhado".[38]

Os trotes e o tratamento "bicho" já eram uma realidade importante na vida dos novatos. Toda semana havia "assembleias bichais", presididas por um veterano, que lia o "Código dos Bichos",

> para que esses animais, essa cáfila de imundos, que anualmente invadem o sagrado "Tabernáculo da Ciência" saibam quais os seus deveres para com os augustos senhores veteranos, seus naturais e legítimos superiores hierárquicos e conheçam seus hipotéticos direitos ante a egrégia comunidade.[39]

O artigo primeiro do "Código" rezava que "todo bicho tem direito a não ter direito a coisa alguma",[40] princípio mantido até hoje em dia. Outros artigos diziam o seguinte:

- bicho, animal, imundo, são expressões sinônimas.
- o bicho não pensa, não raciocina, age por instinto; não vive, vegeta, é burro por índole.
- o bicho só tem deveres a cumprir, para com seus ilustres veteranos: a) conservar-se de pé quando dirigir-lhes a palavra; b) engraxar-lhes as botinas quando sujas; c) encher-lhes as moringas quando vazias, indo buscar água onde a encontrar; d) encarregar-se das "bodegas", preparando o café; e) ceder-lhe lugar nos bondes, pagando-lhes imediatamente a passagem; f) comunicar-lhes sem demora o recebimento de presentes, doces, frutas, comezainas que receba da casa paterna etc. Para seus iguais: a) não falar mal dos veteranos; b) não combinar passeios, espetáculos, diversões quaisquer, sem prévio conhecimento de seus superiores.

Digressão: Uma história da Academia Militar 171

- seus hipotéticos direitos resumem-se em: a) queixar-se moderada e humildemente quando se sentir ofendido, magoado; b) fumar bem escondido; c) dormir sob a ação anestésica de um trotista cacete, assentado *ad eternum* em sua cama, contando-lhe historietas; d) tomar assento à mesa para fazer suas refeições, reduzida a ração, suprimida a sobremesa, eliminados o açúcar do café e a manteiga do pão etc.[41]

Concluída "sob aplausos calorosos" a leitura do Código, passava-se à constituição de um Supremo Tribunal Julgador das Faltas, Crimes e Delitos Cometidos pelos Bichos, cujas sentenças eram inapeláveis e irrevogáveis.[42] Finalmente, para encerrar a assembleia, procedia-se à cerimônia do juramento ao Camiranga, "uma coisa informe, um monstruoso fetiche, negro como ébano, longo, rijo e rombudo como um bastão de guaraná, porém maleável e elástico como borracha, macio e peloso como veludo".[43]

Após a Proclamação da República assumiu durante cinco meses a pasta da Guerra Benjamim Constant, antigo aluno de Engenharia da Escola Militar entre 1852 e 1859 e dela professor desde 1872. Logo em abril de 1890 foi expedido novo regulamento, fortemente influenciado pela doutrina positivista. O currículo previa o estudo conforme a sequência da classificação das ciências feita por Auguste Comte: matemática, astronomia, física, química, biologia, sociologia, moral. Esse regulamento foi atacado tanto pela Igreja Positivista (da qual Benjamim Constant se afastara em 1882), que o acusou de "militarista", quanto por militares, que o acusaram de "paisanismo". Os relatórios anuais dos ministros da Guerra entre 1895 e 1897 criticavam os programas "eminentemente teóricos", a "pouca importância ligada à instrução militar" e a "difusão entre os alunos de estudos meramente especulativos, de teorias filosóficas, com prejuízo da instrução de que mais carece o militar".[44]

No final de 1897 foi aprovada uma lei cujas diretrizes eram: a) redução dos estudos teóricos e ampliação dos estudos profissionais; b) organização do ensino num "curso geral" de três anos para Infantaria, Cavalaria e Artilharia e um "curso especial" de dois anos suplementares para engenheiros; c) mudança do nome para Escola Militar do Brasil; d) colocação dos estudos preparatórios em escolas especiais, denominadas "escolas preparatórias e de tática", uma no Realengo, no Rio de Janeiro, e outra em Rio Pardo (RS); e) extinção do título de "cadete". A essa lei seguiu-se decreto em abril de 1898 que deu à escola um regulamento semelhante ao de 1874.

Ao longo do período 1874-1904 a composição do grupo de alunos tornou-se mais homogênea que antes. Entre os alunos — cujo número se manteve em torno de quinhentos — já não havia "paisanos", embora continuassem a existir, ao lado dos alunos praças de pré, alunos já oficiais, numa proporção variando entre 30% e 50%. A diversidade aumentava porque na categoria dos oficiais-alunos se inseria a subcategoria dos alferes-alunos, criada em 1840. Também nesse período foi grande o envolvimento de alunos e professores da Escola em movimentos políticos, o que contribuiu para a ocorrência de problemas disciplinares.

Com referência aos anos de 1901 a 1904 contamos com três importantes depoimentos de antigos alunos: Leitão de Carvalho, Bertoldo Klinger e Mascarenhas de Moraes, que concor-

Digressão: Uma história da Academia Militar

dam em vários pontos. O primeiro ponto diz respeito à falta de um rígido enquadramento militar. Mascarenhas de Moraes fala de "plácido internato", onde os cadetes gozavam "da mais ampla liberdade"[45] para Klinger, "vivíamos largados",[46] e para Leitão de Carvalho,

> éramos apenas estudantes, e não soldados. Nem formaturas, nem paradas. Os toques de corneta limitavam-se à alvorada, rancho e chamada para as aulas. O portão desimpedido. Os alunos entravam e saíam à hora que queriam, quase sempre à paisana. Não havia revista, de forma que podiam faltar alguns dias, sem que o comando tivesse conhecimento: a falta seria notada pelos colegas, no alojamento, ou na aula, quando não respondessem à chamada do bedel. Se comunicada ao comandante, nem sempre ocasionava consequências disciplinares.[47]

O ensino prático era precário e tratado com descaso, ao contrário do ensino teórico, com destaque para o estudo da matemática. Um objetivo dos alunos era conseguir atingir, ao final do 2º ano, o posto de alferes-aluno. Com isso, teriam seu soldo aumentado em dez vezes e a possibilidade de ir morar — os alunos solteiros, pois alguns eram casados — em pensões ou "repúblicas" localizadas em Botafogo, Catete e bairros próximos à Praia Vermelha. À Engenharia era atribuída posição de superioridade; para Leitão de Carvalho, este curso

> dava ao seu possuidor uma situação social saliente, espécie de aristocracia intelectual, de prestígio inconfundível entre os civis, e que, ao mesmo tempo, facultava exercer a profissão de engenheiro. Era, pois, uma porta aberta para um futuro promissor,

no caso de a carreira não oferecer, como parecia, horizonte suficientemente largo às minhas aspirações [...].[48]

Outro ponto assinalado pelos três antigos alunos é a mistura de praças e alferes-alunos com antigos oficiais comissionados que tentavam uma habilitação tardia, já que as vagas para promoção de oficiais sem curso foram limitadas. Mascarenhas de Moraes utiliza o termo "promiscuidade" para designar essa mistura,[49] e parece considerá-la um fator que facilitou a adesão dos alunos ao movimento da noite de 14 de novembro de 1904 contra a lei de vacinação obrigatória, que acarretou o fechamento da Escola. Posteriormente, a eclosão desse movimento seria atribuída pelo Exército à influência do positivismo entre os alunos. Mas, a contar pelos depoimentos de Klinger e de Leitão de Carvalho, a importância do positivismo na Escola já diminuíra em muito se comparada à que tivera durante os últimos anos da Monarquia e os primeiros da República.

Após a revolta de 1904, a Escola foi fechada e os alunos, presos. Eles seriam anistiados pouco tempo depois, mas a Escola Militar só reabriria em 1906, e não mais na Praia Vermelha. Nesse meio-tempo, em 1905, foi elaborado um novo regulamento para a Escola, que dava destaque ao ensino profissional, procurando relacionar o ensino teórico às necessidades militares. Era uma reação à situação que se anunciava desde alguns anos antes, como se depreende dos relatórios do ministro da Guerra em 1900 e 1901:

A instrução hoje proporcionada pode ser a mais completa, elevada e adiantada — não contesto nem discuto. O que posso garantir é que

Digressão: Uma história da Academia Militar 175

absolutamente não corresponde às necessidades da vida militar. Talvez prepare ótimos bacharéis em ciências, soldados é que não.[50]

O regulamento de 1905 manteve a superioridade das Armas "científicas" em relação à Infantaria e à Cavalaria. Os membros destas últimas cursariam apenas três anos numa escola criada no Rio Grande do Sul; os artilheiros e os engenheiros, além desses três anos — que pejorativamente passaram a chamar de "curso de alfafa" — cursariam mais três e quatro anos, respectivamente, no Realengo. Mas o regulamento trouxe algumas inovações importantes. Em primeiro lugar, passou-se a exigir a matrícula exclusiva, na escola inicial, de praças de pré que já contassem pelo menos seis meses de serviço de tropa. Isso visava a homogeneizar o grupo de alunos, impedindo a matrícula de alunos já oficiais. No entanto, um dispositivo previa a possibilidade de o ministro autorizar a matrícula de oficiais, o que seria comum até 1918, quando novo regulamento dispôs, logo em seu artigo primeiro, que não seria permitida, sob hipótese alguma, a matrícula de oficiais. Em segundo lugar, a reforma de 1905 extinguiu o posto de alferes-aluno e criou o de "aspirante a oficial". Dessa forma, aboliu-se um status especial de aluno, próximo ao oficialato, e criou-se um posto que seria recebido por todos os alunos que concluíssem o curso.

Entre 1906 e 1909 a Escola Militar dividiu-se entre o Rio Grande do Sul e o Realengo. Em 1909 ambas se transferiram para o Rio e, em 1911, o ministro Hermes da Fonseca reuniu as escolas no Realengo. A aplicação prática do regulamento de 1905 quanto à ênfase no ensino profissional parece não ter dado bons resultados, pois em 1913 novo regulamento foi aprovado, insistindo nesse mesmo ponto.

O regulamento de 1913 introduziu uma novidade que rompeu com a tradição vigente desde 1810. Após mais de cem anos, as Armas passaram a ser consideradas linhas específicas de estudos, deixando de representar apenas níveis diferentes de estudos militares. Essa disposição é a que vigora até hoje, variando apenas o valor relativo de um curso em relação aos outros, já que as durações continuavam diferentes: após dois anos comuns a todas as Armas, tinha-se mais um ano para infantes e cavalarianos e dois para artilheiros e engenheiros. Quanto ao regime militar, o de 1913 repetiu o de 1905: "Os alunos constituirão uma ou mais companhias, sujeitas ao regime militar, com a denominação de 'companhias de alunos'".[51]

Com as modificações na doutrina bélica introduzidas na Primeira Guerra Mundial, ficou claro para alguns setores militares que o regulamento de 1913 teria de ser modificado em breve. Dentre eles, destacou-se um grupo de oficiais que estagiaram no Exército alemão antes da guerra, conhecidos como "jovens turcos". Através principalmente da revista *A Defesa Nacional*, eles insistiram na necessidade de que a formação do oficial fosse realizada durante toda a carreira, não se resumindo aos anos na Escola Militar. Em 1918, uma reforma introduziu várias modificações na Escola Militar do Realengo. As principais foram: a) regime militar de maior enquadramento, com a organização de um Corpo de Alunos composto de unidades de quatro Armas e subordinado ao comandante da Escola; b) inclusão no currículo de maior número de disciplinas diretamente relacionadas com o ensino profissional; c) atribuição de coeficientes maiores às notas finais das disciplinas militares;

Digressão: Uma história da Academia Militar

d) instituição de provas práticas para os oficiais candidatos ao ingresso no quadro de instrutores da Escola.

Este último ponto deu origem à Missão Indígena, nome pelo qual se tornou conhecido o grupo dos oficiais que foram aprovados nos exames realizados no final de 1918. Alguns deles eram ex-estagiários do Exército alemão; outros, discípulos deles. A entrada dos novos instrutores foi acontecimento marcante na vida da Escola, conforme os depoimentos de antigos alunos da época. João Punaro Bley, futuro comandante da Aman, ingressou no Realengo em 1918 e teve a seguinte impressão:

Na verdade, a Escola era um ajuntamento de jovens praticamente entregues aos seus próprios impulsos e instintos, sem qualquer orientação educacional, disciplinar, moral e mesmo militar. [...] Era como se dizia na gíria escolar, a "Pensão da Dona Stela", onde tudo era permitido, cada qual se defendendo como pudesse.[52]

No início de 1919, ao voltar das férias, a situação era radicalmente diferente:

A Escola risonha e franca havia desaparecido por completo. A chamada Missão Indígena [...] havia tomado conta da "praça" [...]. O verbo "torrar", ou seja, punir, começou a ser conjugado em todos os tempos, gêneros, modos e pessoas. A Missão Indígena, num golpe de inteligência, havia compreendido que só pelo trabalho intenso podia "quebrar" nossas energias de moços. E foi o que aconteceu. As quatro horas de instrução ao sol e areias quentes de Gericinó "quebravam" qualquer um.

Para Cordeiro de Farias, a primeira turma de alunos que deixou a Escola "com formação verdadeiramente militar" foi a sua, em 1919. Isto porque até a chegada da Missão Indígena "éramos, tanto quanto possível, peritos em cálculo integral, física e descritiva, mas não havia instrução militar sistemática".[53] Juarez Távora, da mesma turma, credita aos novos instrutores "o mérito de darem à instrução das várias Armas [...] uma tônica de objetividade e renovação que ela nunca dantes tivera".[54] Deixaram a Escola em 1919 vários militares que teriam importância na história política do Brasil contemporâneo. Além de Cordeiro de Farias e Juarez Távora, temos ainda Siqueira Campos, Eduardo Gomes e Luís Carlos Prestes. Segundo Cordeiro de Farias,

os oficiais formados em 1919 iam para a tropa senhores do que tinham de fazer. Foi um impacto forte, porque chegávamos às unidades com uma formação técnica que nos diferenciava do resto da oficialidade. [...] Tudo começou a mudar. Uma influência renovadora se irradiava dos escalões inferiores para cima, criando-se uma mentalidade mais militar, mais técnica. Nesse sentido, os tenentes de 1919 surgiram como uma elite dentro do Exército, principalmente fora do Rio de Janeiro. [...] Os tenentes que iam para o Rio Grande do Sul ou Mato Grosso eram mal recebidos em várias unidades por seus comandantes, que lhes diziam: "Não me venham com essas ideias de instrução para não perturbar a vida do quartel. Somos uma família. Não queremos problemas".[55]

Em 1919 novo regulamento repetiu vários pontos do anterior, mas definiu a finalidade da Escola como "ministrar apenas os conhecimentos necessários ao desempenho das funções de

Digressão: Uma história da Academia Militar 179

oficial de tropa, até o posto de capitão", como ainda hoje. Ou seja, o curso da Escola Militar passou a ser apenas o primeiro de uma série que recobre praticamente toda a carreira. Além disso, o regulamento diminuiu em um ano a duração dos cursos de Artilharia e Engenharia, equiparando-os aos das outras Armas, todos em três anos. Com isso as Armas adquiriram, pela primeira vez desde 1810, a igualdade formal de que ainda hoje desfrutam. De agora em diante, a desigualdade ocorrerá apenas no plano simbólico das brincadeiras e disputas relacionadas aos espíritos das Armas.

A década de 1920 iniciou-se com a Escola Militar tendo um currículo em que os assuntos profissionais ocupavam 70% do tempo de estudos. Contudo, essa situação alterou-se após a adesão dos alunos da Escola à fracassada rebelião militar de 5 de julho de 1922, famosa pelo episódio dos 18 do Forte de Copacabana. Como resultado, quase todos os alunos foram expulsos, houve a mudança do comando e o desaparecimento da Missão Indígena da Escola. A preponderância no currículo de matérias do ensino profissional sobre as de cultura geral passou a ser criticada. No final de 1922, o ministro da Guerra, Pandiá Calógeras, escreveu em seu relatório:

Na Escola Militar o problema sério, inadiável, é a revisão do programa de ensino. Não é possível ficar somente na feição profissional, prática, que foi adotada pela última reforma. Indispensável é achar o meio de adicionar cursos científicos que permitam assegurar a formação de oficiais capazes de solucionar os mil e um problemas da profissão, e que exigem mais do que os conhecimentos de um oficial de tropa médio.[56]

No ano seguinte o general Setembrino de Carvalho, sucessor de Calógeras no Ministério da Guerra, afirmou:

> Urge fazer a reforma de ensino na Escola Militar. Todos sentem que o plano atual está positivamente abaixo das exigências de cultura geral que deve ter um oficial, para o cabal desempenho das funções que lhe incumbem, como educador, como instrutor, como juiz eventualmente, como homem público e, até, como homem de sociedade. É fora de dúvida que um oficial que se destina aos altos postos não pode estar estritamente encerrado dentro dos horizontes das coisas da profissão, de todo alheio ao progresso do país em todos os seus aspectos, e por isso mesmo com uma visão falsa dos valores, na comunhão social.[57]

Os dois ministros frisaram ainda a necessidade de se colocar a Escola Militar sob a influência da Missão Militar Francesa, a qual, embora já estivesse no país desde 1920, não tinha incluído ainda a Escola em seu programa de reorganização do Exército. Com isso, os regulamentos de 1918 e 1919, feitos sob a influência de oficiais que haviam estagiado na Alemanha, foram substituídos. A nova reforma, de 1924, manteve a mesma estrutura do curso em três anos, mas equilibrou em importância os estudos gerais e os profissionais.

LOGO APÓS A VITÓRIA DO MOVIMENTO revolucionário de outubro de 1930 assumiu o comando da Escola Militar do Realengo José Pessoa Cavalcanti de Albuquerque. Já em seu primeiro boletim, de 15 de janeiro de 1931, ele afirmava: "O Exército, como instituição democrática por excelência, como verdadeira

Digressão: Uma história da Academia Militar 181

ossatura da nacionalidade é, por sua natureza a instituição que primeiro e mais rapidamente deve se recompor, tanto é verdade que a integridade da Pátria, mais que a do regime, repousa em sua eficiência".[58] Esse objetivo reformista seria dominante durante todo o seu comando, que se estendeu até 1934. José Pessoa introduziu na Escola Militar uma série de inovações que permaneceram praticamente inalteradas até hoje. Vejamos as principais.

1) A revalorização do título de "cadete", já usado entre 1811 e 1897 para designar uma classe de alunos militares, mas agora extensivo a todos os alunos. A criação do estandarte do Corpo de Cadetes, do brasão da Academia e dos uniformes "históricos", baseados nos seguintes princípios:

a) fardar-se o cadete de modo inconfundível; b) restabelecer-se, embora respeitando as linhas gerais dos uniformes contemporâneos, os liames históricos do cadete da Escola Militar; c) procurar o restabelecimento desses liames históricos, notadamente pelos atributos e emblemas de nossa indumentária militar, tudo enquadrado nos mais severos princípios da heráldica.[59]

Com isso, José Pessoa pretendeu criar, em suas palavras, "uma ideologia, que é um misto de brasilidade e sentimento militar, amalgamados pelo culto do passado, pelo espírito de tradição".[60] Essas medidas constituem, em seu impressionante conjunto, um exemplo daquilo que Hobsbawm chamou de "invenção das tradições". Os elementos que hoje melhor caracterizam a "tradição" da Academia não apenas são recentes como foram conscientemente "inventados". Por "invenção da tradição" entende-se:

um conjunto de práticas normalmente reguladas por regras tácita ou abertamente aceitas: tais práticas, de natureza ritual ou simbólica, visam inculcar certos valores e normas de comportamento através de repetição, o que implica, automaticamente, uma continuidade em relação ao passado. Aliás, sempre que possível, tenta-se estabelecer continuidade com um passado histórico apropriado. [...] Na medida em que há referência a um passado histórico, as tradições "inventadas" caracterizam-se por estabelecer com ele uma continuidade bastante artificial. Em poucas palavras, elas são reações a situações novas que assumem a forma de referência a situações anteriores, ou estabelecem seu próprio passado através da repetição quase que obrigatória. É o contraste entre as constantes mudanças e inovações do mundo moderno e a tentativa de estruturar de maneira imutável e invariável ao menos alguns aspectos da vida social que torna a "invenção da tradição" um assunto tão interessante para os estudiosos da história contemporânea.[61]

2) A criação do Corpo de Cadetes, termo que designa um conjunto militar coerente e totalizador. O rígido enquadramento militar dos alunos, através da adoção de um código disciplinar especial: o Regulamento Interno do Corpo de Cadetes, de 1932. Os títulos de algumas das partes desse regulamento dão uma ideia do grau de detalhamento que atingia, até então inédito: Da atividade e do repouso; Dos alojamentos, dos pátios e banheiros; Do refeitório; Do portão; Das visitas; Da correspondência; O levantar e o café; Da reunião após o café; Das aulas e sessões de estudo; Da revista do recolher e outras revistas; Do silêncio. Além disso, todos os cadetes passaram a viver em regime de internato, encerrando-se a fase de moradia de alguns em "repú-

Digressão: Uma história da Academia Militar   183

blicas" ou pensões. Os cadetes passaram a viver num tempo e num espaço rigorosamente controlados e visíveis.

3) A alteração do sistema de punições disciplinares até então vigente, pelo qual os alunos transgressores eram mantidos presos fora da Escola, nos corpos de tropa, "misturando-se com quem não devia".[62] A partir de agora, as detenções passam a ser cumpridas no interior da Escola e, para José Pessoa, os castigos visavam a constituir "estímulo ao caráter", antes que punições. Em suas palavras, "fizemos de cada um escravo de sua dignidade pessoal. [...] Cada cadete era prisioneiro de si mesmo. E, podemos afirmar, não havia prisão mais sólida".[63] José Pessoa também procurou fortalecer a importância da classificação escolar, instituindo a premiação dos cadetes mais bem colocados e o preenchimento das vagas nas diversas guarnições, ao final do curso, conforme essa classificação.

O objetivo principal da reforma feita por José Pessoa era criar uma elite homogênea. Ele acreditava estar criando um "novo corpo de oficiais", que iria substituir os velhos quadros. O novo Exército seria homogêneo, formado por "mentalidades uniformes", ações conjuntas e não personalismos".[64] Os novos cadetes, para tanto, deveriam receber sólida formação física e intelectual e viver sob regime de rígido enquadramento militar. Mas não era só isso. Segundo Jeová Mota,

dos anos que vão de 1919 a 1930 não se poderia dizer, sem injustiça e sem faltar à verdade, que foram tempos carentes de bom enquadramento militar. Mas agora estamos em 1931, e para o general José Pessoa tal situação não é suficiente. Porque não se contenta ele com o clima da correção militar feita de rigores simples e de atitudes tranquilas, sob fundamentos da lógica comum. Ele reclama coisa diferente, quer um clima de exaltação, num plano de sublimações místicas. Não lhe basta a figura do aluno, seja ela militarmente bem-posta; ele almeja a figura do cadete, com suas conotações de distinção social, enriquecida de místicos fervores, ante o altar da Pátria.[65]

O novo cadete e futuro oficial deveria ser figura de destaque e prestígio sociais. Nesse sentido, José Pessoa tomou várias providências para bem situar o cadete socialmente, como entrar em ligação com os clubes cariocas de maior projeção na época, como o Fluminense e o Tijuca Tênis Clube, para que cadetes fossem convidados para todas as festas,[66] ao mesmo tempo que desestimulava o comparecimento dos cadetes aos festejos suburbanos do Méier e de Bangu.[67]

Apesar da reforma na Escola Militar do Realengo, José Pessoa considerava sua localização e suas instalações inadequadas para o funcionamento de uma escola de formação de oficiais, e já idealizava a construção, em outro local, de uma nova escola a ser denominada Academia Militar das Agulhas Negras, próxima à montanha que leva esse nome. A nova localização teria a vantagem de retirar "a mocidade do contato das agitações políticas e das seduções altamente prejudiciais dos grandes centros".[68] Já em 1933, José Pessoa dizia que "ali iremos forjar uma nova mentalidade, um corpo homogêneo de profissionais, e criar, parafraseando o general Von Der Goltz, uma verdadeira aristocracia física, intelectual e moral".[69]

Dispomos de três boas fontes de informações para o conhecimento da experiência dos cadetes na Escola Militar do

Digressão: Uma história da Academia Militar 185

Realengo durante os anos de 1930 a 1933: os livros de memórias de Nélson Werneck Sodré, Raul Pedroso e Campos de Aragão.[70] Como veremos a seguir, essa experiência nos é familiar; ela é bastante próxima à que foi descrita nos capítulos anteriores. Ao ingressar na Escola o novato era tratado por "bicho" e recebia trotes, embora estes fossem, já nessa época, "terminantemente proibidos" pelo comando.[71] Para Campos de Aragão, era geral "a volúpia de dar ordens";[72] ao se dirigir pela primeira vez ao alojamento, ele nos conta que foi barrado à entrada:

— Não pode entrar por esta porta, "bicho" ignorante — disse um cadete.

Um novato estava de quatro, imitando barulhento ladrar de cão. Tinha presa ao pescoço uma corda grossa, que ia se atar ao pé da primeira cama, junto à porta. Não liguei à observação e tentei continuar.

— Leão, pisca, pisca!... Leão!

E o improvisado animal se atirou contra mim, numa ridícula imitação do ataque de um cachorro. Ladrando, ladrando sempre.

Retrocedi, sentindo escárnio das gargalhadas que sobrepunham à farsa. Lá dentro o veterano passava a mão pela cabeça do troteado.

— Olá!... quieto, Leão. Vá deitar-se.

O recém-matriculado, que fazia as vezes de cão, foi acomodar-se embaixo da cama. A sequência era o resultado de uma apoquentação longa do pobre rapaz, que se prestava ao espetáculo, sem reclamar.[73]

Reagindo a um trote que lhe tentaram aplicar, Campos de Aragão entrou em luta corporal com um veterano, sendo os dois flagrados pelo tenente oficial de dia. Este conversou longamente com o novato e lhe deu uma série de conselhos:

Daquele instante em diante passei a ver o trote sob outro aspecto. Era uma tradição da Escola e não me cabia o direito de querer aboli-lo. Lógicos os argumentos do oficial. Assegurava-me que bons companheiros e amigos fizera muito cedo na Escola. E alguns desses quando era "bicho" lhe haviam apoquentado seriamente o juízo com trotes de toda natureza. O que se tornava preciso era que fosse, desde logo, me aclimatando e procurando compreender a vida ali. Um mundo inteiramente novo. Eu deveria estar certo de ter penetrado numa atmosfera diferente. Doravante minha existência deslocar-se-ia em paralelo com a daqueles companheiros da mesma geração. [...] E se existia profissão que exigisse fraternal camaradagem, essa era a de soldado.[74]

A rotina diária era absorvente — "não temos tempo para nada"[75] — e o enquadramento militar, bastante firme. Como conta Nélson Werneck Sodré,

oficiais e cadetes estavam em contato permanente; estes eram repetidamente arguidos por aqueles, e essas arguições eram anotadas pelos instrutores; a observação dos oficiais era ininterrupta, da alvorada ao anoitecer, quando não se prolongava, pois os oficiais concorriam à escala de oficial de dia. Conheciam, pois, os cadetes a seu cargo, os instruendos; ao longo do ano, iam formando juízo de cada um, registrando observações, anotando graus. Tudo isso resultava, no final do ano, no que se chamava conceito, expresso em grau e também em sucinto juízo sobre o cadete, resultado do que fornecia, sobre cada um, cada um dos instrutores.[76]

Nesse ambiente "cerrado", um fator de alívio era o sentimento de camaradagem que rapidamente se desenvolvia entre os alunos. "Tal modo de vida", conta Campos de Aragão, "tira-nos indubitavelmente os males do egoísmo, do personalismo exagerado, [...] e adquirimos um sentimento de coletividade."[77] Isso apesar da *competição*, que aparecia para Nélson Werneck Sodré como um fator dissociativo:

> O grau importava em classificação, colocados os cadetes de cada ano e de cada Arma em escala descendente, pelo resultado que alcançavam na teoria e na prática. Essa classificação contribuía para muita coisa, influía em muita coisa, distinguia uns dos outros. [...] A surda competição que lavrava era fermento dissociativo. Claro que nem todos a levavam a sério, mas a maioria tinha consideração pela sua existência; uns poucos faziam disso o centro de suas atenções, acompanhavam as notas dos outros, regozijavam-se até com insucessos alheios.[78]

A escolha da Arma já era feita conforme a classificação obtida durante o 1º ano;[79] e, para Campos de Aragão — como para os cadetes de hoje —, "a Arma é como a mulher que escolhemos para casar. [...] Não se pode ter dúvida quanto a isso".[80] Os atributos relacionados ao espírito de cada Arma integravam um sistema classificatório estruturalmente semelhante ao descrito no capítulo anterior. A principal diferença está em que, como não havia ainda Intendência, Comunicações e Material Bélico na Escola,[81] a condição de Arma "mais paisana" ou "menos militar" era atribuída à Engenharia. Com a introdução das três novas Armas, portanto, ocorreu apenas um reposicionamento dos espíritos das Armas entre feixes de significação já existentes. Segundo o infante Raul Pedroso, dizia-se da Engenharia que "sua instrução [militar] era uma barbada";[82] para o artilheiro Nélson Werneck Sodré,

> a Engenharia tinha aspectos quase civis, na visão dos cadetes, segundo os seus preconceitos, inclusive porque se aproximava, em seu ensino, do curso correspondente na vida civil, o da Universidade, e porque a teoria era, nela, mais desenvolvida do que a prática, fazendo com que parecesse ao julgamento juvenil uma Arma de paisanos fardados; os cadetes das outras Armas chamavam-na de "engenhoca" e perguntavam pela máquina de costurar.[83]

Já a Artilharia era considerada por seus membros "uma espécie de elite" do Exército, pois "tendo base 'científica', conservava, entretanto, o traço militar — ao contrário da Engenharia, que também o tinha, mas com prejuízo desse traço — pois lidava com canhões e com cavalos, era a Arma do fogo por excelência".[84]

Pelo depoimento de Raul Pedroso sabemos que já se esperava da Cavalaria "aquela rapidez toda característica da Arma", enquanto os artilheiros deveriam se mover "naquela cadência lenta, mas firme".[85] O artilheiro Campos de Aragão registra que as outras Armas "não apreciavam a maneira um tanto dolente pela qual entoávamos a nossa empolgante letra. Muitos diziam que marchávamos como barqueiros do Volga".[86] Mas, ao final das contas, manobras conjuntas reforçavam nos cadetes a convicção de que "as Armas se completam e concorrem para a vitória".[87]

Finalmente, vejamos alguns exemplos da distinção entre militares e paisanos, tal como aparecia para esses antigos ca-

Digressão: Uma história da Academia Militar

detes. Campos de Aragão, após dois meses na Escola, já se sentia envaidecido: "Não era um simples acadêmico. Era um cadete, portanto um pouco mais do que simples aluno de uma faculdade".[88] Através de Raul Pedroso sabemos que, quando um cadete reclamava algo na Escola, logo outro o advertia: "Conforto é pra paisano. O cadete deve ser um espartano";[89] e conhecemos uma característica muito peculiar da cadela Gandaia, mascote de um dos pelotões de alunos: "Quando algum civil procurava dela aproximar-se, ela o repelia de modo agressivo e violento. Nunca se viu a Gandaia acompanhada por algum paisano".[90]

INTERROMPO ESTA HISTÓRIA AQUI, no início da década de 1930, para afirmar que desde então a forma da socialização profissional dos cadetes na Academia Militar manteve-se em equilíbrio; ou seja, o cadete de hoje vive uma experiência na Academia muito próxima à do cadete daquela época.[91] "Equilíbrio" não deve ser aqui entendido como "imobilidade", mas como "equilíbrio dinâmico", uma situação em que pequenas mudanças estão sempre acontecendo, embora em quantidade e qualidade ainda insuficientes para alterar a forma estrutural vigente.[92] Afirmar uma relativa estabilidade para esse período implica reconhecer que estamos diante de um fenômeno de longa duração; que o tempo social é múltiplo, que "cada 'atualidade' reúne movimentos de origem, de ritmo diferentes: o tempo de hoje data, ao mesmo tempo, de ontem, de anteontem, de outrora";[93] implica, finalmente, postular que as interpretações contidas nos capítulos anteriores podem ser, de uma maneira geral, válidas para todo esse período. Vejamos quais são os elementos estáveis para as várias gerações de cadetes desde o início da década de 1930:

1) A posição e o significado do curso da Academia na carreira como um todo. Como vimos, só a partir da metade do século XIX esse curso começou a ser considerado indispensável para o ingresso no oficialato e para a ascensão na hierarquia militar. Em 1919 o curso passou a ser considerado apenas uma etapa numa série que abrange a maior parte da carreira militar. Desde então, o cadete recebe um preparo profissional que visa a qualificá-lo apenas para o desempenho de funções de tropa até o posto de capitão.

2) O regime de enquadramento militar. Vimos quanto tempo demorou para que a Academia Militar passasse a ter um ambiente considerado como realmente "militar". O internamento dos alunos só começou com a criação da Escola de Aplicação, em 1855. Mesmo assim, o internato existia em apenas uma parte do curso: na Escola Central o regime era de externato. Com a separação desta do Exército em 1874, os alunos de anos mais adiantados ainda tiveram a possibilidade de morar em "repúblicas" ou pensões fora da Escola; em 1930 isso já não é mais possível, e o internamento passa a ser integral. Acompanhando o regime de internato encontramos horários para atividades cada vez mais meticulosos, prescrições disciplinares precisas, revistas, formaturas... numa palavra, *disciplina*. Finalmente, até 1918 os alunos eram considerados adidos individualmente a "companhias de alunos". Nessa data eles passaram a pertencer a um "Corpo" de alunos e, a partir de 1930, a um "Corpo de Cadetes" com seu próprio regulamento.

3) A convivência num grupo de iguais. Vimos como foi lento o processo de *homogeneização* do corpo discente, em termos

Digressão: Uma história da Academia Militar

principalmente etários e de status dos alunos. Entre 1823 e 1874 existiram, ao lado de alunos "paisanos" sem compromisso com a carreira militar, alunos militares de várias patentes, inclusive oficiais, e vimos alguns exemplos do uso do termo "promiscuidade" para qualificar essa situação. Entre 1840 e 1905 existiram ainda os "alferes-alunos", com regalias em relação aos outros. Os oficiais só seriam efetivamente impedidos de cursar a Academia a partir de 1918.

4) Um sistema classificatório das Armas muito próximo ao atual. Entre 1810 e 1913 as Armas não eram consideradas ramos distintos de ensino, compunham uma única série que privilegiava os estudos das Armas "científicas", Artilharia e Engenharia. Em 1913 elas passaram a ser consideradas ramos distintos, mas só em 1919 houve a equiparação do número de anos do curso de cada Arma, inaugurando um período de igualdade formal entre as Armas que se prolonga até hoje.

5) O trote, de longa existência, e um acervo de gírias escolares em grande parte preservado. A valorização da classificação escolar e do mérito pessoal. Uma série de símbolos emblemáticos como o culto a Caxias, o espadim, os uniformes históricos, o título de "cadete", canções etc. Uma visão de "destaque social" do cadete e do futuro oficial.

Seria possível analisar todos esses acontecimentos à luz dos estudos de Max Weber sobre a burocracia e de Michel Foucault sobre o poder disciplinar.[94] Os dados sobre os quais foi construída a história que acabamos de ver são precários e insuficientes para uma análise completa, mas sem dúvida se assemelham aos processos de burocratização (descrito por Weber) e de surgimento da sociedade disciplinar (estudado por Foucault). Essa perspectiva é encorajada também pela importância que esses dois autores dão à instituição militar. Quando considera as raízes históricas da disciplina burocrática, Weber remete diretamente ao modelo da disciplina militar: "A disciplina do Exército deu origem a toda a disciplina. [...] Nenhuma prova especial é necessária para mostrar que a disciplina militar é o modelo ideal para a moderna fábrica capitalista, tal como o foi para a plantação antiga".[95]

Infelizmente Weber não desenvolveu este tópico, absorvido que estava com as características mais gerais da administração burocrática. Já Foucault faz uma análise mais extensa e detalhada, "desnaturalizando" a disciplina militar. Agora, ela passa a ser vista como uma questão política:

> É possível que a guerra como estratégia seja a continuação da política. Mas não se deve esquecer que a "política" foi concebida como a continuação senão exata e diretamente da guerra, pelo menos do modelo militar como meio fundamental para prevenir o distúrbio civil. A política, como técnica da paz e da ordem internas, procurou pôr em funcionamento o dispositivo do exército perfeito, da massa disciplinada, da tropa dócil e útil, do regimento no acampamento e nos campos, na manobra e no exercício. Nos grandes Estados do século XVIII, o exército garante a paz civil sem dúvida porque é uma força real, uma espada sempre ameaçadora, mas também porque é uma técnica e um saber que podem projetar seu esquema sobre o corpo social. [...] A era clássica [...] viu nascer também a minuciosa tática militar e política pela qual se exerce nos Estados o controle dos corpos e das forças individuais. [...] O *sonho de uma sociedade perfeita* é facilmente atribuído pelos historiadores aos filósofos e juristas do século XVIII; *mas há também um sonho militar da sociedade*; sua referência fundamental era

Digressão: Uma história da Academia Militar 193

não ao estado de natureza, mas às engrenagens cuidadosamente subordinadas de uma máquina, não ao contrato primitivo, mas às coerções permanentes, não aos direitos fundamentais, mas aos treinamentos indefinidamente progressivos, não à vontade geral mas à docilidade automática. [...] Enquanto os juristas procuravam no pacto um modelo primitivo para a construção ou a reconstrução do corpo social, os militares e com eles os técnicos da *disciplina* elaboravam processos para a coerção individual e coletiva dos corpos.[96]

APÓS A REALIZAÇÃO DO TRABALHO de campo na Aman, entrevistei cinco "antigos cadetes" das décadas de 1930 a 1950, hoje coronéis e generais já na reserva. O tema das entrevistas foi a experiência de cada um na Academia de seu tempo. Procurei fazer as mesmas perguntas que fiz aos cadetes de hoje, versando sobre assuntos cotidianos como estudo, trotes, punições, espírito de Arma, competição e amizade entre alunos, relacionamento com oficiais etc. Como resultado, pude perceber que experiências tão afastadas no tempo são quase que imediatamente acessíveis uma à outra; a continuidade entre elas é um fato que, creio, chamaria a atenção de qualquer pesquisador. Descrever o conteúdo dessas entrevistas seria repetir em grande parte o que foi dito nos capítulos anteriores. Por isso, prefiro apresentar um aspecto que — embora não dizendo respeito especificamente à experiência de cada um *na Academia*, impôs-se pela força emocional e recorrência com que emergiu dessas entrevistas. Esse aspecto diz respeito a fatores *externos à Academia*, e surge quando esses antigos cadetes comparam suas épocas à atual.

Antes de apresentar trechos dessas entrevistas, lembro que os entrevistados não são apenas cadetes de tal ou qual período, mas sim oficiais que possuem atrás de si toda a carreira militar e experiências das mais variadas; alguns deles foram instrutores de cadetes na Aman, um deles ocupou cargo elevado no sistema de ensino do Exército, todos conviveram em vários momentos com cadetes ou tenentes recém-saídos da Academia. É a partir dessa experiência *de carreira* — e não apenas de Academia — que eles fazem as comparações que veremos a seguir.

Para o antigo cadete de 1935-7, houve desde então uma diminuição do prestígio social do militar em geral, e do cadete em particular. No "seu tempo", o cadete "era disputadíssimo, os clubes faziam questão de receber, éramos muito bem-vindos"; o cadete tinha muito prestígio "para namoro, para entrar em festas". Além disso ele acha que, mesmo os cadetes de sua época sendo originários em sua maioria de uma "classe média modesta", "sem dúvida" ocorreu uma deterioração do nível social de origem dos cadetes: "Hoje em dia predominam filhos de proletários, motoristas...".

Para o antigo cadete de 1939-42, depois instrutor na Aman no início da década de 1950, o prestígio social da profissão em sua época era muito maior do que hoje:

> O cadete era bem recebido em qualquer parte do Brasil. [...] Nós íamos fardados em todos os lugares — fardados com muito orgulho. Éramos convidados... aquelas festas de fim de ano, formaturas, éramos convidados pra tudo. Não havia nenhuma hostilidade, de jeito nenhum.

O cadete de 1943-6, além de ter sido instrutor na Aman durante a década de 1950 e início da década de 1960, ocupou

Digressão: Uma história da Academia Militar

também, no final da carreira, uma posição hierarquicamente importante da estrutura educacional do Exército. Vejamos o que ele diz:

> Qual é o atrativo da carreira militar hoje em dia? Você pega uma total liberalização sexual, a facilidade de contato com o sexo oposto, a liberalidade que existe dentro das faculdades, principalmente onde há campus, tipo puc, usp, Unicamp, Viçosa [...]. Agora você pega uma profissão em que você tem que ficar segunda, terça, quarta, quinta, sexta e sábado num regime monástico, e isso quando a gente tem entre dezoito e 22 anos! Então, é uma coisa difícil. [...] No nosso tempo não existia tanta liberalidade, no nosso tempo havia uma atração... você saía fardado na rua, você era respeitado. A menina fazia questão de namorar um cadete. Hoje, se você é cadete, ela te joga pro lado! [...] Eu peguei ainda a época em que o cadete era muito bem recebido. [...] Agora, o mundo mudou. O mundo mudou.

Além disso, o Exército daquela época seria

formado duma classe média. O jovem que ia buscar a Escola era um jovem de classe média, normalmente. Muito filho de advogado, de engenheiro, que representa mesmo a média. Não se tinha filho de Matarazzo, mas não se tinha filho de favelado. E isso deu ao Exército uma consciência de representar o pensamento da classe média brasileira. Daí ele ter sido o fator moderador. Hoje, uma das grandes preocupações que se tem é [com] a baixa do nível social. É você investir desse poder... o homem que veio da favela. Eu tenho uma dúvida dentro de mim: se essa doutrinação que se faz, se essa educação moral que se prega, vai mudar a mentalidade que ele traz do berço, de formação, de subir de qualquer jeito: "Eu vou pras Forças Armadas, porque meu pai foi sapateiro no morro, e eu vou subir de qualquer jeito, e eu quero o poder". Isso pode trazer alguma deturpação nesse espírito que se tenta. Isso, eu posso te assegurar que se pensa muito nisso. [...] O ano que eu tava [naquele alto posto do sistema educacional do Exército], tinha *um* filho de médico e *um* filho de engenheiro. Só! Mais nada! Havia — um conforto para nós — havia muito filho de militar. Mas quando você vai ver, a maioria é filho de oficiais subalternos... Então isso é uma preocupação. [...] Hoje você pega tenente [...] indo a casamento de tênis e mangas de camisa! É uma proletarização violenta [...] de uma classe que tem que ter um valor moral-ético muito forte. Tem de ser *exemplo*! [...] Você pega tenente, capitão, que nunca teve essa formação. [...] Será que essa proletarização das Forças Armadas, será que isso é bom para o país?

O antigo cadete de 1947-9 reafirma o que já foi dito pelos outros. Ele acreditava ter vivido, como cadete, a "época áurea" da profissão:

Você entrava num baile com a maior facilidade. Você nem precisava, às vezes, de convite. Se tava fardado, entrava. [...] No interior, o prestígio era tremendo, uma coisa... E aqui [no Rio] mesmo. O sujeito podia sair fardado, não tinha problema nenhum. [...] Nós estávamos num nível mais elevado, que veio decaindo. Você deve ter conversado com cadetes que moram em lugares mais modestos, né? Naquela época era mais difícil. Hoje em dia caiu o padrão.

Digressão: Uma história da Academia Militar

Finalmente, vejamos parte da entrevista com o antigo cadete de 1952-4. Além de afirmar que "hoje em dia a classe é muito mais baixa, infinitamente mais baixa", que "nós não tínhamos naquele tempo — como a Academia tem hoje — filho de lavadeira, filho de motorista de táxi", ele conta que

o oficial tinha um prestígio social muito grande. [...] Ser um oficial do Exército naquele tempo era uma coisa gratificante, [...] você era um elemento muito benquisto, era um elemento aceito pela sociedade. [...] Naquele tempo havia uma coisa que há muito tempo não há mais: nós íamos fardados para os bailes, para as formaturas. Nós éramos convidados para abrilhantar festas de família socialmente muito mais elevadas do que nós éramos. Hoje é chamado só pra baile de interior, pra ficar parado apenas, ou pra descer com as moças das escadarias. No nosso tempo não, a gente era apresentado ao pai da moça, a gente sentava na mesa, a gente jantava junto [...]. Isso até me doeu anos mais tarde, quando eu fui ser instrutor no Colégio Militar e me pediram uma representação de alunos, mas nós sentimos que era apenas para que o aluno fosse, digamos, como um "ornamento" de festa, para enfeitar os olhos do civil... que talvez nem soubesse de onde eram: "Ah, uns garotos bem-vestidos, bem fardados, bonitinhos...". No nosso tempo, não: você participava, você dançava com a dona da casa, você dançava com a aniversariante... Você tinha um prestígio social. [...] No nosso tempo você já vinha da Academia para os fins de semana que passava no Rio — ou em outro lugar — trazendo sua farda para ir numa festa à noite. Você tinha *prazer* em comparecer fardado! Era uma espécie de desafio, digamos, pro civil. O garoto civil se encolhia quando via um cadete fardado, podia até ser mais rico. [...] Você tinha entrada livre, não precisava nem de convite. Era uma distinção. [...]

Meu baile de formatura foi no Palácio Guanabara, [os bailes eram] sempre era em palácios, ou no Itamaraty... eram grandes bailes, o palácio todo iluminado, o governador tinha prazer em ceder o palácio. [...] Então você sentia que você era prestigiado. Hoje, o sujeito se esconde na Academia... uma coisa muito fechada. Então você via um oficial de Cavalaria andar no centro da cidade de botas, de pinguelim... e ele de peito estufado. Muito mais o cadete, que era um cara que estava vibrando, naquela farda... bonita! Claro que o civil sacaneava — "Filho de Maria!" —, saíam porradas incríveis. Mas era diferente... Mas o tempo passou e houve até época de proibirem o sujeito de andar fardado na rua. [...] Eu tive uma experiência fabulosa, que foram os meus anos de comando de Batalhão, de 1979 a 1981. Se você perguntar: "O tenente de hoje é igual ao tenente de ontem?", sem menosprezar..., ele é inteiramente diferente. Ele é um homem preocupado com a faculdade, com a sua imagem na sociedade civil, em ser, digamos, "absorvido" até pelo núcleo familiar. [...] Hoje o militar jovem tem a preocupação até de — eu senti — mostrar que ele é 50% civil também, que ele tem uma formação... Agora, isso foi fruto de mudança da Academia? Não, é porque as coisas mudaram, é pelas próprias condições históricas do país. [...] Você diria: "Ah, mas tiveram vinte anos de Revolução em que os militares decidiram tudo...". Não: tinham poder. Mas não ficou nada. Pelo contrário, ficou até uma oposição terrível de opinião pública... que não tinha naquele tempo.

Sem dúvida há um elemento nostálgico nesses depoimentos, uma saudade de "anos dourados" que não voltam mais, um sentimento bastante comum de que "no meu tempo era melhor". Mas não é só isso. Há uma forte percepção de perda de status e prestígio social. A recorrência da imagem do cadete

Digressão: Uma história da Academia Militar

indo a bailes mesmo sem convite e passeando fardado e "de peito estufado" pelas ruas — e sendo bem recebido pelos civis — indica um sentimento que pode ser chamado de *prestígio da farda*; não a peça de vestuário, mas o que ela representa. Quanto às causas da diminuição acentuada do prestígio da farda, por vezes é apontada uma mudança histórica na sociedade como um todo: "o mundo mudou"; por outras — mas não necessariamente como causa — aparece uma acentuada diminuição do nível socioeconômico de origem dos cadetes, apontando em direção de uma "proletarização" do oficialato.

Guardemos essa ideia de perda de prestígio social, exposta pelos antigos cadetes, para confrontá-la com o que os cadetes de hoje falam de suas experiências no meio civil, fora da Academia — tema principal do próximo capítulo. Quanto à questão da origem social dos cadetes, tentarei a seguir discuti-la brevemente, apresentando alguns dados quantitativos.

A MAIOR DIFICULDADE ENCONTRADA por pesquisadores que desejam conhecer a origem social dos oficiais das Forças Armadas tem sido a quase inexistência de dados. Especificamente para o caso do Exército, a maior parte das informações disponíveis é formada pelas obtidas por Alfred Stepan na Aman e apresentadas em seu livro *Os militares na política*, publicado pela primeira vez em 1971.[97] Esses dados são referentes aos anos de 1941-3 e 1962-6 e serviram de base para análises posteriores de outros estudiosos, como José Murilo de Carvalho e Alexandre Barros.[98] O próprio Stepan reconhece a existência de "vários problemas" relacionados com esses dados,[99] entre os quais destaca-se o pouco detalhamento das informações, que aparecem em categorias amplas e abrangentes. Profissões como por exemplo "militar" e "funcionário público" foram incluídas na categoria "classe média", embora a primeira possa significar qualquer posto da hierarquia militar, de general a soldado, e a segunda se refira tanto a uma pessoa do mais alto nível burocrático quanto a um zelador de edifício público. Não obstante, um quadro organizado a partir dessas informações permitiria observar tendências gerais.[100] A seguir reproduzo simplificadamente os dados de Stepan:[101]

CLASSES/ANOS	1941-3	1962-6
Alta tradicional	19,8%	6,0%
Média	76,4%	78,2%
Baixa qualificada	1,5%	8,6%
Baixa não qualificada	2,3%	0,4%
Desconhecida	—	6,7%
	(N=1031)	(N=1176)

Nessas "classes" Stepan agrupou profissões e ocupações tais como: fazendeiro, industrial, magistrado, médico, advogado etc., na "alta tradicional"; *militar*, funcionário público, comerciante, bancário, professor etc., na média; ferroviário, motorista, artesão etc., na "baixa qualificada"; empregado doméstico, operário, camponês etc., na "baixa não qualificada". Por fim temos a categoria "desconhecida", que inclui os órfãos, as profissões não classificadas e as não declaradas.

Observando esses dados, Stepan e Barros[102] destacaram a *diminuição de status* de origem social dos cadetes entre as décadas de 1940 e 1960, com um aumento de indivíduos oriundos da "classe baixa". No entanto, o polo de recrutamento continuava sendo a "classe média".

A superficialidade e a pouca consistência dos dados acima expostos levaram Stepan a procurar outro indicador da origem social dos cadetes: o nível de escolaridade dos pais dos cadetes que entraram na Aman em 1963-5. O último grau concluído era: superior, em 29,6% dos casos; 2º grau, em 9,5%; 1º grau, em 60,9%. Esses resultados levaram o autor a afirmar que "o ingresso na Academia Militar é um meio de mobilidade ascensional para os 61% dos cadetes cujos pais frequentaram oito ou menos anos de escola. Isto indica que o centro de gravidade do recrutamento reside na classe média baixa".[103]

Como já foi dito, essas informações são muito imprecisas, a começar pela falta de definição do que essas "classes" significam. Há uma outra série de dados mais precisos e por isso mais relevantes. Eles referem-se à porcentagem de pais de cadetes civis e militares. No Quadro 5 é feita uma reorganização do quadro de Stepan, ao qual acrescento dados relativos aos anos de 1984-5 e de 2000-2, obtidos na Aman. Fica assim mantida uma periodicidade de aproximadamente duas décadas entre os dados.

QUADRO 5. Porcentagem de cadetes filhos de civis e militares, em quatro períodos

FILIAÇÃO/ANOS	1941-3	1962-6	1984-5	2000-2
Civis	78,8%	65,1%	48,1%	54,6%
Militares	21,2%	34,9%	51,9%	45,4%*
	(N=1031)	(N=1176)	(N=812)	(N=1274)

* Inclui cinco mães militares.

Duas observações importantes podem ser feitas em relação a este quadro. Em primeiro lugar, é grande o peso percentual do componente militar na separação por "classes" de Stepan. Tendo em vista que, como já foi dito, a categoria "militar" abrangia todas as graduações, seu alocamento em bloco na "classe média" pode gerar distorções significativas. Os dados que permitem um detalhamento dessa categoria infelizmente não são disponíveis para os períodos cobertos por Stepan. Mas Barros apresenta[104] informações relativas a 1970, às quais acrescento outras referentes a 1985 e a 2000-2:

QUADRO 6. Porcentagem de cadetes filhos de oficiais superiores e de oficiais subalternos e praças, em 1970, 1985 e 2000-2

FILIAÇÃO/ANOS	1970	1985	2000-2
Oficiais superiores	28,5%	31,9%	41,9%
Oficiais subalternos e praças	72,5%	68,1%	58,1%*
	(N=144)	(N=210)	(N=575)

* Inclui cinco mães militares.

O que se pode concluir do quadro acima é que, pelo menos para os dados de Stepan referentes ao período de 1962-6, os militares deveriam ter sido alocados não na "classe média", mas na "classe baixa qualificada", posto que a porcentagem de oficiais subalternos e de praças é maior que a de oficiais superiores. Dessa forma o centro de gravidade do recrutamento, que Stepan imaginava estar se deslocando ao longo do tempo de uma "classe média", para uma "classe média baixa", resultaria deslocado para uma "classe baixa qualificada", o que quer que essas categorias signifiquem. A partir de então, parece existir uma lenta tendência de aproximação entre os percentuais dos dois grupos, embora ainda haja, ao iniciar-se o século XXI, clara predominância de filhos de oficiais subalternos ou praças.

A segunda observação importante que pode ser feita em relação ao Quadro 5 é sobre a *crescente tendência ao recrutamento endógeno* ocorrida até meados da década de 1980, já apontada para o período entre 1941-3 e 1962-6 por Stepan e José Murilo de Carvalho.[105] Os dados referentes aos anos de 1984-5 confirmam completamente essa tendência. Os dados para 2000-2 mostram uma tendência de lenta reversão desse quadro, embora ainda com um percentual bastante alto de filhos de militares — mais do dobro da década de 1940. Além disso, os números apresentados nos Quadros 1 e 2 (ver pp. 37-8), sobre a origem escolar dos cadetes, potencializam essa tendência, pois mostram que cerca de 90% dos cadetes que ingressaram na Aman em meados da década de 1980 já possuíam experiência de vida militar anterior.

Refletindo durante a década de 1970 sobre a tendência endógena do recrutamento de oficiais do Exército, Stepan e Barros chegaram a conclusões gerais semelhantes. Para o primeiro,

o crescente autorrecrutamento dos militares brasileiros, aliado à intensificação do programa educacional militar, favoreceram sem dúvida alguma a crescente tomada de consciência corporativa dos militares e o afrouxamento de seus laços com os civis no período anterior e posterior à tomada do poder em 1964.[106]

Barros acredita que: "... existe o risco de que a maior clivagem na nação possa vir a ser entre civis e militares. A endogenia e a especificidade do padrão de socialização são processos que se reforçam mutuamente".[107]

Vejamos agora quais são as experiências dos cadetes do final da década de 1980 em relação ao meio civil.

4. Os cadetes e o mundo de fora

Porque aqui você fica muito... "reprimido" não é o termo certo. Mas a pessoa não fica à vontade, sabe? Você perde totalmente o contato com o mundo de fora, vamos dizer assim. Porque é o seguinte: do portão pra lá é um mundo, do portão pra cá é outro.

CADETE, 4º ANO

COMECEMOS COM DUAS HISTÓRIAS:

A minha namorada realmente não gostava de militar, porque ela pertence a um grupo jovem, e esses grupos jovens de igreja sempre [...] contestam militar e tal. Eu namorava a menina, então de vez em quando eu ficava só ouvindo. [...] Na hora de uma missa, a oradora chegava lá em cima, ia falar alguma coisa, atingia os militares e tudo. Então era como se fosse uma reação antimilitarista, né? Falava sobre greve — "tem que fazer greve!" — e tudo. Então a minha garota era muito assim, era completamente antimilitar, embora o pai dela fosse sargento reformado... Mas era completamente contrária. Então quando eu comecei a namorar com ela, *ela não sabia que eu era militar,* porque eu estava nas férias, estava de cabelo grande. Eu não falei que era militar não, só de brincadeira, deixei rolar o negócio. Senti que ela estava gostando de mim e tal. Aí quando eu cheguei e apareci no dia seguinte de cabelo cortado, porque eu ia voltar para as aulas, ela teve um choque, perguntou: "O que você é? Tá estudando o quê?". Aí eu disse que era daqui. Aí ela teve um choque e tudo, aí passou duas semanas sem me ver. Aí depois eu fui vendo ela aos pouquinhos e fui tirando aquela imagem errada que ela tinha de militar na cabeça. [...] E hoje tá tudo bem, tem um ano que estamos noivos. Então essas ideias que as pessoas aprendem lá fora são muito fortes. Eu citei o exemplo do caso da minha namorada, mas eu consegui tirar isso da cabeça dela, a falsa imagem. Porque é muito mais difícil você tirar do que colocar, isso é que é a realidade. E tanto que até o grupo dela da igreja não aceitou ela. Aí ela saiu do grupo. *(3º ano)*

O pessoal [civil] às vezes fala: "Ah, você tá perdendo a sua juventude..." [...]. A gente sabe que muita gente não gosta, menina às vezes fala... já aconteceu, na turminha do colégio da minha namorada. Fui a uma festinha... e ela é filha de militar, e tinha outras filhas de militar ali no meio. Aí a menina, brincando, falou: "Ah, eu detesto militar", não sei o quê. E ela não sabia que eu era cadete... O que é que eu ia falar? Adiantava eu dar uma explicação, contar como é a vida do cadete? Não ia convencer, e só ia criar um mal-estar na festinha. Então engoli, tudo bem. [...] Mas o ideal seria... eu gostaria muito que não houvesse essa ideia por parte do civil, [...] essa ideia de rivalidade, de diferença. É todo mundo jovem, brasileiro... Mas no Rio de Janeiro, por exemplo, lembro quando eu fui morar em Copacabana. Fui na praia, aí vi aqueles grupinhos fumando, e os caras: "Pô, ô meu! Não sei o que lá, tarará...". Aí eu pensei, raciocinei um pouquinho: "Pô, os caras não tão nem um pouco preocupados com o destino do Brasil, com educação, não têm interesse...". Ali eu via aquela "galera", com aquele bronzeado de quem passou a infância e a juventude na praia, jogando a sua bola, fazendo às vezes nada, o pai tem grana, mora na avenida Atlântica... beleza pura! Então o cara não tá preocupado com o destino da nação, ele pode ser até um comunista de barzinho, que fica beleza! Pra ele não tem preocupação nenhuma. Pô, e eu me preocupava com isso: "Então eu sou o errado?". Naquele grupo ali eu não podia entrar. Sobre o quê eu podia conversar com aqueles caras, se eu não participo da mesma vivência? [...] Eu ia ser o careta. [...] Eu ia ficar perdido ali. Como já aconteceu. Nessa festinha aí que a minha namorada foi, apesar de ter filho de militar eu fiquei meio ali... não peruava nada, ficava quieto. Cantava com o pessoal as músicas que eu sabia, mas sem me mostrar muito, né? Ficava no meu canto. *(3º ano)*

Histórias assim são corriqueiras, várias outras poderiam ser mencionadas. O denominador comum entre elas é que o "mundo de fora" é por vezes terreno de situações hostis ou desagradáveis para os cadetes de hoje, ao contrário do que foi para os antigos cadetes que conhecemos algumas páginas atrás. Essa diferença é importante. Se hoje há uma camada de generais e coronéis — chefes e comandantes militares de altos escalões — que ingressaram na Academia e formaram seu espírito militar ainda sob a égide do "prestígio da farda", existe uma outra camada de cadetes e oficiais subalternos que tiveram sua iniciação militar convivendo com situações de "desprestígio da farda"; nesse interstício há 25 anos de história. Vejamos mais algumas experiências dos cadetes de hoje em relação ao mundo civil.

Conheci uma moça passeando na rua e conversando comigo ela disse: "Vocês militares se acham donos de tudo, mas o que importa é o povo". Aí eu disse: "Mas eu sou do povo...". *(1º ano)*

Outro dia eu tava na praia conversando com umas garotas, aí quando elas souberam que eu era militar: "Pô, militar?!". Elas não tinham a menor ideia do que era a Aman, me perguntaram: "Mas você não vai fazer um curso superior?". Mas isso aqui é um curso superior! *(4º ano)*

E você chega no Rio, o pessoal [civil] fala: "Pô, aquele cara... é todo bronco, é todo animal, estuda na Academia, é cadete do Exército... é tudo animal, só faz educação física, vai pro mato...". *(4º ano)*

Não te conto o que uma garota falou pra mim uma vez! Disse brincando, mas... Eu conheci uma garota, falei com ela que era da Academia Militar, aí depois eu contei como é que era mais ou menos o esquema, assim. Aí ela falou pra mim assim: "Mas você não vai ser carrasco, vai?". Acho que ela falou brincando, ela falou isso pelo telefone, não tive oportunidade de falar pessoalmente com ela. *(3º ano)*

A maior parte desses casos ocorre em metrópoles, especialmente na região Sudeste, como se depreende das entrevistas que realizei com os cadetes. A cidade do Rio, especificamente, aparece por um lado como o lugar da maior rejeição, por outro como a cidade que mais atração exerce sobre o cadete. No entanto a situação do prestígio do militar seria bastante diferente no "interior", em cidades menores, segundo os mesmos cadetes. Alguns chegam a afirmar que pretendem servir em tal ou qual lugar após saírem da Aman, porque lá "o pessoal

Os cadetes e o mundo de fora

valoriza mais os militares". O interior do Rio Grande do Sul é considerado particularmente atraente sob esse ponto de vista. A grande maioria dos cadetes, contudo, "perua" (isto é, pretende) servir em metrópoles.

Uma pergunta pode surgir a partir dessas observações. O "desprestígio da farda" não seria um fenômeno localizado, restrito? Ou seja, o julgamento do prestígio atribuído pelos civis aos militares, feito por estes a partir de casos como os descritos anteriormente, não estaria "distorcido" por valorizar proporcionalmente mais situações vividas nos grandes centros urbanos da região Sudeste — onde está localizada a Aman — em detrimento do que aconteceria no restante do país — Sul, Nordeste, Norte, regiões do interior de população considerada em geral pelos militares como mais "simpática" a eles? Um ponto deve ficar claro: não estou afirmando que o prestígio social do militar diminuiu em todo o país da mesma forma. Digo apenas que a maioria dos cadetes de hoje convive frequentemente com essas experiências desagradáveis; e se elas ocorrem com maior incidência na região Sudeste, a maioria dos cadetes também é natural dessa região. O recrutamento geográfico dos cadetes entre as décadas de 1960 e 2000 é visto no quadro seguinte:

QUADRO 7. Naturalidade dos cadetes matriculados na Aman, em três períodos

REGIÃO/ANOS	1960-1	1984-5	2000-2
Norte	0,9%	1,5%	3,3%
Nordeste	23,0%	14,9%	19,1%
Sudeste	51,6%	66,1%	53,3%
Sul	20,8%	14,7%	16,8%
Centro-Oeste	3,7%	2,8%	7,5%
Total	100,0%	100,0%	100,0%
	(N=800)	(N=811)	(N=1320)

Entre as décadas de 1960 e 1980, nota-se uma significativa diminuição na porcentagem de cadetes nascidos nas regiões Nordeste e Sul: se em 1960-1 essas regiões forneciam 43,8% dos cadetes, em 1984-5 fornecem apenas 29,6%. Um aumento exatamente proporcional a essa queda foi registrado para a região Sudeste: de 51,6% para 66,1%. Os dados para a década de 2000 indicam uma clara diminuição para a região Sudeste, embora ela ainda seja berço de mais da metade dos cadetes.

Se considerarmos apenas os oito estados de maior participação percentual, uma observação mais detalhada pode ser feita:

QUADRO 8. Naturalidade dos cadetes matriculados na Aman,
em três períodos, computados apenas os oito estados
de maior participação percentual

ESTADO/ANO	1960-1	1984-5	2000-2
CE	11,8%	3,8%	3,8%
PI	2,0%	1,2%	3,9%
PE	1,9%	4,9%	5,6%
MG	6,3%	6,4%	12,7%
SP	7,1%	17,4%	6,7%
RJ	37,4%	41,8%	32,0%
PR	1,8%	4,6%	3,8%
RS	18,5%	9,4%	12,4%
Soma dos oito estados	86,8%	89,5%	80,9%

Nota-se uma queda acentuada, ocorrida entre as décadas de 1960 e 1980, na participação do Ceará e do Rio Grande do Sul, e um grande incremento na participação percentual de

São Paulo no mesmo período. Isso deve ter sido causado pelo fechamento das escolas preparatórias que funcionavam em Fortaleza e Porto Alegre e pelo início de funcionamento da ESPCEX em Campinas, nesse período. Todavia, quando se observam os dados referentes às décadas de 1980 e 2000, nota-se uma diminuição na representação carioca e especialmente na paulista e um aumento significativo na representação mineira. Não sei, no entanto, a que motivo atribuir essa mudança.

Em 1960-1, 44,5% dos cadetes eram nascidos no Rio ou em São Paulo; em 1984-5, pouco antes de eu realizar a pesquisa de campo na Aman, essa porcentagem elevou-se a 59,2%. Ou seja, o recrutamento de cadetes concentrava-se justamente nos estados onde o "prestígio da farda" era por eles considerado menor.

Antes de prosseguirmos, uma ressalva. A aferição do prestígio do militar é feita, pelos cadetes, tendo em vista as camadas médias e altas, as "elites" paisanas, justamente aquelas com as quais desenha-se, por contraste, o contorno do espírito militar. Isso fica claro quando os cadetes falam de sua vivência no "lá fora" imediato, na cidade de Resende:

> O problema de Resende é o seguinte: é que a sociedade de Resende... a classe média de Resende, a média alta, não tem muito contato com o cadete. A média alta dos civis de Resende, pra ser mais claro pra você, eles se afastam um pouco da gente. A gente tem pouco contato com eles, basicamente a gente não conhece o pessoal. O que fica ao lado da gente é essa mulher que vive em barzinho, ou são essas meninas pra você bater um papo e sair,

tchau e pronto. [...] Aqui [Resende] tem esse lado, a sociedade se afasta um pouco de você. Você tenta procurar outras saídas. Aí não tem. É difícil. *(4º ano)*

É difícil encontrar um cadete que goste de Resende. São comuns as brigas e desentendimentos entre cadetes e jovens civis, e esse relacionamento não é em geral nada bom. As garotas de Resende que namoram cadetes correm o risco de serem chamadas pelos jovens civis de "V.O." (verde-oliva) ou de "cadetina". Grande parte das garotas são também vistas pelos cadetes como "interesseiras", "querendo arranjar cadete pra casar". Certa feita, ao entrevistar um cadete, ele foi atender o telefone. Quando voltou disse que eu tinha que registrar o que havia acontecido. Uma garota que ele não conhecia perguntou ao telefone se o cadete fulano estava. Não, não estava. E beltrano? Não, também não estava. "Ah, então serve você mesmo..." E começou a querer puxar papo, tentou marcar um encontro... Casos desse tipo não são incomuns, como outros cadetes posteriormente confirmaram. Um deles finalizou comentando: "Não dá. Aqui em Resende não dá".

Em vários momentos dos trechos de entrevistas acima destacados os cadetes falaram do relacionamento com garotas, incluindo namoro. Aqui temos uma fonte de possível mal-estar para os cadetes. O fato é que, em geral, os cadetes pretendem casar e constituir família cedo, pouco após estarem formados.[1] Isso é visto por eles não apenas como uma maneira de "compensar" os anos de "carência afetiva" vividos num longo período de internamento, mas também como uma expectativa "naturalmente" presente no meio militar. Acontece que é próprio da carreira uma constante mobilidade geográfica, residindo o oficial e sua

Os cadetes e o mundo de fora 213

família poucos anos em cada cidade. Os cadetes sabem que, por esse motivo, suas futuras esposas terão poucas possibilidades de exercerem profissões que porventura tenham. Como disse um cadete, "a esposa do militar tem que ser submissa... não ao marido, mas submissa em relação à profissão do marido". Alguns empregos (magistério estadual, Banco do Brasil etc.) garantiam a transferência da funcionária casada com militar, para que ela acompanhasse o marido, mas isso não ocorria para a maioria das profissões. A pergunta que fica em suspenso para o cadete é, portanto, saber se uma namorada ou noiva — possível futura esposa — vai querer ou não acompanhá-lo, abdicando de uma vida profissional autônoma. Essa dúvida não se colocava, ao menos com tanta recorrência, para os antigos cadetes de décadas atrás. Naquela época era muito menor do que hoje o número de jovens de camadas médias — universo preferencial de mulheres "casáveis" — que faziam curso superior ou exerciam uma atividade profissional independente. Um cadete do 4º ano conta que

minha namorada vai entrar numa faculdade agora, vai fazer um curso. [...] É o tal negócio, muitas vezes a gente acaba pensando: "Será que depois que ela se formar, ela vai querer me acompanhar pra onde eu for?". É um problema, sinceramente, e eu não sei ainda como é que eu vou resolver esse tipo de problema. [...] É um problema sério. Sinceramente, eu não sei ainda o que pode acontecer comigo, não. [...] É um problema geral, e as soluções que a gente encontra muitas vezes não são as melhores possíveis. Não quero criticar esposa de oficial nenhum, mas o que a gente vê muitas vezes é que o oficial vai sem casar pra um lugarejo qualquer e — não sei se é desespero — ele casa, por precipitação, com uma pessoa de nível cultural baixo.

As categorias "carência afetiva" e "desespero" menciona-das neste segmento nos colocam diretamente no terreno mais amplo da *sexualidade*. Porém, a despeito de sua relevância, não tenho material suficiente para discutir essa questão. Esse foi um assunto sempre difícil de abordar nas entrevistas com os cadetes, pois levava a uma possível contradição entre a afir-mação exacerbada da masculinidade e a homossocialidade característica da vida militar e cada vez menos comum, hoje em dia, em profissões e instituições civis. A homossexualidade é um assunto tabu. Sempre que alguém é apontado — quer por colegas, quer por oficiais — como tendo "jeito" ou "ten-dências" homossexuais, ele é imediatamente acusado; caso a acusação seja confirmada, o desviante será "excluído a bem da disciplina" ou constrangido a pedir desligamento.

VOLTEMOS ÀS EXPERIÊNCIAS DESCRITAS no início do capítulo. O que resulta delas é uma sensação, vivida pelos cadetes, de *descompasso* entre eles e "a juventude que tá lá fora", que transpa-rece mesmo pela insistência com que alguns cadetes afirmam que não são "menos jovens":

> Uma coisa que eu queria te dizer é que a juventude militar — eu, o pessoal que tá naquela ala lá em cima — não é, de forma alguma, diferente da rapaziada da nossa idade que tá fazendo outras coisas. O homem em si não é diferente, eu não sou mais bitolado, mais nada [...], não somos menos jovens. *(1º ano)*

> O cara fica aqui algum tempo, se ele não tiver um contato aí fora, acho que ele até vai perder assim um pouco [...]. o cara sentar e

Os cadetes e o mundo de fora

não conseguir conversar com uma pessoa [civil]. Porque aqui o palavreado é diferente. Você tá sempre conversando com homem, [quando] você [vai] conversar com uma mulher... Isso acontece, isso é uma falha aqui dentro. Eu conheço um amigo meu, que ele vai conversar com uma menina, ele não sabe falar nada diferente do que acontece aqui dentro, entendeu? *(4º ano)*

E lá fora? Muita coisa tá acontecendo, politicamente, economicamente... as próprias pessoas da nossa idade: o que estão fazendo lá fora? Em termos de conceitos, de valores, como é que é encarado um relacionamento de amigo com amiga, de namorado com namorada, pai, mãe, filho, irmão, irmã, avô? A honestidade, lá fora, como é que é valorizada? Como é que é a vida lá fora? [...] Determinados valores são cultivados aqui dentro de tal forma que o elemento sai lá fora e, às vezes, não se toca. Mas lá fora, pela variedade que é o ambiente lá fora... não é como aqui. *(4º ano)*

Então você perde muito o contato com o pessoal de fora, até mesmo no trato com o pessoal de fora. Porque aqui você tá acostumado... aqui todo mundo é "grosso" — grosso entre aspas — porque determinadas brincadeiras que você faz aqui, você não pode fazer lá fora. Então, poxa, você fica meio... perdido, vamos dizer que você se sinta um peixe fora d'água. [...] Você perde tudo, você perde a sensibilidade, você perde tudo. [...] Mas se o meu objetivo é ser oficial do Exército, então eu tenho que passar por isso. Como o meu professor de filosofia falou, ele relacionou o cadete com aquele herói de revista em quadrinhos, o Buck Rogers. É que ele passou não sei quantos anos congelado numa nave espacial. Depois quando ele voltou à Terra, ele viu que o mundo tava diferente, os próprios amigos... você não acompanha o desenvolvimento deles. Então quando você vai ver, aquele cara que era teu amigão, aí você vai conversar com o cara, ele já tem ideias totalmente diferentes, que já não batem com as tuas, aí você sai fora. As pessoas mudam, e quando você vai rever aquela pessoa, você leva um choque... pô, você não acompanha o desenvolvimento. É o que acontece também com namorada. Eu era pra estar noivo agora... *(4º ano)*

Essas experiências ocorrem quando se passa de um círculo social "mapeado" como o militar para um universo de camadas médias urbanas dentro do qual "encontram-se fortes descontinuidades em termos de éthos e visão de mundo".[2] O termo "mapeado" quer dizer que há claras ideias em torno do que é "certo" e "errado" e de como as coisas devem acontecer. Do ponto de vista do sujeito, essa tensão entre dois mundos pode levar a um fenômeno próximo àquele chamado por Sérvulo Figueira de "desmapeamento", para caracterizar uma situação na qual coexistem mapas, ideais, identidades e normas contraditórias:

> O "desmapeamento" [...], ao contrário do que a metáfora parece sugerir de modo mais imediato, não é a perda ou simples ausência de "mapas" para orientação, mas sim a existência de mapas diferentes e contraditórios inscritos em níveis diferentes e relativamente dissociados dentro do sujeito.[3]

COMO LIDAR COM ESSE DESCOMPASSO entre "aqui dentro" e "lá fora"? Para uma boa parte dos cadetes a principal solução tem um nome: faculdade. Cerca de 40% dos cadetes que entrevistei manifestaram o desejo de tentar fazer um curso universitário civil após a conclusão do curso da Academia, paralelamente

Os cadetes e o mundo de fora

ao exercício da profissão. Isso apesar da visão insistentemente transmitida pela maioria dos oficiais desde o Curso Básico de que a profissão militar é um "sacerdócio", exigindo dedicação exclusiva, motivo pelo qual os cadetes não deveriam pensar em fazer universidade. Além disso, o Exército não facilita em nada a realização de cursos extrainstituição pelos oficiais.

Dentre esses cadetes, alguns poucos pensam em fazer um curso universitário civil para melhor desempenharem o próprio ofício militar; por exemplo, para comandar melhor seus subordinados. Um bom exemplo é o seguinte:

Se você pegar um soldado de trinta anos atrás, de dez anos atrás, ele não é o mesmo soldado de hoje, e o de hoje não vai ser o mesmo soldado de amanhã. Vão ser pessoas que vão estar muito mais politizadas, entende? Com muito mais senso crítico e não tão fáceis de ser conduzidas. Porque se você for pensar que você tá treinando homens pra um dia você chegar e falar: "Vem comigo!", você não vai convencer, você não vai trazer ninguém com você, se você não for capaz de persuadir. [...] Tudo bem, você comanda pelo exemplo... concordo, tá certo. Se você tem que fazer o "comando-crow" [transposição de curso d'água por meio de corda], vai lá o tenente e mostra como é que é. Tá legal. Só que o soldado... ele é uma pessoa, entendeu? Então ele tem uma bagagem, e você não vai persuadir — no bom sentido —, você não vai convencer que ele tem que fazer aquilo só porque você tá mostrando. Talvez isso fosse possível há um tempo atrás, entendeu? Mas acontece que as coisas caminham. Então agora, você tem que saber jogar, tem que saber ver, tem que saber atingir. Não só mostrando, mas falando e entendendo qual é a dele. *(2º ano)*

Mas a grande maioria dos cadetes que querem fazer faculdade alega dois outros motivos: ter contato com jovens civis para conhecer "novos horizontes" ou abrir uma possível alternativa futura à carreira militar.[4] Vejamos alguns exemplos:

A faculdade pra mim seria mais assim... abrir um horizonte novo, entendeu? Diferente desse que eu tô tendo aqui, entendeu? Me dar uma nova visão... pra não ficar justamente aquele cara bitolado, aquele cara que só sabe conversar com cara que é milico também, entendeu? E eu não quero ser esse tipo de cara. [...] Outro dia eu tava falando com a minha garota, ela tava observando a diferença do meu comportamento, da minha conversa hoje em dia, das ideias que eu tinha há quatro anos atrás. [...] Tu fica mais radical, né? Por exemplo, usar [biquíni] "fio dental". Não sei qual é a tua opinião, se tua namorada chegar e perguntar se tu vai deixar ela usar um "fio dental". [...] Eu tenho certeza que há uns tempos atrás eu não daria a resposta que eu dou hoje: um "não!" taxativo, entendeu? Aquele "não!" quase que uma ordem: "não e acabou!". [...] Porque aqui dentro você vive numa sociedade fechada, tudo o que acontece com você, inclusive a tua vida particular, se você não tomar cuidado, todo mundo fica sabendo, o que marca a tua vida todinha, tanto profissional quanto a tua vida particular, entendeu? [...] Eu acho que aqui se devia respeitar mais a opinião pessoal de cada um. Às vezes você pensa diferente, mas por uma questão de segurança tu não vai ficar: "Não concordo com isso, não concordo com aquilo". Então você entra na massa. [...] Eu acho que o cara tem que procurar se desenvolver, acho que se você estiver sempre no mesmo ambiente você não vai desenvolver nada. As ideias são sempre as mesmas, entendeu? Então por isso que eu tenho vontade de fazer faculdade. *(3º ano)*

Fatalmente eu vou fazer uma faculdade civil, porque eu não sou um cara de fazer sempre a mesma coisa. E eu tenho vontade de conhecer... de fazer uma coisa diferente, de ampliar meus horizontes, eu acho que é importante. Porque, pô, de repente se eu faço uma faculdade civil e vejo que a vida civil é melhor pra mim do que a vida militar? Daí eu vou embora. *(3º ano)*

Isso daí, inclusive muitos aqui na Aman acham que é errado, acham que o oficial de Academia não deve fazer uma faculdade. Na minha opinião é totalmente certo [querer fazer uma faculdade]. Eu inclusive quero fazer uma faculdade, porque isso, além de melhorar o nível profissional do cara, ter mais conhecimentos, aí ter outra experiência de vida também, outra visão aí fora. [...] Vamos supor que eu saísse do Exército e fosse trabalhar. Eu ia trabalhar no quê? Dar tiro de canhão? Dar tiro de fuzil? Onde é que eu vou arranjar isso pra trabalhar? Não existe. Agora, se eu tenho uma faculdade, eu já vou ter mais segurança, se eu cair fora do Exército eu já posso trabalhar em outra atividade. *(4º ano)*

Quando eu penso em faculdade, penso em ter alguma base... ter contato com o pessoal jovem, mesmo amizade, você tem que ter muita amizade, não pode ficar desligado assim. [...] Acho que militar tinha que se integrar mais, tinha que ser um negócio mais... não acho que tinha que viver separado. *(2º ano)*

[Por que você quer fazer faculdade?] Bom, aqui a gente tem aquela formação, né? Um pouquinho de cada coisa. Na verdade, você não sabe de praticamente nada. E a gente precisa de um elo de ligação com o mundo civil. *(2º ano)*

Eu não vou ficar a vida inteira no quartel, no Exército. E eu penso na minha vida aí fora também. Pretendo fazer uma faculdade, tipo engenharia civil, ter meu negócio aí fora. [...] A minha formação da Academia é um nível superior, mas não chega a ser uma faculdade, né? [...] [Além disso] eu vou ter aula com o pessoal civil, ir com qualquer roupa, ter garotinha do lado pra conversar... é bom. [...] Não se pode considerar a Academia — apesar de ser um alto nível o ensino aqui — como um nível superior, uma faculdade. *(2º ano)*

Em vista desses depoimentos, devemos contextualizar tudo aquilo que os cadetes disseram sobre a faculdade em comparação com a Aman e sobre o meio "paisano" em relação ao meio militar. Aquela visão, exposta no capítulo 1, é *uma* visão, sem dúvida estimulada pela instituição e que todos os cadetes precisam no mínimo conhecer. No entanto, como pôde ser visto, o grau de adesão a essa visão "oficial" é bastante variável. Um cadete do 3º ano disse, por exemplo, que entrou na Academia já "em *off*" e que vai sair "em *off*". A partir de depoimentos como os vistos atrás, pode-se desenhar o contorno de uma outra versão, desta feita nem um pouco estimulada pela instituição. A Academia aparece, agora, como um local onde se "perde" ao menos uma grande parte da juventude, e como "menos" que as faculdades civis, por maiores que sejam os problemas por estas apresentados. A vida militar, por sua vez, passa a ser vista como "bitolada", "limitada", ocorrendo uma inversão no sentido de várias das características apontadas como próprias de militares e "paisanos" — ou melhor, "civis".

Mas fazer uma faculdade não é a única possibilidade vislumbrada por cadetes de diminuírem seu descompasso em relação ao meio civil. Para vários outros a possibilidade mais plausível é ingressar futuramente num dos ramos "técnicos" do Exército, principalmente aquele representado pelo Instituto Militar de Engenharia (IME), embora também sejam citados os quadros de magistério e de saúde do Exército ou a Escola de Educação Física (ESEFEX) — tudo, menos o ramo tradicional da carreira. Nota-se nesses casos uma forte vontade de fugir àquilo que Janowitz denominou uma "carreira prescrita": "a carreira do oficial que seguiu o padrão idealizado. Mais particularmente, ele frequentou escolas de estado-maior, manteve um equilíbrio adequado entre tarefas de comando e de estado-maior, e evitou tornar-se superespecializado".[5]

Mas também há os cadetes — e não são poucos — que não querem sair do Exército nem fazer faculdade nem seguir o ramo técnico da profissão. Ao contrário, gostariam de "fazer o que todo mundo faz", seguir "a carreira normal" e aspirar a — quem sabe, um dia — atingir o generalato, passando por todas as etapas e experiências intermediárias. Muitos contam as horas que faltam para realizarem "as quatro coisas que o oficial faz quando sai daqui: se casa, compra um carro, compra uma pistola e deixa o bigode crescer" *(4º ano)*. Os que pensam apenas na vida militar "normal" sabem que arcarão com o ônus de um certo isolamento da vida civil, mas, por outro lado, ganharão um mundo quase que autossuficiente, com vilas e prédios militares, clubes militares, colégios militares... Um general disse, ao final de sua carreira, que "mais de meio século de labor militar marca tão profundamente nosso corpo e nossa alma que, dizem alguns, o sangue passa a ser verde-oliva. Como foi bom que tenha sido assim...",[6] e poder um dia dizer o mesmo é o que almejam muitos cadetes. Por vezes eles são duros com os colegas que pensam de forma diferente. Um cadete disse que a maioria dos que querem fazer faculdade estão "de palhaçada": "O pessoal sai de quatro anos só vendo homem, aí chega lá fora e se enfia numa fisioterapia da vida aí, numa psicologia da vida aí, só pra estar cheio de mulher na sala e tal... de farra, né?". *(4º ano)*

Outro confirma a possibilidade

> do elemento ficar aqui apesar de não gostar, e continuar lá fora [durante a carreira]. E são esses que atrapalham a gente, viu, Celso? A verdade é essa. Atrapalham o trabalho de quem quer realmente atuar, quer fazer alguma coisa. A gente carrega eles nas costas. *(4º ano)*

Para esses cadetes é claro, importante e necessário o que o militar faz: "produz segurança". Mas embora afirmem que querem seguir a carreira "normal", creio que a ênfase pode recair em dois aspectos que não são contraditórios nem excludentes. Quando falam do desempenho futuro da profissão, alguns cadetes privilegiam o aspecto do preparo operacional, para atuar em possíveis situações de combate. Esses cadetes mencionam primeiro os cursos profissionais que pretendem fazer após a carreira. Para esse grupo a imagem mais forte seria a do militar enquanto — nomeio eu — *guerreiro.* Para outros, o exercício da profissão, principalmente em tempos de paz e num país com tantos "problemas nacionais", colocaria o militar numa função de *civilizador.* Quando falam do futuro desempenho da profissão, esses cadetes enfatizam a participação do oficial na educação da "sua tropa", que precisará, em muitos casos, receber dele "a educação que a família não dá":

> Eu tenho essa ideia de que eu vou ser responsável tanto pela formação militar do elemento, do reservista, mas principalmente

Os cadetes e o mundo de fora 223

por [...] pela educação desse elemento, né? Muita gente chega no quartel sem ter usado um calçado, sem saber escovar os dentes, sem ter tomado um banho decentemente, sem usar um sabonete, sem conhecer o que é um desodorante, né? Eu acho que vou gostar muito dessa parte, entendeu? De estar contribuindo pra vida do elemento, mesmo depois dele sair do quartel, né? Eu acho essa parte muito bonita, de você estar em condições de fornecer essa educação pro elemento. *(4º ano)*

O Exército tem uma finalidade, uma função social muito grande e importante, porque o nosso povo precisa muito... nessa parte de educação. O que não deveria ser função nossa, na realidade. O Exército tem que estar voltado mais pra sua finalidade específica, que é a defesa do país. Agora, como a estrutura familiar brasileira não tem condições pra dar nem aquela educação mais rica pro nosso soldado, a gente tem que suprir isso. Porque na caserna é uma necessidade ele ter esses conhecimentos, então a gente tem que ensinar. Porque do contrário viraria uma bagunça, porque em toda coletividade precisa haver uma disciplina, uma ordem, um mínimo de educação, senão as pessoas não vão conseguir conviver. *(4º ano)*

Nesses casos, a recompensa e satisfação pessoais virão muitas vezes com o exercício do poder hierárquico, do atributo de ordenar, e com a possibilidade de transformar *paisanos* em *militares*:

Eu acho que vou fazer os meus homens do jeito que eu quero, entendeu? Vou trabalhar pra fazer o melhor pelotão possível. [...] Porque o soldado alistado, no início do ano, é o paisano. Então a gente tem que chegar no final do ano com uma tropa disciplinada, com atitudes de militar, com preparo físico e em condições de cumprir as missões. *(4º ano)*

NUM TRABALHO INTITULADO "Perfil profissiográfico do concludente do curso da Aman", elaborado na Academia em 1987, fazia-se a seguinte projeção para o futuro:

> A análise dos fatos sociais das últimas décadas nos possibilita projetar a evolução dos costumes até o final deste século. Imagina-se um afrouxamento progressivo nas regras de convivência, com riscos de abalo dos valores morais. A Aman, como agência educacional, terá o encargo de propiciar a seus cadetes o acompanhamento e a compreensão dos fenômenos sociais, sem se descuidar da formação ética e moral do oficial, embasada em princípios filosóficos e valores imutáveis. (pp. 14-5)

Ao menos nesse trecho faz-se uma opção pela tradição, não pela mudança. Mas isso não é muito claro. O comandante da Aman disse na introdução ao plano de reforma curricular que o "importante é investir na mudança de mentalidade". Perguntei a ele o que isso significava. Não soube ou não quis me responder. Por outro lado, de que forma a Aman deverá propiciar aos cadetes "o acompanhamento e a compreensão dos fenômenos sociais"? A única resposta parece ter sido dada pela reforma que implantou um novo currículo a partir de 1988.[7] Houve um pequeno aumento na carga horária das disciplinas do ensino fundamental em relação às disciplinas profissionais e, dentro daquelas, um avanço das ciências humanas em relação às ciências exatas.

Os cadetes e o mundo de fora

O novo currículo voltou a trazer um predomínio, embora pequeno, de matérias de "cultura geral" em relação às matérias estritamente profissionais, que detiveram por várias décadas a supremacia. É interessante observar a alternância, desde a criação da Academia, entre o predomínio de um tipo ou outro de matérias, entre uma instituição mais "academia" ou mais "militar". É uma tentação para o antropólogo pensar nisso sob a inspiração do que Edmund Leach fala a respeito da alternância histórica, entre os Kachin das montanhas birmanesas, entre as ideologias *gumsa* e *gumlao*.[8] A ideia seria que ambas são estruturalmente defeituosas e a predominância de uma delas tenderia a desenvolver características que conduzem, passado algum tempo, à outra.

Mas se essa alteração do currículo pode ser vista como um sinal de sensibilidade a novas situações, ela é contraditória com outra alteração introduzida. Pelo novo currículo, a carga horária anual prevista para a soma de ensino fundamental, ensino profissional, treinamento físico e atividades complementares aumentou de 6257 para 8068 horas. O que, então, diminuiu? Os horários livres para os cadetes, os licenciamentos, as férias... enfim, o tempo disponível para estarem no "mundo de fora".

Claramente, o Exército buscava modificar o sistema de formação de oficiais. O anúncio de convocação para o Concurso de Admissão de setembro de 1989 trazia a seguinte observação: "Este é o último ano em que haverá o Concurso de Admissão diretamente para a Aman. A partir do ano que vem, o único caminho para ser cadete é prestando exame para o 3º ano da ESPCEX".

A partir de 1990, a ESPCEX passa a funcionar apenas com o 3º ano do 2º grau e torna-se uma etapa obrigatória para o acesso à Aman. As vagas disponíveis na ESPCEX são distribuídas para alunos dos Colégios Militares e de colégios civis, através de exame de suficiência, para os primeiros, e Concurso de Admissão, para os demais. As vagas são ainda repartidas proporcionalmente por todas as regiões, para evitar a concentração de cadetes oriundos da região Sudeste.

Várias mudanças estão, portanto, sendo introduzidas enquanto eu ainda escrevo este livro, mas é difícil imaginar que sentido elas tomarão, nem sei se há um sentido claro para os próprios militares. Embora esse seja um assunto importante, minha experiência de pesquisa não permite ir além dessa constatação.

Neste capítulo pretendi apenas mostrar em que terreno se desenvolvia o espírito militar, quando realizei a pesquisa. A construção da identidade social do militar ocorria em meio a uma tensão entre uma "visão ideal" que permanecia aproximadamente a mesma desde a década de 1930, afirmando uma posição de superioridade moral, prestígio e distinção sociais dos militares em relação aos "paisanos", e a vivência pelos cadetes, no "mundo de fora", de experiências que muitas vezes não confirmam ou mesmo contradizem isso.

Mas o que é esse "mundo de fora" senão a *polis*? Se por um lado os militares estão dela "afastados", "isolados", por outro estão a ela irremediavelmente ligados: a instituição militar é uma instituição "*polis*-tica", preocupada com a "coisa pública" e com a "Pátria". O que varia no tempo é a solução encontrada pela instituição para conviver com essa tensão permanente entre o "mundo de dentro" e o "mundo de fora".

5. Um antropólogo na caserna

PARA FINALIZAR, falta explicar como a pesquisa que deu origem a este livro foi realizada. Em primeiro lugar, convém dar algumas informações biográficas. Sou filho de oficial superior do Exército, transferido para a reserva poucos anos antes de iniciar minha pesquisa. A vida militar, portanto, era-me bem familiar antes mesmo de chegar à Aman. Por diversas vezes morei com minha família em vilas e prédios militares, frequentei clubes militares e estudei durante dois anos em Colégios Militares. Minha filiação foi um aspecto sempre destacado pelos próprios militares. Em quase todas as ocasiões em que fui apresentado por um deles a outro, a informação "ele é filho de um companheiro nosso" veio antes das explicações sobre o que eu estava pesquisando. Não sei se isso facilitou a concessão da autorização para pesquisar na Aman, que foi rápida e fácil, para surpresa de todos os militares, que invariavelmente perguntavam: "Como é que você conseguiu isso?". Minha resposta foi sempre a mesma: escrevendo uma carta.

Em maio de 1987 escrevi ao general de exército chefe do Departamento de Ensino e Pesquisa do Exército (DEP), órgão máximo da estrutura educacional dessa Força, expondo em linhas gerais a pesquisa que pretendia realizar na Aman sobre a formação do oficial do Exército e pedindo autorização. Na carta expus com clareza os meus objetivos acadêmicos, informando que a pesquisa resultaria numa dissertação de mestrado em Antropologia Social. Não pude detalhar o procedimento a ser seguido durante a pesquisa porque não possuía informações suficientes sobre a Aman para tanto, mas disse que desejava realizar entrevistas com cadetes e oficiais, além de permanecer na Academia um total aproximado de trinta dias no prazo de um ano, divididos em quatro etapas.[1] Finalmente, prontifiquei-me a enviar uma cópia da dissertação já defendida à instituição, como retribuição. Através deste último ponto pretendia deixar subentendido que não caberia qualquer ingerência em relação ao material que estivesse obtendo durante a pesquisa, e devo dizer que nunca encontrei qualquer dificuldade a esse respeito. A pesquisa sempre foi de minha inteira e exclusiva responsabilidade.

O chefe do DEP decidiu favoravelmente. Soube posteriormente que ele não havia consultado a Academia nem a Diretoria de Formação e Aperfeiçoamento (DFA, instância intermediária entre a Aman e o DEP) sobre a conveniência de atender ao pedido, mas apenas o Centro de Informações do Exército. Não tive outro contato com o chefe do DEP além da carta e ninguém defendeu minha pretensão junto a ele, que tanto poderia conceder como negar autorização — poderia mesmo não responder ou retardar indefinidamente uma resposta.

O pedido foi endereçado à pessoa situada na posição certa. Antes de escrever ao chefe do DEP, achava que o general de brigada comandante da Aman poderia decidir sobre a concessão de autorização. Por acaso meu pai conhecia ele e principalmente o coronel chefe da Divisão de Ensino (DE) da Academia. Com este último — que eu também conhecia — meu pai conversou sobre a ideia da pesquisa e pediu que ele sondasse a opinião do comandante. Este não se opôs, mas informou que o pedido deveria ser encaminhado ao DEP.[2]

Se o Exército é uma instituição estruturada hierarquicamente, esse fato não pode ser ignorado por quem nele deseja pesquisar. Aquilo que é rotineiro, previsto, regulamentado, pode ser decidido por vários oficiais; já o que não possui precedentes — como o pedido que fiz — só pode ser decidido pela pessoa situada no topo da hierarquia. O pesquisador precisa, portanto, saber lidar com essa característica da instituição. A vantagem de ser autorizado pelo chefe do DEP foi clara: não precisei pedir autorização a mais ninguém. Essa decisão chegou à Academia como ordem: "cumpra-se", dizia o final do despacho, que solicitava ainda me fosse dado todo o apoio, por tratar-se de assunto de interesse do Exército.

No dia 7 de julho de 1987 fui à Academia para um contato inicial que definisse a forma pela qual a pesquisa seria iniciada. Embora conhecesse o chefe da Divisão de Ensino, procurei primeiramente o subcomandante, conforme a Diretoria de Formação e Aperfeiçoamento — responsável pela comunicação da decisão do chefe do DEP à Aman e a mim — havia determinado. O subcomandante me enviou à presença do major chefe da seção de relações públicas da Academia, para que este levantasse minhas necessidades.

Imaginava estar tudo bem encaminhado e que iria resolver com o major questões práticas como hospedagem, alimentação etc. Estava redondamente enganado. O major começou a fazer perguntas tão gerais sobre o que eu desejava, e a oferecer-me folhetinhos de divulgação da Academia, que logo percebi que ele não sabia absolutamente nada do caso. Entreguei-lhe então uma cópia da carta enviada ao chefe do DEP. Sua reação foi de espanto, que aumentava à medida que lia e ia comentando: "Mas você quer permanecer dentro da Academia?!", "Mas você quer viver como um cadete!"... Ao terminar a leitura afirmou, eufórico: "Já sei! Já entendi o que você quer! Agora entendi tudo! Você quer fazer uma coisa tipo aquele trabalho do Geertz sobre a briga de galos em Bali!".[3]

Espantado agora estava eu, após tão inesperada afirmação. Fui à Academia achando que teria de explicar várias vezes o que era antropologia social, entretanto via-me diante de um major que perguntava qual era a minha "tendência", se era a do Geertz, a do Lévi-Strauss, a do Malinowski... Disse-me conhecer um pouco de antropologia por ter feito um curso de extensão no Centro de Estudos de Pessoal do Exército, quando uma das matérias consistia na leitura de alguns textos antropológicos, e que seu trabalho de final de curso havia sido sobre o mencionado texto de Geertz. Seu conhecimento da área, no entanto, era visivelmente superficial, e durante a pesquisa eu não voltaria a encontrar outro oficial que conhecesse antropologia.

Passada a surpresa mútua, o major estava agora preocupado com o que fazer comigo. Disse-me não saber como agir, que esse assunto só poderia ser resolvido pelo comandante, e perguntou várias vezes: "Mas o general sabe disso?". O major foi então falar com o subcomandante — que também não sabia exatamente o que eu estava fazendo na Aman — e voltou dizendo que eu deveria especificar quais os dias em que pretendia visitar a Academia, quais as atividades que desejava acompanhar, "exatamente" de que forma transcorreria a pesquisa etc., para que o comando examinasse e autorizasse ou

Um antropólogo na caserna

não, "ponto por ponto". Argumentei não poder definir "exatamente" todos os quesitos por não conhecer o funcionamento e a rotina da Academia, e que os procedimentos de pesquisa só ficariam estabelecidos com a prática. Como forma de sair do impasse, e para alívio do major, pedi para falar com o coronel chefe da Divisão de Ensino, meu conhecido e com quem meu pai havia feito o primeiro contato.

Na Divisão de Ensino recebi uma notícia preocupante. O general comandante sabia que eu havia sido autorizado a fazer uma pesquisa na Academia, mas não sabia *que tipo* de pesquisa, pois só naquele dia, poucos minutos antes, lera a cópia da carta que enviei ao DEP. O coronel chamou dois outros oficiais que trabalhavam na DE além do major relações públicas, para uma reunião comigo em seu gabinete. Os quatro reunidos, o coronel disse que eu encontraria com o general em seguida, mas antes queria ver se eu estava "preparado" para o encontro. Pediu para que eu procurasse me colocar "no lugar do comandante", o qual tivera problemas com a imprensa no ano anterior,[4] e disse achar natural uma prevenção do comandante contra a pesquisa, porque "todo o mundo fala mal do Exército". Pediu ainda que eu tivesse "cuidado" na conversa com o comandante e tentasse desfazer essa "imagem negativa". Em seguida o coronel fez várias perguntas sobre a pesquisa, colocando-se no papel de "advogado do diabo", e dando algumas sugestões para "melhorar" minhas respostas. Aproveitei para expor as dúvidas que tinha em relação à prática da pesquisa. Por exemplo, perguntei se poderia ficar alojado num dos apartamentos de cadetes. O coronel disse que o general já havia determinado que eu ficasse no hotel de trânsito da Academia, e que achava melhor eu refazer esse pedido nas semanas finais da pesquisa, depois que o general "se acostumasse" com a minha presença.

Essa tensa "reunião preparatória" durou uns vinte minutos, e ficou óbvio que eles estavam preocupados com uma possível reação negativa por parte do comandante. Se era certo que a pesquisa já tinha sido autorizada numa instância superior, também era certo que essa decisão poderia vir a ser alterada. Em seguida fomos ao gabinete do comandante — o coronel, o major e eu. O general comandante foi educado porém extremamente inquiridor, crivando-me de perguntas sobre a minha formação e sobre a proposta de pesquisa — nada que já não estivesse explicado na carta que escrevi para o chefe do DEP. Disse-me ter muita consideração por meu pai e que, embora atualmente fossem ditas "muitas inverdades sobre o Exército", confiava não ser este o meu caso. Encerrou a conversa afirmando que a autorização já tinha sido concedida por uma autoridade superior e que portanto, embora se tratasse de um "acontecimento inusitado", ele não colocaria obstáculos.

Voltamos então à DE, e o clima agora era de alívio. Os oficiais elogiaram minha "atuação" e disseram que "agora as barreiras seriam facilmente superadas", à medida que as pessoas fossem me conhecendo, fossem vendo que "não havia mistério algum" e que eu "não era nenhum bicho-papão". Enquanto conversávamos apareceu por acaso um major que servia no Curso Básico, e ficou mais ou menos acertado que eu começaria a pesquisa pelo $1^{\underline{o}}$ ano, sob os cuidados desse oficial.

Estendi-me um pouco narrando o contato inicial que tive com os oficiais mais graduados da Academia, pois considero esse dia decisivo para a pesquisa. Agora o comandante já havia "autorizado" também, e doravante, em todos os contatos com

Um antropólogo na caserna

oficiais da Aman, bastaria dizer que "o general tinha conhecimento" de minha pesquisa. Nesse dia também percebi que teria uma autonomia muito maior do que imaginara. A falta de controle sobre a atividade de pesquisa era evidente. Esperava encontrar um "esquema" já montado determinando o que eu poderia fazer ou não, ou algum oficial designado para me acompanhar o tempo todo; ao contrário, estava quase tudo em aberto. Durante todo o tempo em que estive na Aman visitei o comandante apenas uma vez mais. O coronel chefe da DE ajudou-me nas apresentações e na solução de pequenos problemas práticos — recebi, por exemplo, um crachá de funcionário da Aman como se estivesse lotado na DE na função de "pesquisador" —, mas eu não tinha nenhuma obrigação de prestar-lhe contas de meus passos. Não foi designado nenhum oficial que ficasse responsável por acompanhar a atividade de pesquisa.

NAS DUAS PRIMEIRAS ETAPAS do trabalho de campo concentrei-me no "parque" do Curso Básico, onde recebi uma sala "para servir de P. C." (Posto de Comando) enquanto lá permanecesse. Nessa sala realizei a maior parte das entrevistas com cadetes do 1º ano. Pouco a pouco, no entanto, passei a fazer as entrevistas nos alojamentos durante o dia ou em salas de aula vazias durante a noite, para conviver mais com os cadetes em seus momentos de informalidade, de horários livres.

No início era tratado com cortesia pelos oficiais, mas com formalidade. Eles, em geral, respeitavam muito o fato de eu estar fazendo um curso de mestrado, mas não entendiam a forma pela qual pretendia conduzir a pesquisa. Achavam principalmente o

234   *O espírito militar*

tempo das entrevistas (em média uma hora, embora algumas tenham atingido três horas) demasiado longo. Também solicitavam informações precisas sobre questões que eu não sabia ao certo como responder: "quantos cadetes/hora" eu iria entrevistar, qual o total de entrevistas necessárias para que houvesse uma amostra significativa, quais eram minhas hipóteses etc. Logo percebi que, mesmo não tendo segurança nas respostas, era melhor dar alguma resposta a demonstrar hesitação.

O contato com os cadetes para a realização das entrevistas era feito, no início, através dos capitães e tenentes, que ficavam responsáveis por avisar seus comandados sobre a pesquisa e recrutar voluntários para serem entrevistados. Já nas primeiras entrevistas ficou claro, no entanto, que nem todos eram realmente voluntários. Alguns eram escalados pelos oficiais, embora a maioria realmente tenha se oferecido para tal. Insisti diversas vezes com oficiais dizendo que os cadetes deveriam ser realmente voluntários, mas isso nem sempre produziu resultados, principalmente no Curso Básico. Um dia estava sentado em meu "P. C." entrevistando um cadete do 1º ano quando chegaram dois outros, que se apresentaram como "os voluntários que o tenente mandou para serem entrevistados em seguida". Situações como essa eram constrangedoras para mim. Lembrava-me amiúde de uma foto publicada por Stocking Jr. na qual o vitoriano antropólogo Seligman entrevista uma nativa, confortavelmente instalado na varanda de sua casa em Hula, enquanto outros nativos aguardam a vez.[5] Só com o tempo descobriria que no Exército, por princípio, *todos são sempre voluntários*. Um dia, conversando com um tenente, pedi que ele informasse sobre a pesquisa a seu pelotão e solicitasse voluntários para serem

Um antropólogo na caserna 235

entrevistados. Ele respondeu-me: "Tudo bem, os voluntários são fulano, beltrano e sicrano". Protestei e ele perguntou a um grupo de cadetes que estava perto se eles também não seriam voluntários. Claro que sim.

Com o tempo fui me acostumando a situações como essas, ao perceber que o fato de um cadete ter sido designado para a entrevista não alterava o conteúdo da mesma. Esses cadetes eram entrevistados da mesma forma que poderiam ter recebido outra "missão" qualquer de seus superiores. Também não havia uma seleção dos "melhores" cadetes pelos oficiais. Mesmo entre os escolhidos — e insisto, estes não eram a maioria — havia, por exemplo, repetentes ou cadetes considerados pelos próprios oficiais como "de espírito militar fraco". No decorrer da pesquisa fiz entrevistas em diversas situações: com cadetes voluntários e outros nem tanto, com cadetes dentro e fora da Academia (nos finais de semana), com mais de um cadete ao mesmo tempo e com ex-cadetes. Tudo isso tinha o intuito de verificar se havia alguma diferença significativa entre as entrevistas realizadas em diferentes contextos, e o resultado foi negativo. O que importava para os cadetes é que eles estavam autorizados por seus superiores a falarem sobre suas experiências e que o conteúdo das entrevistas não seria conhecido por mais ninguém, o que eu garantia logo de início. Para manter essa garantia é que não utilizei o poderoso recurso metodológico das histórias de vida. Uma das características básicas da instituição militar é o controle e conhecimento da vida do indivíduo, tanto por seus superiores quanto por seus colegas, e dessa forma a menção de algumas poucas características biográficas dos entrevistados poderia levar à identificação dos mesmos. Preferi não correr o risco.

Num meio social onde o indivíduo está quase sempre aparente, "em público", a entrevista surgia como uma rara oportunidade de anonimato. Como no tipo ideal do "estrangeiro" descrito por Simmel, ocorreu comigo "receber muitas vezes a mais surpreendente franqueza — confidências que têm às vezes o caráter de confissão e que deveriam ser cuidadosamente guardadas de uma pessoa muito chegada".[6] Como no caso do estrangeiro, a forma sociológica do antropólogo também representa uma tensão particular entre a proximidade e a distância que caracterizam todas as relações humanas. Mas essas duas categorias, como mostra Gilberto Velho,[7] devem ser sempre relativizadas, e o verdadeiro aprendizado do ofício antropológico talvez consista em aprender a lidar com a tensão a elas intrínseca.

Se aos olhos dos cadetes e oficiais nunca deixei de ser um *paisano*, todavia sempre fui um paisano de um tipo especial, devido à minha familiaridade com a vida militar. Essa posição ajudava-me a estabelecer, em alguns momentos, uma "cumplicidade" produtiva para a pesquisa. Vejamos um exemplo, que diz respeito a um assunto escorregadio: o trote.

> Celso — E aqui dentro, como é o trote?
> Cadete — Trote?!
> Celso — Porque tem, né?
> Cadete — Não, eu não tomei trote aqui...

Em seguida eu disse que sabia da existência do trote, que já estudara em Colégio Militar... O cadete passou então a dar vários e pitorescos exemplos de trotes que sofrera.

Um antropólogo na caserna 237

UM ACONTECIMENTO MARCANTE DURANTE o trabalho de campo foi minha participação num exercício militar conhecido como FIT ("Fibra, Iniciativa, Tenacidade"). Era o coroamento prático de toda a instrução profissional ministrada no 1º ano, e coincidiu com minha segunda estada na Aman. O exercício consistia em percorrer dez "oficinas" espalhadas pela região que cerca a Academia, e em cada uma delas executar diferentes testes práticos: explosivos, transposição de obstáculos com cordas, tiro instintivo, emprego de bússola e carta topográfica etc. Os cadetes eram divididos em "patrulhas" de dez alunos, que faziam todo o deslocamento entre as oficinas a pé. Cada trecho demandava de uma a cinco horas de caminhada, em média. As patrulhas recebiam a cada oficina as coordenadas da seguinte para que localizassem na carta, e assim por diante. A duração total prevista era de dois dias e meio, durante os quais a localização do itinerário, alimentação e descanso correriam exclusivamente por conta das patrulhas. Nestas iam apenas cadetes; os oficiais ficavam nas oficinas, atribuindo notas às diversas provas.

Minha ida ao exercício foi decidida no âmbito do Curso Básico; o comando da Aman só soube (com desagrado) após o fato estar consumado e eu já estar "em campo". A princípio os oficiais relutaram em permitir que eu me integrasse a uma patrulha, preferiam que eu apenas visitasse de jipe as oficinas. Insisti e eles consentiram, com a ressalva de que eu não faria os exercícios nas oficinas e que minha participação poderia ser interrompida a qualquer momento se eu, eles ou os cadetes da patrulha assim o desejassem. Além disso, fizeram questão de que eu fosse completamente uniformizado para não destoar dos outros componentes, embora tenham me emprestado um "camuflado" de oficial, diferente do uniforme dos cadetes. Não poderia sequer ir de tênis ao invés de coturno: teria que ir de uniforme militar completo. Para transmitir um clima de realismo à minha participação, foi informado aos cadetes que eu integraria a patrulha como se fosse um — sugestão minha — "correspondente de guerra". Posteriormente me comparariam ao Hermano Henning, jornalista que pouco antes acompanhara uma missão militar ao Pico da Neblina. Os oficiais escolheram para mim uma patrulha "boa" — isto é, que "não daria problemas" — e sugeriram que eu passasse os dias que antecediam a partida para o exercício em contato com seus integrantes, assistindo aos treinamentos e preparativos.

Partimos num dia de manhã, bem cedo. Muito poderia escrever sobre essa experiência, mas o importante pode ser resumido em pouco espaço. Durante o exercício vivi algo que, com evidente exagero, chamaria de "amnésia antropológica". Para usar uma expressão contemporânea, "entrei no barato" e esqueci, em boa parte do tempo, do fato de que estava ali como um pesquisador. A integração com os colegas da patrulha foi o principal estímulo a essa "amnésia". À medida que o tempo passava, eles iam me dizendo que eu "realmente parecia um militar", que "estava na profissão errada", que "depois dessa" eu ia querer entrar pra Academia. Durante os deslocamentos, que deveriam ser feitos "em situação" — isto é, como se fosse uma situação de guerra real —, corri, escondi-me e "ralei" junto com os cadetes. Eles por várias vezes me chamaram de "guerreiro" — tratamento comum no Exército — e disseram que a minha vocação era ser infante — com o que, então, quase concordei.

Voltei à realidade no segundo dia da FIT, por causa de dois acontecimentos patéticos. O primeiro refere-se a uma conversa

Um antropólogo na caserna

que tive numa das oficinas com um cadete que havia terminado de pedir desligamento da Academia, após viver uma experiência bastante amarga.[8] O segundo refere-se a uma situação de verdadeiro "drama social" que presenciei na beira de um rio, quando o exercício consistia em transpô-lo com a utilização de uma corda. Um oficial, aos gritos e fora de si, avançou sobre um cadete caído que, exausto, havia "entregue os pontos" e não conseguia executar o exercício. A patrulha desse cadete, atônita, passou das exortações para que o companheiro reagisse, ao pedido, feito ao oficial, de que ele fosse ali mesmo desligado da patrulha. No clímax, um outro oficial retirou-me do local, passando a acusar o cadete de não ter "fibra" suficiente para ser militar, e disse que "ele tinha é que estar fazendo vestibular pra PUC!". Por um momento, esse oficial esqueceu-se de que conversava com um civil.

Essa descrição sumária dos dois acontecimentos não traduz a sensação de mal-estar que senti. Não sei quanto tempo eles duraram — o tempo do trabalho de campo muitas vezes é um tempo qualitativo, *durée*, no sentido bergsoniano. O fato é que, pouco depois, desliguei-me da patrulha que integrava e voltei sozinho para a Academia, e de lá para o Rio.

Dois dias mais tarde retornei à Academia, e tive uma surpresa. Alguns cadetes disseram que "só se falava na Aman sobre o sociólogo que tinha ido na FIT", que essa era "a sensação do momento" e que já corriam boatos de que eu também participaria das Siesp ou do Manobrão; os da "minha" patrulha disseram que "a patrulha tinha ficado histórica", pois "todo mundo" perguntava por minha participação. Sem que eu me desse conta, aquele exercício tinha sido um rito de passagem. A partir daí o número de voluntários autênticos aumentou, oficiais ofereciam-se espontaneamente para colaborar, o formalismo com que até então eu era tratado terminou.

RELEIO MEU DIÁRIO DE CAMPO em busca de aspectos ainda não mencionados que possam ter algum interesse além do estritamente pessoal. Faltou mencionar o único "não" que recebi durante a pesquisa. Na quarta e última etapa pedi para ficar nos alojamentos de cadetes, mas o comandante não permitiu. Alcançara assim um limite, provavelmente traçado por ideias de poluição social. Fiquei no hotel de trânsito, com exceção de uma estada na vila militar de Resende, na casa de um oficial conhecido. Faltou também mencionar o grande interesse que cadetes e oficiais manifestaram pelos resultados da pesquisa. Queriam sempre saber como poderiam ter acesso ao trabalho pronto e se ele seria publicado. Sinceramente, não sei quais seriam suas opiniões sobre o que escrevi. Sei que vários aspectos importantes da vida militar foram relegados a um segundo plano, mas isso ocorreu porque achei que eles seriam mais bem estudados em outros locais ou momentos da carreira. Procurei aproveitar aquilo que a Academia parecia oferecer de mais relevante: a construção do *espírito militar*.

Posfácio à 3ª edição
Em campo com os militares[1]

DESDE A PUBLICAÇÃO ORIGINAL de *O espírito militar*, formei novas perspectivas a respeito tanto do impacto que o livro teve sobre os militares que observei na pesquisa quanto da experiência de pesquisa em si, em especial a pesquisa etnográfica com militares. Este posfácio apresenta reflexões nesse sentido e retoma de maneira mais aprofundada informações e considerações abordadas sucintamente no capítulo 5.

Correndo com os nativos

Vinte e dois de outubro de 1987. Caminhávamos por uma estradinha de terra em meio aos morros que se espalham pelo grande terreno em que está situada a Aman. Fardado de oficial, eu acompanhava uma patrulha de dez cadetes do 1º ano num exercício de guerra chamado Operação FIT, iniciais de Fibra, Iniciativa e Tenacidade. Esse exercício coroava a instrução profissional do curso básico e era ansiosamente aguardado pelos cadetes. Com duração prevista de 53 horas, a FIT configurava-se como uma competição entre as patrulhas e tinha por objetivo verificar na prática o que fora aprendido pelos cadetes. O deslocamento entre as dez oficinas, nas quais os instrutores

aguardavam para a realização de exercícios práticos, deveria ser feito no menor tempo possível, porém sempre em "situação de combate", ou seja, sem que as patrulhas fossem vistas, escondendo-se dos oficiais que supervisionavam o exercício e de um suposto inimigo.

Era proibido usar estradas no exercício, pois isso facilitaria a localização da patrulha pelo inimigo. Era prevista uma penalização em pontos caso a patrulha fosse pega cometendo essa infração e, para fiscalizar o cumprimento da regra, um

Posfácio à 3ª edição

oficial circulava de jipe pelo terreno onde acontecia o exercício. Cometíamos essa infração conscientemente, pois estávamos muito atrasados na competição. Nosso primeiro "homem--carta" havia errado a localização do ponto de partida no mapa. Dessa forma, nos perdemos, desperdiçamos horas preciosas e nos cansamos muito até finalmente atingirmos o primeiro ponto. Tentávamos agora recuperar o tempo perdido, evitando ter que atravessar terrenos mais inóspitos.

De repente, dois cadetes que caminhavam mais à frente na patrulha — os "esclarecedores", na linguagem militar — voltaram correndo, avisando que haviam avistado poeira no ar, indicativa de que um veículo se aproximava. Corremos todos, desabaladamente, para nos esconder. Carregados de equipamentos, pulamos uma cerca de arame farpado e nos camuflamos no mato. Para alívio geral, conseguimos escapar sem sermos vistos pelo oficial que passou no jipe, fazendo sua ronda.

Essa não foi a única infração que cometemos durante a FIT, sempre na tentativa de recuperarmos tempo. Em outro momento, atravessamos um terreno de "tijolo quente" — isto é, um campo de tiro da Artilharia. Era proibido passar por ali, pois havia o risco de pisar em algum projétil não detonado; por isso, andávamos espaçadamente, em fila indiana, observando com cautela onde pisávamos. Caso o pior acontecesse — quanta irresponsabilidade! —, apenas um de nós explodiria, não o grupo todo.

Em outro momento, estávamos nas margens do riacho que cruzava o terreno edificado da Aman e precisávamos atingir um ponto situado no lado oposto. Claro que também era proibido cruzar terreno edificado, mas a alternativa seria perder mais algumas horas circundando o terreno e cruzando mor-

244 *O espírito militar*

ros e alagados. Decidimos então tentar algo quase impossível: passar pelos fundos da Aman sem sermos vistos. Cruzamos o riacho para passar por um dos pátios dos fundos, mas, para nosso azar, havia um grupo de oficiais jogando futebol de salão numa quadra ao ar livre bem próximo dali, e eles certamente nos veriam. Ficamos abaixados, na encosta do rio, cansados, famintos, molhados e imundos, pensando no que fazer.

Dei então uma sugestão temerária, mas que foi aceita pelo grupo após alguma indecisão. Saímos do riacho para o terreno da Aman, coloquei os cadetes em forma — valendo-me do uniforme de oficial que usava e da experiência adquirida em dois anos de estudo em colégios militares — e fomos marchando, na maior cara de pau, passando bem ao lado da quadra de futebol. Como imaginara, os oficiais viram o grupamento de cadetes molhados e imundos marchando sob o comando de um "oficial". O fato, no entanto, não lhes despertou a atenção que teria despertado caso os cadetes estivessem sozinhos, naquele estado lamentável, sem um oficial que os comandasse.

Cometer essas infrações — e mais algumas que também ficaram, felizmente, impunes — não nos foi de grande valia, pois nossa patrulha terminou em penúltimo lugar. Para mim, no entanto, que me envolvera de corpo e alma no exercício, a experiência foi marcante. Sem que me desse conta naquele momento, a participação na FIT representou um importante rito de passagem. Nem tudo, no entanto, foi divertido. Na tarde do dia seguinte, o segundo da FIT, presenciei dois episódios já mencionados neste livro, e que registrei no diário de campo:

Num dos pontos encontrei um cadete todo sujo, abatido, que estava auxiliando o tenente. O cadete tinha feito a primeira etapa

Posfácio à 3ª edição 245

da Operação FIT e cortou o pescoço no rapel. Abandonou a patrulha e voltou para o [prédio do] CB [Curso Básico]. O major O. xingou-o de lixo para baixo e não o deixou nem trocar de roupa. Pediu desligamento.

Mais adiante, no mesmo dia:

No último ponto de que participei, "comando crow" [transposição de rio por meio de cordas], vi uma cena que me abalou: o capitão B. humilhando um cadete. Ele entregou os pontos, estava caído na margem, sem reações. Reclamava de cãibras nas pernas. O capitão atravessou a margem e foi em cima dele. Ele tentou fugir para o meio do mato. Foi arrastado pela perna. O capitão estava fora de si, sem controle. Gritava: "Reage, cadete. Faz alguma coisa! Me bate, mas faz alguma coisa!". E gritava para a patrulha: "Vocês façam alguma coisa, matem ele de porrada!". O chefe da patrulha perguntou se o capitão poderia desligar o cadete da patrulha.

O outro capitão que estava no ponto [...] diplomaticamente me tirou de perto. [...] Tive que manter o sangue-frio nas conversas posteriores com os oficiais. O capitão B., que encontrei depois no CB, estava visivelmente perturbado com o fato de eu ter assistido a tudo. Por isso é que eles tinham receio de eu ir com uma patrulha! O capitão C. me disse [ainda nas margens do rio, durante o episódio] que essas pessoas têm que sair, me contou o caso (raro) de um cadete que se formou sem ter fibra. Posteriormente, já tenente, foi o único que não atravessou o comando crow — não soube dar o exemplo. Ele me contou que gritou para um cara desses que não tinha vocação: "Você tinha é que estar fazendo vestibular para a

PUC!'". Quase engoliu as palavras, quando se tocou de que estava falando para mim.

Algumas horas mais tarde, cansado e com os pés machucados pelo coturno que me haviam emprestado, de um número menor que o meu, resolvi encerrar minha participação na patrulha. Até então aguentara bem o ritmo, mas senti que, a partir dali, começaria a atrasar a patrulha. Além disso, como registrei à época:

> Também não nego que os dois últimos fatos narrados me "descarregaram a bateria". Quando voltei, os oficiais não falaram muito, só o major O. falou: "E aí, desertou?". Me lembrei do que ele falou para o outro cadete. Pensei: "Vai à merda, eu não sou cadete, não tenho que 'ralar'". Mas não falei nada. Ossos do ofício...

Voltei direto para o Rio de Janeiro pouco antes do final do exercício, numa sexta-feira, abatido e cansado. Achava que não tinha conseguido agir como um antropólogo em campo, e que tinha perdido a oportunidade de *observar* racionalmente a situação, envolvido que estivera em *participar* emocionalmente dela. Só bem mais tarde perceberia que, numa *observação participante*, as duas coisas estão sempre misturadas.

Na segunda-feira seguinte retornei à academia para nova temporada de pesquisa de campo. Ao chegar, uma surpresa. Os cadetes diziam que "na Aman só se falava do sociólogo que tinha ido na FIT". Afirmaram que era a "sensação do momento", e que já corriam boatos de que eu também participaria de outras manobras e exercícios militares. Seguem-se trechos do meu diário de campo dos dias 26 e 27 de outubro de 1987:

Posfácio à 3ª edição   247

Chegando ao CB para devolver o uniforme, senti um clima bem diferente, com os oficiais me tratando melhor, mais à vontade, mais sorridentes [...]. Me senti muito bem, eufórico. No final da FIT, eu saíra massacrado, com raiva mesmo. Agora estou me sentindo realmente bem, o clima mudou para melhor. Foi uma boa ter "ralado" um pouco.

Quando fui à ala da 4ª Companhia do CB entregar as fotos da FIT, foi uma festa, todos me cumprimentando. Os "companheiros de patrulha", então, mais ainda. Eles me disseram que depois que a patrulha voltou ficou "todo o mundo" perguntando pelo sociólogo. [...] Encontrei também uns dois ou três "aspirantes" [alunos do 4º ano] que estavam nos pontos [fixos de exercícios] da FIT e vieram falar comigo, bem simpáticos. Eles insistiram para que eu fosse acompanhar uma Siesp [outro exercício militar], que era muito melhor.

[Já no dia seguinte:] Às 15h, estava na ala da Artilharia, entrevistando [um cadete] do 4º ano. Depois, dei uma passada na ala da 4ª Companhia do CB para falar com a minha patrulha da FIT. A impressão que tive ontem confirmou-se: quebrei o gelo. Juntou gente em volta, conversando e contando es/histórias sobre o exercício. Alguns cadetes eu nem conhecia, iam se chegando. [Um deles] disse que a patrulha se tornou uma patrulha "histórica" por causa da minha participação; que ficava "todo o mundo" perguntando "como é que o paisano tinha ido", que nunca teve uma coisa assim.

Um acontecimento inusitado

Correr e cometer infrações junto com os nativos não é novidade na história da pesquisa de campo em antropologia. No início de seu famoso texto "Um jogo absorvente: Nota sobre a

248   *O espírito militar*

briga de galos balinesa",[2] Clifford Geertz conta como ele e sua esposa, até então pesquisadores aparentemente ignorados e socialmente quase invisíveis numa vila de Bali, subitamente se tornaram o centro das atenções após terem fugido, junto com os nativos, de uma batida policial. Já no final da década de 1930, William Foote-Whyte havia fraudado votos nas eleições junto com os "nativos" da gangue do bairro italiano de Boston que pesquisava, fato registrado em seu livro *Sociedade de esquina*.[3]

No meu caso, o que me surpreendeu na época — e ainda me surpreende quando relembro esses acontecimentos e releio meu diário de campo, mais de trinta anos depois — foi o inusitado de minha presença, como antropólogo aprendiz, pesquisando na Aman naquela época e, especialmente, correndo com os colegas da "minha" patrulha.

O regime militar havia acabado em 1985, pouco tempo antes de eu começar a pesquisa, em julho de 1987. Havia ainda muita desconfiança dos militares em relação aos civis e vice-versa, particularmente no mundo acadêmico. Mais de uma vez, na época, ouvi advertências preocupadas de colegas de pós-graduação para que eu tivesse cuidado e não corresse o risco de acabar sendo torturado ou mesmo morto em campo. Além disso, para muitos colegas, o tema não era tão interessante. A década de 1980 viu a emergência ou o renascimento de muitos movimentos sociais, e o meio acadêmico justificadamente voltou-se majoritariamente para seu estudo. Entrar em campo para estudar militares — e não indígenas, operários, camponeses, favelados, minorias ou outros grupos sociais marginalizados, discriminados ou subalternos — também era, para muitos, visto como simbolicamente poluidor e politicamente incorreto. Ouvia com frequência perguntas do tipo: "Por que

Posfácio à 3ª edição 249

você vai estudar militares? Você gosta deles? Concorda com o que fizeram?". Nenhum antropólogo havia até então estudado os militares brasileiros — que eu saiba, nem sequer tentado —, logo a possibilidade de fazer pesquisa de campo com observação participante numa instituição militar parecia algo muito pouco provável.

Como cheguei até a Aman? No primeiro semestre de 1985, ainda durante o curso de graduação em ciências sociais, escrevi um trabalho sobre o trote no Colégio Naval, valendo-me de entrevistas que fiz com cinco colegas de uma mesma turma.[4] Posteriormente, uma versão revista desse texto parou nas mãos de Gilberto Velho, que o leu e me incentivou a fazer a prova de seleção para o mestrado do Museu Nacional. Passei na prova, mas ainda não sabia que tema pesquisaria. Logo no primeiro semestre, no entanto, Gilberto, já na condição de meu orientador, mencionou o trabalho sobre o trote durante uma conversa e me perguntou se eu pretendia estudar os militares, seu interesse de longa data. Respondi que sim, mas apenas se conseguisse fazer observação participante, pois não queria trabalhar exclusivamente com entrevistas ou fontes documentais. Lembro-me de ter mencionado a Aman, célula máter da oficialidade do Exército, e do comentário de Gilberto, dizendo que isso seria muito difícil. Mesmo assim, resolvi tentar conseguir a autorização. Sem ela, provavelmente teria me dedicado a estudar outro tema no mestrado. Por outro lado, sem o apoio entusiasmado que recebi de meu orientador ao longo de todo o mestrado — e mais além —, certamente não teria sido tão bem-sucedido.

Em "Um antropólogo na caserna" — capítulo final da tese e o quinto deste livro —, descrevo o processo que me levou à Aman. Relendo meu diário de campo, entendo melhor por que esse capítulo foi o mais difícil de escrever, e o único que tive que recomeçar do zero a partir do plano inicial. Fui econômico, discreto e cuidadoso. Entendo melhor também por que deixei de lado aspectos que entendia, à época, serem estritamente pessoais.

No entanto, ter colocado a narrativa de como a pesquisa se desenrolou no capítulo final — e não em uma introdução, anexo ou apêndice — foi uma opção consciente minha, apesar de bastante incomum para uma tese, mesmo hoje. Fiz isso por estar convencido da importância do fato em si, de a pesquisa ter acontecido e de ser a primeira vez que um antropólogo estudava os militares. Minha pesquisa de campo abria uma nova área de pesquisa. Além disso, a opção por concluir com esse capítulo foi também resultado (consequência?) da importância que atribuía à reflexão sobre como minha inserção no campo, nas condições específicas em que se deu, resultou no texto que escrevi.

O passar do tempo, a reflexão continuada sobre essa experiência, os contatos posteriores que mantive com militares e o conhecimento de outras pesquisas de campo realizadas depois com militares me ajudam a ver minha própria história por outra perspectiva, que procuro agora sintetizar.[5]

A autorização para pesquisar na Aman veio em resposta a uma carta que enderecei ao general de exército Harry Alberto Schnarndorf, que chefiava o Departamento de Ensino e Pesquisa, órgão então responsável por toda a estrutura de ensino do Exército. Nessa carta, datada de 14 de maio de 1987, descrevia minha condição de aluno de mestrado em antropologia e o tipo de pesquisa que gostaria de realizar na Aman.

Posfácio à 3ª edição

Meu pai, que era coronel da reserva do Exército, não conhecia esse general, mas me ajudou com dicas e contatos para que o pedido chegasse até ele.

A carta mencionava o tema de minha pesquisa — a formação do futuro oficial do Exército na Aman — e justificava essa escolha pela inexistência de estudos semelhantes no Brasil e pela "motivação pessoal decorrente do fato de que, filho de oficial do Exército, o crescimento e a convivência no meio militar causaram importante influência em minha formação". Como ressaltarei adiante, o pertencimento à "família militar" seria sempre acionado durante a pesquisa. Detalhava em seguida os tipos de atividades que gostaria de acompanhar e afirmava que a pesquisa não tinha "vínculos políticos ou ideológicos", tendo por objetivo uma dissertação de mestrado. Comprometia-me também, como reconhecimento pela autorização, a oferecer uma cópia da dissertação à instituição *após* esta ser defendida — com o que, desde logo, deixava subentendido que não aceitaria submeter previamente às autoridades militares qualquer parte do trabalho.

Relendo o diário de campo, cresce em importância a atuação de meu pai como conselheiro e mediador para que a autorização fosse concedida. Quando decidi tentar a autorização para pesquisar na Aman, conversei com ele para que me ajudasse a definir como o pedido deveria ser feito. O coronel Barreto, nosso conhecido, e a quem tratava — como a todos os colegas mais próximos da mesma geração de meu pai — por "tio", estava chefiando a Divisão de Ensino da Aman, e um contato com ele parecia ser o caminho mais fácil.[6] Apesar do entusiasmo inicial com que recebeu a ideia, poucos dias depois ele deixou claro que o general de brigada comandante da Aman, também conhecido de meu pai, embora bem mais distante que o coronel Barreto (e a quem eu não chamava de "tio"), não se empolgara com a ideia. Veio então a sugestão de tentar o caminho da hierarquia militar, escrevendo uma carta ao chefe do DEP, ao qual a Aman estava subordinada.

Nas semanas seguintes, meu pai deu vários telefonemas, que fizeram com que a carta chegasse efetivamente a seu destinatário e que este pudesse tomar uma decisão, positiva ou não. Além disso, meu pai auxiliou-me em outros momentos. Lembro-me, em particular, de ele ter sugerido uma alteração no final da minha carta-pedido. Originalmente eu me despedia "aguardando resposta", mas meu pai me disse para colocar "aguardando decisão": "General não responde: decide!". Apesar de todo o empenho de meu pai, havia, porém, um grande imponderável. Ele não conhecia nem teve acesso direto ao general que tomaria a decisão. Este leu a carta, gostou da proposta e me concedeu a autorização, dizendo tratar-se de assunto "de interesse do Exército" e pedindo que me fosse dado todo o apoio. Com isso, a carta voltou à Aman como ordem.[7]

Sabedor da decisão através de um amigo, meu pai também deu telefonemas cruciais para que a decisão favorável seguisse o percurso de volta à Aman, que me fosse oficialmente comunicada — poderia nunca ter sido — e para que os contatos necessários à minha primeira visita fossem feitos. Lembro-me em particular de um momento desse percurso, quando fui convidado para uma reunião com o chefe da Diretoria de Formação e Aperfeiçoamento, no Rio, instância intermediária entre o DEP e a Aman. Ele não podia negar meu pedido, pois viera de uma instância superior, mas o desconforto com a pesquisa ficou claro. Fica hoje mais forte a sensação de que, ao longo desse

Posfácio à 3ª edição   253

processo que durou dois meses, entre o primeiro contato e minha primeira ida à Aman, vários militares envolvidos no processo se valeram da inércia da burocracia para que o pedido não andasse. Não fosse a constante atuação de meu pai, talvez eu nunca tivesse nem mesmo recebido uma resposta. A partir da minha chegada à Aman, todavia, estive por conta própria. Meu pai acompanhou o restante da pesquisa de longe, trocando ideias comigo quando eu pedia e, como pai, torcendo incondicionalmente pelo meu sucesso. Coube-me enfrentar sozinho um momento decisivo que ocorreu no meu primeiro dia na Aman, narrado com detalhes anteriormente no livro. Embora a pesquisa estivesse formalmente autorizada, logo me dei conta de que ela poderia simplesmente não acontecer. O coronel Barreto e os oficiais que trabalhavam com ele na Divisão de Ensino me apoiavam, mas o general comandante era abertamente contra esse "acontecimento inusitado", como chamou, e qualquer deslize de minha parte daria motivo para que ele pedisse que a autorização fosse cancelada. Poderia também, como tentou fazer, alegar que eu ainda não tinha todos os elementos necessários para iniciar a pesquisa, e tentar adiá-la. O processo culminou numa tensa conversa com o comandante, em seu gabinete e na presença do coronel Barreto e do major chefe de Relações Públicas da Aman, que registrei em detalhes no diário de campo:

> O general estava de pé, no meio da sala, duro. Recebeu-me secamente e com altivez, porém educadamente. Sentamos. O general referiu-se a meu pai, dizendo que o considerava muito e perguntando onde e como estava. Em seguida, começou a perguntar, muito sério, sobre a minha formação, minhas pretensões... Nada

que não estivesse bem esclarecido na carta. Em seguida, perguntou se eu já conhecia suficientemente bem o funcionamento da Academia, se já podia definir "exatamente" como realizaria a pesquisa. Não me deu chance de responder e disse que eu devia ter mais dados e definir melhor as questões práticas para, no futuro, procurá-los novamente.

Percebi que estava "fechando a porta", e tomei a iniciativa. Disse que tinha algumas ideias específicas, sim, e que gostaria de conversá-las com ele. Comecei a colocar diversos pontos sobre o trabalho, o que me interessava mais, os períodos em que pretendia visitar a Aman, como fazer as entrevistas... Saí-me bem, porque o general foi aos poucos "baixando a guarda". Percebi que estava sendo testado em minha capacidade de transmitir confiança pessoal e segurança quanto aos propósitos do trabalho. No final, ele voltou a falar no meu pai, disse que atualmente se diziam muitas inverdades sobre o Exército, mas que tinha certeza de que não era o meu caso. Por último, disse o seguinte: que a autorização já tinha sido dada por uma instância superior, que se tratava de um "acontecimento inusitado" para a Academia, mas que daria o apoio que fosse possível. Disse também que gostaria, quando a pesquisa estivesse mais adiantada, de conversar sobre as impressões que estava tendo. Disse-lhe que teria muito prazer, que estava à disposição, e que gostaria muito de entrevistá-lo também. Despedimo-nos e ele ficou olhando fixamente para mim. Firmei o olhar e acho que ele ficou seguro. Saímos da sala.

Os outros dois não haviam falado nada durante toda a entrevista. Na saída, perguntei ao coronel Barreto como tinha ido: "Magnífico, você falou muito bem, excelente, a barreira está superada!".

Voltamos à Divisão de Ensino, para a sala do coronel Barreto. O clima agora era de alívio geral. Café, cigarros... "— Vamos

Posfácio à 3ª edição   255

primeiro fumar um pouco para relaxar...", disse-me o coronel Barreto. Agora o major, de espantado [com a pesquisa], tornou-se empolgado: disse que achava o trabalho antropológico muito bonito, que se ele tivesse tempo para fazer um também... O coronel Barreto insistia em elogios à minha atuação, que eu tinha falado "brilhantemente" e que agora [...] eles poderiam me ajudar mais. Falaram muito sobre barreiras que seriam facilmente vencidas: com o tempo, à medida que as pessoas fossem me conhecendo, fossem vendo que não tinha "mistério algum", que eu "não era nenhum bicho-papão"... Estavam muito confiantes quanto ao êxito da pesquisa.

Saber se impor é importante para o sucesso de uma pesquisa de campo com militares. Um coronel amigo de meu pai, também na reserva, "tio" Costa Júnior, já havia me alertado, poucos dias antes, para que eu "não bobeasse", porque no Exército "só tem duas possibilidades: ou você bota em forma ou te botam em forma". Isto é, ou você impõe respeito, ou permanece numa posição subordinada: "ou enquadra, ou é enquadrado". Nunca me esqueci dessa orientação, um ótimo "bizu", na gíria militar.

A descrição da tensa conversa com o comandante e a lembrança das posturas, gestos e tom de voz das pessoas lá reunidas revelam também a importância da *performance corporal* que o pesquisador mantém quando está entre os militares.[8] Ela está implícita nessa "dica" que me foi dada no primeiro dia de pesquisa de campo, sobre "enquadrar ou ser enquadrado". O pesquisador entra em campo para fazer sua pesquisa munido não apenas de ideias, mas também de elementos *corporais* que são, muitas vezes, apreendidos pelos militares como típicos de "civis".[9] O corpo do pesquisador, portanto, encontra-se, na situação de pesquisa, inserido na lógica binária da cosmologia militar que divide o mundo entre "civis" e "militares". No meu caso, minha experiência prévia no mundo militar permite-me dizer, parodiando Kantorowicz, que em algumas situações eu conseguia alternar entre "os dois corpos do pesquisador".

A pesquisa foi vista como inusitada também por outros oficiais e cadetes, em diversos momentos. Tendo sido bem--sucedido no confronto inicial com o comandante, no entanto, eu poderia dizer — e sempre dizia, pois todos sempre perguntavam — que o comandante tinha conhecimento e havia autorizado a pesquisa. Isso bastava.

Ter o poder de decidir e a vontade de dar a autorização foram dois elementos-chave ao longo da cadeia hierárquica e de comando pela qual meu pedido passou. Aquilo que não é rotineiro ou previsto nos regulamentos é fonte de risco para os militares, pois há sempre a possibilidade de ser chamado por um superior a prestar contas por ter assumido a responsabilidade de decidir algo novo, especialmente em se tratando de algo "inusitado". Esse risco ficara evidente já no primeiro dia em que fui à Aman, antes de encontrar o coronel Barreto e o comandante, quando estive pela primeira vez com o major que chefiava a seção de relações públicas da academia. Ao perceber a "novidade" do que eu queria fazer, ele ficou assustado, dizendo que não tinha autonomia para decidir sobre nada a respeito sem estar autorizado pelo comando.

Descrevo esse encontro no capítulo 5: dei-lhe uma cópia da carta que escrevera pedindo autorização. Ele a leu na minha frente e, muito surpreso, disse que eu queria "fazer uma coisa tipo aquele trabalho do Geertz sobre a briga de galos

Posfácio à 3ª edição 257

em Bali!". Inusitado por inusitado, não sei o que era mais: se minha pesquisa, ou se estar diante de um nativo que fazia essa afirmação e que em seguida perguntava qual era a minha "tendência": se a do Lévi-Strauss, a do Geertz, a do Malinowski... Confesso que, do alto dos meus 23 anos de idade e com apenas um semestre de curso de mestrado, fiquei aterrorizado com a possibilidade de ter que discutir teoria antropológica com eles. Felizmente, o conhecimento desse major na área limitava-se aos poucos textos que lera num curso de extensão e não encontrei na Aman outros militares versados em antropologia...

De qualquer forma, é evidente que fazer pesquisa de campo nessas condições nos coloca diante de peculiaridades comuns a outras pesquisas com grupos de elite de nossa própria sociedade. A maior parte da antropologia foi e até hoje continua sendo feita com grupos de alguma forma socialmente subalternos em relação ao antropólogo, que não dominam sua linguagem acadêmica nem possuem seu capital simbólico. A pesquisa com camadas médias ou elites pode, todavia, inverter o sentido dessa relação assimétrica de dominação/subordinação. Em muitos momentos da pesquisa, ficou evidente que alguns de meus nativos se sentiam numa posição intelectual, social ou moral superior à minha. Essa superioridade não tinha origem numa fonte individual, mas coletiva.

O caráter "inusitado" da pesquisa apareceu em diversos outros momentos. Inicialmente, os oficiais do Curso Básico não gostaram da ideia de que eu me incorporasse a uma patrulha para participar da FIT. Por um lado, tinham medo de que eu presenciasse cenas de tensão ou conflito, comuns nesses exercícios de guerra — o que de fato aconteceu. Por outro, pareciam também ter medo de que eu fosse objeto de gozação ou mesmo hostilidade por parte dos cadetes — afinal de contas, tratava-se de um exercício importante e eu poderia prejudicar o desempenho da patrulha. Isso não aconteceu, muito pelo contrário. Até hoje, sempre que reencontro um cadete da "minha" patrulha, é com simpatia que recordamos alguns episódios, e eles por vezes mencionam detalhes de que não me lembrava mais — como ter dado a eles, quando me despedi da patrulha, uma barra grande de chocolate — outra infração! — que os ajudou a enfrentar as horas finais do exercício.

Apenas com muita insistência consegui participar da FIT integrando uma patrulha. Uma surpresa, ao reler meu diário, é ter registrado um episódio que deve ter sido um "teste prévio", que porém não percebi como tal na época, nem mesmo quando redigi a dissertação. O que descrevo a seguir aconteceu dois dias antes da partida da minha patrulha. Metade das patrulhas já estava no exercício, e um capitão do Curso Básico, a pedido de seus superiores, me levou para uma "ronda" por alguns pontos fixos do exercício:

Finalmente, às 9h30, o capitão L. P. me chamou para fazer a ronda. [...] Disse para eu colocar o [uniforme] camuflado. Vesti-me e vi que o fato despertou atenção, embora ninguém tivesse comentado diretamente. Fomos de jipe até um ponto a partir do qual tínhamos de ir a pé. A ideia era visitar dois e talvez três pontos. Levávamos cada um uma bateria para rádio. Ele mandou o motorista do jipe esperar, disse que íamos demorar pelo menos uma hora. Demorou muito mais! [...] Só voltamos ao CB às 13h, depois de três horas de caminhada, subindo e descendo morro.

Só encontramos um posto: ele se perdeu, entramos em mato fechado e charco, não conseguia se localizar na carta [mapa]. No

Posfácio à 3ª edição   259

entanto, em momento algum disse que estávamos perdidos. Meu coração parecia que ia saltar pela boca, mas aguentei firme e não atrasei nada, não pedi para descansar. Choveu fino e sempre durante a caminhada. Encontramos três patrulhas pelo caminho, duas completamente perdidas e com o moral baixo. O coturno doeu bastante no pé, não estou acostumado. Quero ver o que me espera!

A família militar

Uma estratégia consciente que usamos, os militares e eu, para diminuir o inusitado da pesquisa e a distância simbólica entre nós, foi sempre marcar meu pertencimento à "família militar". Trata-se de uma categoria nativa importantíssima.[10] Ela estende os laços de parentesco para todo o mundo militar, incluindo as esposas e filhos dos militares, e é fundamental para a compreensão da dinâmica das relações sociais entre os militares. Desde a carta-pedido, como vimos, marquei minha condição de filho de militar. Um militar, por sua vez, sempre transmitia a outro, quando me apresentava, a informação de que eu era filho de um companheiro nosso. Adicionalmente, também era muito mencionado o fato de eu haver estudado dois anos em colégios militares. Por causa dessa vivência prévia, ao começar a pesquisa eu também já conhecia hinos e canções militares, conseguia identificar insígnias e condecorações, diferenciar uniformes, toques de corneta e comandos de "ordem-unida".

Essas características biográficas me distinguem de outros cientistas sociais que posteriormente estudaram militares. Fazer parte da família militar implicava, acima de tudo, ser classificado como um potencial "amigo do Exército". Isso é mais bem compreendido quando percebemos a centralidade que a distinção entre "amigos" e "inimigos" possui na cosmologia militar.

Na época, o fim do regime militar ainda estava muito próximo, e a percepção que os militares tinham de que se "falava mal" do Exército era muito forte. Atribuíam isso, geralmente, a um espírito "revanchista" por parte de setores civis. O fato de eu ser formado em ciências sociais me tornava potencialmente suspeito. Para muitos militares, naquela época, sociologia era sinônimo de socialismo, e pesquisa, de espionagem. Lembro-me que, quando decidi fazer vestibular para ciências sociais, os colegas militares de meu pai, que ainda estava na ativa, invariavelmente demonstravam preocupação com o fato de que eu viraria — se já não o fosse — um "comunista". Nunca considerei seguir a carreira militar, não prestei o serviço militar obrigatório (já estava no primeiro ano da universidade quando fiz dezoito anos) e durante a adolescência, e até mesmo na época em que fiz a pesquisa na Aman, tive vários desentendimentos com meu pai por razões políticas ou ideológicas. Ele, no entanto, nunca questionou minha opção de carreira, e sempre a apoiou.

Apesar da "suspeita" condição de sociólogo, ser filho de militar pressupunha, para os militares, que eu estava familiarizado, mesmo que não o apreciasse, com o éthos militar, após morar anos em vilas e prédios militares, assistir a eventos rituais na caserna, conviver com colegas de meu pai e suas esposas, desfrutar de momentos de lazer em clubes militares, passar por várias mudanças de residência, ter adquirido alguma fluência na linguagem dos "milicos" e compreendido o estilo de vida característico do mundo militar. Por ser filho de militar e ter

Posfácio à 3ª edição

tido essa vivência, sentia-me — e ainda me sinto, em alguma medida, embora nunca completamente — parte desse mundo, parte da "família militar".

Diferentemente de outros acadêmicos civis, eu não sentia uma repulsa emocional prévia e generalizada aos militares. Mas a condição de "filho de militar" não era para eles, de forma alguma, uma garantia total de afinidade. Como contrapartida, o fato de ser um pesquisador civil, característica também sempre presente e reafirmada durante a pesquisa, me colocava às margens do mundo militar. Essa condição híbrida — pesquisador civil e filho de militar — me concedia poderes, mas também invocava perigos simbólicos. Meu pertencimento à "família militar" era uma condição social em permanente processo de negociação, que precisava ser constantemente reafirmada. Raymond Firth escreveu: "O antropólogo como observador é um ponto móvel num fluxo de atividade".[11] Nada descreveria melhor também esse permanente devir de minha identidade em campo.

Muitas vezes os cadetes ou oficiais valorizaram a rara oportunidade de "poderem se abrir" ou "ter alguém de fora para quem falar". Além disso, o fato de fazer mestrado numa instituição prestigiada e de trabalhar na Fundação Getulio Vargas constituía um capital simbólico importante, que me fazia ter uma "patente" informal na hierarquia militar superior à que teria, com a minha idade à época, se tivesse seguido a carreira militar. Não era difícil perceber isso. Os ambientes militares são formal e explicitamente separados em círculos hierárquicos, que regulam a sociabilidade possível na vida cotidiana. Portanto, na hora do almoço me indicariam sentar à mesa de oficiais de que patente? E em qual gradação do quarto do hotel da Aman me hospedariam? Que farda me emprestariam para participar da FIT? Meus colegas de geração que se tornaram militares eram na época tenentes, mas eu era classificado, informalmente, como equivalente ora a um capitão (como na hora das refeições), ora a um major (como no uniforme que me foi emprestado para a FIT). Se hierarquia e disciplina são os dois pilares da instituição militar — na medida em que são constantemente reafirmadas pelos nativos —, o pesquisador acaba sendo nelas "enquadrado".

Quanto a ser "amigo" ou "inimigo", creio que a tensão entre eu ser um pesquisador civil mas ao mesmo tempo *estar lá*, fazendo coisas junto com os militares, conversando com eles, "ralando" com meus colegas de patrulha e acompanhando seu cotidiano, dificultava (ou confundia) minha classificação segundo um ou outro rótulo. Ser jovem, poucos anos mais velho do que os cadetes, acrescentava uma proximidade etária que também era importante. Estar na caserna era algo temido em algumas situações, porém valorizado em outras — aos olhos dos militares, eu não estava preso a preconceitos "externos" e me dispunha a me aproximar de sua vida cotidiana real. Acho que essas características tornam a pesquisa antropológica e seus resultados — aquilo que falamos e os textos que escrevemos — mais difíceis de enquadrar no esquema "amigo/inimigo" do que no caso de colegas de outras disciplinas que estudam os militares.

Ao longo dos anos que se seguiram à publicação de *O espírito militar*, continuei me dedicando ao estudo dos militares em diversos projetos, entrevistando chefes militares que exerceram importantes posições de comando desde o golpe de 1964, pesquisando em arquivos e publicando vários livros, alguns deles com grande repercussão na mídia. Em diversas

Posfácio à 3ª edição 263

situações vivenciei a indefinição e a falta de consenso, entre os militares, sobre como classificar meu trabalho. Por mais que racionalmente entendessem que o objetivo das pesquisas que fiz não era "falar bem" ou "falar mal" deles, ficava evidente a curiosidade em saber se "lá no fundo" eu era de fato amigo ou inimigo do Exército. De minha parte, sempre procurei, acima de tudo, manter a postura de um pesquisador cordial porém independente, que busca compreender o universo militar. Minha cosmologia acadêmica é regida por outros princípios que não os de "amigos" e "inimigos".

Aceitei muitos convites para ir a estabelecimentos militares falar sobre minhas pesquisas. Sempre falei o que quis, sem ser censurado por parte dos militares nem me impor autocensura, por mais que saiba que o que escrevo e publico, ou o que falo nessas ocasiões, incomode alguns deles. Outros, no entanto, gostam de minhas ideias e escritos, e por eles fui indicado para receber a medalha do Pacificador, que me foi dada na noite de 25 de agosto de 2007, numa cerimônia diante do Panteão de Caxias, patrono do Exército, cujo culto eu havia estudado em *A invenção do Exército brasileiro*, publicado em 2002.[12] Essa medalha é concedida pelo comandante do Exército aos cidadãos nacionais que tenham "prestado relevantes serviços" ao Exército. A justificativa apresentada para a concessão da homenagem foi:

> Tem pesquisado, realizado palestras, organizado e escrito diversas obras sobre aspectos antropológicos e históricos do Exército brasileiro (EB), bem como sobre atividades relacionadas às Forças Armadas e à defesa do Brasil. Nesses trabalhos, tem se posicionado de forma construtiva e equilibrada, contribuindo como cientista para o debate, no meio acadêmico, de temas de interesse

264   *O espírito militar*

do EB. Como exemplos de seu esforço de pesquisa, seguem-se os títulos das obras por ele escritas ou organizadas, todas de reconhecida importância para o EB: *O espírito militar, Os militares e a República, A memória militar sobre 1964* (trilogia), *Ernesto Geisel, Dossiê Geisel, Militares e política na Nova República, A invenção do Exército brasileiro, A proclamação da República, Nova história militar brasileira* e *Amazônia e defesa nacional*.

Na cerimônia, vários militares demonstravam contentamento pelo fato de o Exército ter afinal reconhecido a importância do meu trabalho; outros, surpresa e mesmo desconforto. De qualquer forma, a posição institucional, expressa pela decisão de me conceder a medalha, era clara e inequívoca. A partir desse momento, o Exército oficialmente reconhecia meu trabalho como importante para a instituição.

Menos de dois anos depois, nova surpresa: fui agraciado com a Ordem do Mérito Militar, a mais alta condecoração do Exército, que me foi entregue no Salão Nobre do Palácio Duque de Caxias na manhã de 17 de abril de 2009. Em ambas as ocasiões, senti-me honrado e emocionado pelas homenagens recebidas, mas também como sempre tenho me sentido quando estou com militares, desde a pesquisa na Aman: *em campo*. Lamentei apenas, e profundamente, que meu pai não estivesse mais vivo para assistir à cerimônia, resultado inesperado do "acontecimento inusitado" de duas décadas antes.

É interessante observar que, quando foi publicada a segunda edição do livro, em 2004, a editora sugeriu mudar o subtítulo, de "Um estudo de antropologia social na Academia Militar das Agulhas Negras" para "Um antropólogo na caserna". Enfatizava-se agora aquilo que havia ficado como marca diferencial

Posfácio à 3ª edição

do livro: a inusitada pesquisa de um civil dentro da caserna. Na orelha daquela edição, surgiu uma foto minha fardado, participando da FIT.

A pesquisa como totem

Quando foi publicado, em 1990, o livro foi recebido pela imprensa e pela comunidade de cientistas sociais com a marca de uma novidade, de pioneirismo. Até então os trabalhos publicados sobre militares não adentravam os muros da instituição para compreender aquilo que Malinowski chamou de "o ponto de vista do nativo". Os estudos existentes recorriam principalmente a fontes secundárias para tratar do que se chamava, nos anos 1970 e 1980, de "ideologia" ou "mentalidade" militar. O objetivo final, quase sempre, era compreender o comportamento dos militares na arena política. Fico satisfeito em constatar, muitos anos depois, que este meu livro se tornou referência importante para boa parte da produção acadêmica sobre os militares no Brasil.

Ao longo dessas décadas, mas especialmente nos últimos anos, acumulei também várias informações sobre a repercussão que a experiência de pesquisa na Aman e o livro tiveram sobre meus nativos. Enviei uma cópia da dissertação ao comando da Aman no dia seguinte à sua defesa e, no ano seguinte, enviei para a biblioteca dois exemplares do livro recém-publicado. Imaginava que seria convidado pelo comandante da Academia ou pelos oficiais envolvidos com o processo de formação dos cadetes para conversar sobre a dissertação ou sobre o livro, o que não ocorreu. Somente em 2016 — 26 anos após sua publicação — um comandante da Aman, o general Novaes, me convidou para visitar a instituição e conversar sobre o livro. Ele tinha um exemplar com várias marcações de leitura, e tivemos uma conversa cordial sobre a obra. Apesar desse longo silêncio institucional, contudo, sempre fui bem atendido nas ocasiões em que, por outros motivos, voltei à Aman. Ao longo desses anos, *O espírito militar* tornou-se bem conhecido dos militares, embora não tenha sido lido na mesma proporção. Nos últimos anos, porém, passei por várias experiências que me levaram a uma nova percepção do impacto do livro sobre os militares que estudei há mais de trinta anos. Conto brevemente duas dessas experiências, para ilustrar.

Em novembro de 2015 visitei, acompanhado de Sílvia Monnerat, uma colega antropóloga, a Escola Preparatória de Cadetes do Exército, em Campinas. Estávamos em busca de dados sobre o perfil social dos cadetes. Fomos calorosamente recebidos pelo coronel comandante, que me perguntou: "Você não está se lembrando de mim?". Diante do evidente fato de que eu não lembrava, ele se identificou como tendo sido cadete por ocasião da pesquisa de campo na Aman; mais que isso, disse que eu o havia entrevistado! Seguiram-se minhas desculpas pela memória falha e decadente... Ele nos convidou, então, para almoçar no refeitório da escola, na companhia de outros oficiais e de dois alunos. Durante o almoço, conversou animadamente e de maneira nostálgica sobre a Aman daquela época e sobre o livro. Contudo, quando perguntei qual era sua turma de graduação — isto é, em que ano ele se formara e deixara a academia, surgiu um problema. Ele era da turma que se formou em 1986, mas se referia a esse ano como o ano no qual ele teria presenciado minha pesquisa — e a suposta entrevista.

Posfácio à 3ª edição

Contudo, a pesquisa de campo ocorreu entre 1987 e 1988. Logo percebi que, ao contrário do que ele dissera, nós não poderíamos ter nos encontrado na Academia, muito menos eu tê-lo entrevistado! Fiquei por alguns instantes em dúvida se deveria ou não desfazer o mal-entendido, o que certamente implicaria constrangê-lo. Minha curiosidade de pesquisador afinal falou mais alto. Mencionei então a discrepância entre as datas, a impossibilidade de nosso encontro e que eu não havia ido à Aman enquanto ele lá estava. Aos poucos nos demos conta de que se tratava de uma "memória construída". O comandante ficou de fato constrangido, mas se corrigiu dizendo que, de tanto que tinha ao longo dos anos falado e ouvido sobre a pesquisa e o livro, deveria ter se confundido a ponto de achar que tinha de fato vivido essa experiência. Não se tratava, evidentemente, de uma mentira. Ele de fato havia vivido indiretamente — "por tabela", como escreveu o sociólogo Michel Pollak[13] — uma memória individual desse suposto encontro, construída a partir de marcos que se tornaram culturalmente relevantes para a sua geração. Desse modo, o mal-entendido retratava a solidificação de uma "memória coletiva", que fez com que pessoas que não presenciaram efetivamente a pesquisa se sentissem de alguma forma parte dela, e do mundo que ela descrevia.

Poucos meses depois, em abril de 2016, fui convidado para dar a aula inaugural do Curso de Política, Estratégia e Alta Administração do Exército (CPEAEX), o mais alto no sistema de ensino militar, destinado a cerca de cinquenta coronéis já com o curso de estado-maior e que têm potencial para se tornarem generais. Ao final da aula, seguiram-se algumas perguntas relativas ao tema abordado, a teoria das relações civis-militares. Após as respostas, quando o comandante já havia começado a encerrar o evento com os agradecimentos protocolares, um aluno pediu licença para fazer ainda uma última pergunta, porque tinha certeza, disse ele, que todos ali queriam fazê-la. O comandante, surpreso, perguntou se eu aceitava responder a mais uma pergunta, com o que concordei.

A pergunta, que não tinha relação direta com o tema da aula, era: o que representara para mim ter participado da FIT? Fiquei muito surpreso com a pergunta, vinda de um auditório de coronéis, trinta anos depois do evento. Respondi que, na época, vivera a experiência mais como um *participante* do que como um *observador*, e que só depois me dera conta de que ela representara um *turning point*, um ponto de virada, na minha pesquisa, um rito de passagem para mim, como antropólogo em campo. O coronel que fez a pergunta revelou em seguida, animado, que ali no auditório estavam presentes dois colegas da "minha" patrulha. E assim a aula inaugural, que se iniciara e transcorrera formalmente, encerrou-se num clima de total descontração e *communitas*, como diria Victor Turner.

Desde essa última experiência consegui entrar em contato com alguns cadetes da "minha patrulha" e conversar com eles a respeito do que passamos juntos e do que lembravam da experiência. Um deles recordou o momento em que foi avisado de que a patrulha fora escolhida para ser acompanhada por um pesquisador civil. Foi um misto de satisfação pela confiança depositada pelos oficiais, mas também de preocupação, pois a FIT não era um exercício fácil e eu poderia prejudicar o desempenho coletivo. Outro me disse que quem participou daquela patrulha ficou muito marcado pela presença do "civil que passou por privações com eles". Disse-me também que esse episódio era relembrado com frequência quando se reencon-

Posfácio à 3ª edição

trava com colegas, por exemplo nas reuniões anuais da turma. Um terceiro me disse que, olhando retrospectivamente, achava essa experiência "fantástica. Realmente sensacional! Era como se você fosse um correspondente de guerra, registrando nossas ações, decisões, erros e acertos. Sem maquiagem [...]. Será sempre um motivo de orgulho para minha carreira ter tido essa oportunidade".

Poderia mencionar vários outros episódios, menos espetaculares, de encontros casuais com antigos cadetes da época, alguns da "minha patrulha", outros contemporâneos da pesquisa, e que algumas vezes se identificavam como "meus cadetes", "cadetes do Celso Castro". Mas creio que esses dois exemplos são suficientes para ilustrar como, de um modo absolutamente não antecipado, a pesquisa de campo e o livro acabaram se transformando, muitos anos mais tarde, num patrimônio para uma geração de oficiais — uma espécie de "totem", um símbolo identitário que serviu de emblema para os cadetes ou jovens oficiais da época. É claro que o livro também pode ser visto como um souvenir, uma mera lembrança de tempos passados — uma imagem menos glamorosa do que a alternativa de um totem. Lembrança, no entanto, parece-me estar mais relacionada à memória de um indivíduo do que à memória coletiva do grupo, e não dá conta da dimensão como elemento constitutivo de sua identidade social.

Com o passar do tempo, o livro foi se tornando um registro de uma época passada, na qual os nativos com os quais convivi — e outros mais, que se identificam "por tabela" — se percebem como sujeitos de uma mesma história e reconhecem a experiência dos anos de formação de sua identidade militar. Nesse sentido, o livro "patrimonializou" essa experiência, sendo visto como o registro de um tempo perdido, de "anos dourados" da juventude. Isso não foi algo formal nem oficial, promovido pela instituição militar, mas uma experiência coletiva vivida por uma geração de indivíduos.

O fato de a pesquisa ter sido registrada em um livro físico, publicado em papel, contribuiu para esse efeito. Algo muito diferente ocorre quando os resultados de uma pesquisa são apresentados oralmente, compartilhados em arquivos digitais, exibidos em apresentações de slides ou impressos como artigos em periódicos acadêmicos. Cada um desses gêneros de documentos possui características diferentes. O livro é relativamente durável (ao contrário de apresentações orais efêmeras), é acompanhado por uma capa e uma contracapa (ao contrário de artigos de periódicos), pode ser emprestado ou dado como um presente. Nesse sentido, o objeto físico — o próprio livro, e não apenas seu texto, transcrito alhures — possivelmente assume uma função análoga àquela que Lévi-Strauss atribuiu às *churinga*, objetos de culto dos aborígenes australianos que representam a reencarnação de um antepassado.[14] Como uma *churinga* e nossos documentos e objetos "históricos", o livro dá a uma determinada geração de oficiais do Exército uma existência física de sua história, incorpora a qualidade íntima dos acontecimentos e a coloca em contato com a pura historicidade.

Podemos também pensar na "carreira" deste livro entre meus nativos como um estudo de caso de "relações civis-militares". Essa expressão gerou um campo de estudo quase autônomo dentro dos estudos sobre a instituição militar, e pelo qual não tenho particular apreço, por tratar-se de um

Posfácio à 3ª edição 271

campo muito formal e normativo, constituído a partir de um ponto de vista muito centrado na experiência americana e europeia, e que naturaliza e reifica a existência de "civis" ou de um "mundo civil", quando prefiro ver o civil como uma construção simbólica dos militares. É nesse sentido que digo que o civil é uma invenção militar. De qualquer forma, a etnografia de como um livro acadêmico sobre militares percorreu caminhos inesperados pode dar uma contribuição do ponto de vista antropológico para o estudo das relações civis-militares, estendendo seu escopo para além dos grandes esquemas conceituais normativos que dominam o campo, e sugerir a incorporação de nuances aparentemente menos grandiosas, mas possivelmente mais vívidas.[15]

De tudo o que foi dito, fica evidente que não controlamos a trajetória de nossos trabalhos de pesquisa, isto é, aquilo que eles representam depois que são tornados públicos. Toda pesquisa, incluindo seus resultados publicados, está condenada à historicidade, mesmo que imaginemos estar estudando o tempo presente. Isso não equivale a dizer que a pesquisa e seus produtos são datados — o que obviamente é verdade, no sentido de que são fruto de uma determinada conjuntura histórica —, mas que se transformam ao longo do tempo, com efeitos muitas vezes inesperados.

Agradecimentos

Este livro é uma versão com pequenas adaptações da dissertação de mestrado que apresentei em setembro de 1989 ao Programa de Pós--Graduação em Antropologia Social (PPGAS) do Museu Nacional da Universidade Federal do Rio de Janeiro. Aos membros da banca examinadora, professores Gilberto Velho, José Murilo de Carvalho, Luiz Fernando Dias Duarte e Otávio Velho, agradeço os comentários e o incentivo.

Muitas pessoas foram importantes durante a aventura que foi a realização da pesquisa. Gostaria de agradecer especialmente a Gilberto Velho, meu orientador, por todo o estímulo e confiança que sempre transmitiu. Os meus agradecimentos estendem-se aos professores e colegas do PPGAS e do Centro de Pesquisa e Documentação de História Contemporânea do Brasil (CPDOC) da Fundação Getulio Vargas, com os quais convivi e partilhei várias de minhas emoções de pesquisa, e a três pessoas que foram importantes para que eu pudesse me aventurar nessa empreitada: Arnaldo Adnet, Márcia Bandeira de Melo Leite e Aurélio Vianna. Agradeço ainda aos militares, principalmente aos cadetes, que tornaram possível toda essa experiência, e à minha família, em especial a meu pai, por todo o apoio que sempre proporcionou.

A Angela Banhara, companhia sempre presente em todos esses anos, dedico este livro.

Notas

Prefácio à 3ª edição (pp. 9-18)

1. Em 2017 as primeiras mulheres ingressaram na ESPCEX e, em 2018, na Aman. Estavam, porém, limitadas a depois poder ingressar apenas no Serviço de Intendência e no Quadro de Material Bélico, e não nas demais Armas. A entrada de mulheres foi resultado da necessidade de se cumprir a Lei 12705, publicada em 8 de agosto de 2012 pela presidente Dilma Rousseff, e que estabeleceu que todos os brasileiros, independentemente do sexo, poderiam ingressar nas academias militares, num prazo de até cinco anos.

2. Bolsonaro escreveu o texto "O salário está baixo", publicado na revista *Veja* de 3 de setembro de 1986. Como resultado dessa "transgressão grave" por "ter ferido a ética, gerando clima de inquietação no âmbito da organização militar" e também "por ter sido indiscreto na abordagem de assuntos de caráter oficial", foi punido pelo então ministro do Exército, general Leônidas Pires Gonçalves, sendo preso por quinze dias. No ano seguinte, a edição de 25 de outubro de 1987 da *Veja* publicou uma reportagem da jornalista Cássia Maria, "Pôr bombas nos quartéis, um plano na ESAO", afirmando que Bolsonaro e outro planejavam explodir bombas em unidades militares do Rio de Janeiro para demonstrar insatisfação com os salários e pressionar o comando. Bolsonaro desmentiu a matéria e negou que tivesse esse plano, mas nova matéria na mesma revista, de 4 de novembro, reproduziu croquis que teriam sido feitos por ele, indicando onde a bomba seria explodida. Além disso, a jornalista evocou testemunhas da conversa que tivera na casa de Bolsonaro. Submetido a um conselho de justificação composto por três coronéis, Bolsonaro foi considerado culpado em janeiro de 1988. Em junho, contudo, os ministros do Superior Tribunal Militar (STM), por nove votos a quatro, consideraram Bolsonaro "não culpado" das acusações. Um livro recente que investiga esse processo é *O cadete e o capitão: A vida de Jair Bolsonaro no quartel*, do jornalista Luiz Maklouf Carvalho (São Paulo: Todavia, 2019).

276 *O espírito militar*

3. Nas duas décadas seguintes esse percentual diminuiu, embora continuasse mantendo médias sempre superiores a 30%. Entre 2008 e 2014, variou entre 40% e 47%. Ver: Celso Castro e Jimmy Medeiros, "O perfil socioeconômico dos militares brasileiros: Atualizando uma discussão", em Alexandre Fucille, Luis Rogério Franco Goldoni e Maria Cecília de Oliveira Adão (Orgs.), *Forças Armadas e Sociedade Civil: Atores e agendas da Defesa Nacional no século XXI*. São Cristóvão: Editora UFS, 2018, pp. 107-21.

4. Celso Castro (Org.), *General Villas Bôas: Conversa com o comandante*. Rio de Janeiro: FGV Editora, 2021.

5. No primeiro, Villas Bôas escreveu: "Nessa situação que vive o Brasil, resta perguntar às instituições e ao povo quem realmente está pensando no bem do País e das gerações futuras e quem está preocupado apenas com interesses pessoais?". No segundo, afirmou: "Asseguro à nação que o Exército brasileiro julga compartilhar o anseio de todos os cidadãos de bem de repúdio à impunidade e de respeito à Constituição, à paz social e à Democracia, bem como se mantém atento às suas missões institucionais". Na sessão do dia seguinte, que só foi concluída na madrugada do dia 5, o STF rejeitou o pedido de habeas corpus por seis votos a cinco. Em 7 de abril, Lula se entregou à Polícia Federal e foi preso.

6. Villas Bôas disse ainda, na entrevista, que "tínhamos a consciência de estarmos realmente tangenciando o limite da responsabilidade institucional do Exército. Repito que não se tratou de ameaça, mas, sim, de um alerta. Tampouco houve menção de alguém individualmente ou de alguma instituição" (Celso Castro (Org.), *General Villas Bôas: Conversa com o comandante*, p. 191).

7. Ibid., pp. 24, 61.

8. Ibid., p. 200.

9. Ibid., p. 116.

10. Ibid., p. 29.

11. Essa percepção surgiu numa conversa com Piero Leirner, na volta de uma frustrada tentativa de visita a unidades do Exército na Amazônia, no final de 2001.

12. Celso Castro, "Goffman e os militares: Sobre o conceito de instituição total". *Revista Militares e Política*, 2007. Disponível em: <www.academia.edu/19936225>.

13. Para os círculos do Exército, ver a nota 3 da Introdução.

14. A esse respeito ver, de Piero Leirner, *Meia volta volver: Um estudo antropológico sobre a hierarquia militar* (Rio de Janeiro: FGV Editora, 1997)

Notas

277

e *Minimanual da hierarquia militar: Uma perspectiva antropológica* (São Carlos: Coleção IndePub, 2020).

15. Ver o capítulo 10 da *Sociologia* de Georg Simmel (1908), sobre a ampliação dos grupos e a formação da individualidade.

16. Celso Castro, "A origem social dos militares: Novos dados para uma antiga discussão". *Novos Estudos Cebrap*, n. 37, 1993, p. 231.

17. As palavras de Gilberto vêm do texto de orelha que ele escreveu para o livro, em 1990. Foi muito importante ter sido orientado por ele, tanto no mestrado quanto no doutorado. Ao longo de nove anos tive o privilégio de ter um orientador que valorizava a interdisciplinaridade e me estimulava a incorporar perspectivas de várias disciplinas como instrumento para um melhor conhecimento da realidade social. Além disso, Gilberto acolheu com entusiasmo um estudante que se dedicava a um tema de pesquisa visto por muitos na época como problemático e mesmo poluidor. Para além da formação na pós-graduação, o constante diálogo e a amizade que mantivemos até sua morte foram fundamentais para minha carreira acadêmica.

Prefácio à 2ª edição (pp. 19-22)

1. Na antropologia, foi seguido apenas pelo livro de Piero Leirner, *Meia-volta, volver: Um estudo antropológico sobre a instituição militar* (Rio de Janeiro: FGV, 1997). Outra pesquisa que se utilizou de métodos antropológicos foi a tese de doutorado em educação de Emilia Takahashi, *Homens e mulheres em campo: A construção da identidade militar"* (Unicamp, 2002).

2. Ver *Os militares e a República: Um estudo sobre cultura e ação política* (Rio de Janeiro: Zahar, 1995) e *A invenção do Exército brasileiro* (Rio de Janeiro: Zahar, 2002). Além desses livros, produzi alguns outros textos menores, como "A origem social dos militares: Novos dados para uma antiga discussão" (*Novos Estudos Cebrap*, n. 37, nov. 1993, pp. 225-31), "Inventando tradições no Exército brasileiro: José Pessoa e a reforma da Escola Militar" (*Estudos Históricos*, n. 14, 1994, pp. 231-40) e "O fim da juventude militar" (em Hermano Vianna (Org.), *Galeras cariocas*. Rio de Janeiro: UFRJ, 1997, pp. 161-80).

3. Ver a série de livros sobre os militares na história brasileira pós-1964 iniciada com a trilogia *Visões do golpe* (1994), *Os anos de chumbo* (1994)

278   *O espírito militar*

e *A volta aos quartéis* (1995), escrita em coautoria com Maria Celina D'Araujo e Gláucio Soares (Relume-Dumará), e que continuou com *Ernesto Geisel* (1997), *Democracia e Forças Armadas no Cone Sul* (2000), *Militares e política na Nova República* (2000) e *Dossiê Geisel* (2002), escritos em coautoria com Maria Celina D'Araujo (Ed. FGV).

4. Apesar desse silêncio, sempre fui bem atendido nas ocasiões em que voltei à Aman para realizar outros trabalhos. Foi lá que obtive os dados atualizados sobre a origem social dos cadetes e a permissão para consultar a biblioteca histórica da instituição para minha pesquisa de doutorado.

Introdução (pp. 23-9)

1. Nota à 2ª ed.: Esse sistema mudou a partir de 1990, conforme descrito ao final do capítulo 4.
2. Nota à 3ª ed.: Em 2008, sua designação foi alterada para Departamento de Educação e Cultura do Exército (DECEX).
3. A hierarquia do Exército brasileiro tem a seguinte disposição, em ordem decrescente:

OFICIAIS
- oficiais generais: general de exército, general de divisão, general de brigada
- oficiais superiores: coronel, tenente-coronel, major
- oficiais subalternos: capitão, 1º tenente, 2º tenente, aspirante a oficial

PRAÇAS
- subtenente, 1º sargento, 2º sargento, 3º sargento, cabo, soldado.

4. Na verdade, os cadetes tornam-se teoricamente *devedores* da União. O oficial que abandonar a carreira no período de cinco anos após a formatura terá que pagar uma indenização pelos gastos com sua formação na Aman, conforme o artigo 116 do Estatuto dos Militares (lei nº 6880 de 9 dez. 1980).
5. As categorias utilizadas pelos militares serão postas entre aspas apenas na primeira vez em que surgirem no texto.

Notas   279

6. Nota à 2ª ed.: O currículo foi novamente alterado em 2001.

7. Nota à 2ª ed.: Pelo novo currículo de 1988 a escolha da Arma passou a ser feita ao final do 2º ano.

8. A rigor, Intendência e Material Bélico não são oficialmente consideradas como Armas e sim, respectivamente, "Serviço" e "Quadro". No entanto, como na linguagem cotidiana dos cadetes essa distinção não é feita, serão aqui tratadas como Armas.

9. K. Lang, "Military Sociology".

10. E. C. Coelho, "A instituição militar no Brasil", p. 5.

11. J. M. de Carvalho, "As Forças Armadas na Primeira República" e "Forças armadas e política, 1930-1945"; E. C. Coelho, *Em busca de identidade*; A. S. C. Barros, *The Brazilian Military*; V. M. R. Costa, *Com rancor e com afeto*.

12. E. C. Coelho, "A instituição militar no Brasil", p. 15.

13. A. S. C. Barros, *The Brazilian Military*, pp. 46-138.

1. Militares e paisanos (pp. 31-80)

1. Em 1989 foi inaugurado um prédio anexo para alojar, em apartamentos para seis pessoas, os cadetes de 3º e 4º anos, devido ao aumento do efetivo de cadetes.

2. Consultei as de 1985.

3. G. Simmel, *Sociología*. Essa análise poderia ser também aproximada da tipologia de Max Weber, quando é feita uma distinção entre autoridade "tradicional" e "carismática".

4. R. Sennet, *O declínio do homem público*, p. 17.

5. H. Becker, *Uma teoria da ação coletiva*, p. 86.

6. T. Turner, *O processo ritual*.

7. Diversos autores já compararam a iniciação militar às cerimônias de iniciação das sociedades primitivas, *locus* etnográfico privilegiado de aplicação do conceito de "rito de passagem"; entre eles estão S. M. Dornsbuch ("The Military Academy as an Assimilating Institution", p. 317), A. Vidich e M. Stein ("The Dissolved Identity in Military Life", p. 498) e J. W. M. Whiting, R. Kluckhohn e A. Anthony ("The Military as a 'Rite de Passage'").

8. A. Gennep, *Os ritos de passagem*, p. 31.

9. T. Turner, *O processo ritual*, p. 202.

280   *O espírito militar*

10. M. Janowitz, *The Professional Soldier*, pp. 128-9.
11. J. Masland e L. Radway, *Soldiers and Scholars*, p. 199.
12. P. Berger e T. Luckmann, *A construção social da realidade*, p. 209.
13. S. M. Dornsbuch, "The Military Academy as an Assimilating Institution", p. 321.
14. A. Vidich e M. Stein, "The Dissolved Identity in Military Life", 1960.
15. C. W. Mills, *A elite do poder*, p. 232.
16. J. Masland e L. Radway, *Soldiers and Scholars*.
17. J. Doorn, *The Soldier and Social Change*, p. 40; J. M. de Carvalho, "As Forças Armadas na Primeira República, p. 183; A. S. C. Barros, *The Brazilian Military*, pp. 18 e 106.
18. E. Goffman, *Manicômios, prisões e conventos*, p. 11.
19. Ibid., p. 18.
20. Ibid., p. 22.
21. Ibid., pp. 22 e 55.
22. Ibid., pp. 23-4.
23. Nota à 2ª edição: alguns anos mais tarde, já como oficial, esse cadete veio a pedir desligamento do Exército.
24. E. Goffman, *Manicômios, prisões e conventos*, p. 59.
25. P. P. Guedes, *Paulo Pinto Guedes II (depoimento; 1984)*, pp. 124-5.
26. A. S. C. Barros, *The Brazilian Military*, pp. 91-2.
27. L. Dumont, *O individualismo*.
28. Ao falar num possível "inventário de traços", Dumont apressa-se em ressalvar: "Ocorre aqui uma facilidade, ou simplificação, de linguagem. Nós definimos individualismo e holismo no sentido de valores globais e, portanto, não podem aplicar-se, a rigor, a traços isolados. Mas pode-se falar de traços que foram reconhecidos, por outro lado, como fazendo parte de um ou de outro tipo de sistema, ou que o invocam ou a ele se ligam — correndo o risco de equívoco se faz um uso demasiado vago dessas associações. É o que se tem aqui em vista". (*O individualismo.*, p. 157, n. 25).
29. L. Dumont, *O individualismo.*, p. 151.
30. L. Dumont, *Homo hierarchicus*, p. 10.
31. A. Schutz, *Fenomenologia e relações sociais*, pp. 110-20. A importância do conceito de "relevância" de Schutz para a antropologia foi destacada por Gilberto Velho (*Individualismo e cultura*, pp. 85-8).

Notas   281

2. Os espíritos das Armas (pp. 81-149)

1. A ordem em que as Armas foram nomeadas corresponde à origem considerada como "histórica" pelos militares, a ordem em que as Armas surgiram.

2. Isso é válido para a "linha bélica" da carreira, constituída pelas Armas presentes na Aman. Entretanto, cabe aqui mencionar a existência, fora dessa linha, dos quadros de Magistério e de Saúde do Exército, nos quais é possível o ingresso durante a carreira.

3. R. Linton, "Totemism and the American Expeditionary Force", p. 298.

4. C. Lévi-Strauss, "O totemismo hoje", pp. 165-6.

5. Frase de Lévi-Strauss (*O pensamento selvagem*, p. 170), que cita diversas ocorrências etnográficas desse tipo.

6. Para os dados biográficos dos patronos foi utilizado principalmente o livro de O. Pillar, *Os patronos das Forças Armadas*.

7. O. Pillar, *Os patronos das Forças Armadas*, p. 62.

8. Ibid., p. 83.

9. Visconde de Taunay, *Memórias do Visconde de Taunay*, p. 482.

10. O. Pillar, *Os patronos das Forças Armadas*, p. 118.

11. O curso de Engenharia da Aman, embora apresente algumas matérias comuns ao curso de engenharia ministrado em faculdades civis, não habilita o cadete a assinar projetos, depois de formado. Ou seja, não se trata de uma dupla formação: o cadete sai da Academia como aspirante a oficial da Arma de Engenharia, e não como engenheiro.

12. E. Viveiros, *Rondon conta sua vida*, p. 36.

13. A. R. Radcliffe-Brown, *Estrutura e função na sociedade primitiva*, p. 142. Mauss ("Parentescos de gracejos") trata os "parentescos de gracejos" de forma semelhante à de Radcliffe-Brown, embora pretenda colocá-los no quadro mais geral dos "sistemas de prestações totais".

14. A. R. Radcliffe-Brown, *Estrutura e função na sociedade primitiva*, p. 137.

15. L. F. D. Duarte, "Identidade social e padrões de 'agressividade verbal' em um grupo de trabalhadores urbanos", p. 20.

16. L. Dumont, *Homo hierarchicus* e *O individualismo*.

17. Ver G. Simmel, *Sociología*, especialmente o capítulo 1, "El problema de la sociología". Podemos aproximar dessa perspectiva a noção de que a realidade é permanentemente "negociada" pelas ações entre os indivíduos, desenvolvida por Schutz (*Fenomenologia e relações sociais*).

282   *O espírito militar*

18. Ao considerar espírito = identidade social, não desconheço que aquela categoria possui um valor multifacetado, e que uma investigação mais extensa poderia apresentar outras implicações antropológicas igualmente interessantes.
19. G. Simmel, *The Problems of the Philosophy of History*, p. 62.
20. C. Lévi-Strauss, *L'Identité*, p. 332.
21. Ver G. Velho, *Individualismo e cultura*, para a noção de "campo de possibilidades".
22. No capítulo seguinte poderemos acompanhar o movimento no tempo de alguns elementos culturais e recombinações feitas, em diferentes situações, a partir de um material em grande parte preexistente.
23. M. C. Cunha, *Negros, estrangeiros*, p. 208.
24. G. Simmel, *The Problems of the Philosophy of History*, p. 59.
25. G. Simmel, *Georg Simmel: Sociologia*, p. 56.
26. L. F. D. Duarte, "À volta da identidade (e do seu jogo fascinante)", p. 297.
27. E. E. Evans-Pritchard, *Os Nuer*.
28. Por "valor" entende-se aqui a sensação e o reconhecimento comuns por parte dos membros de um segmento de que são um grupo exclusivo, distinto e oposto a outros segmentos.
29. E. E. Evans-Pritchard, *Os Nuer*, p. 149.
30. Ibid., p. 274.
31. M. Douglas, *Pureza e perigo*, p. 125.
32. L. Dumont, *Homo hierarchicus*, p. 55, n. 23c.

3. Digressão: Uma história da Academia Militar (pp. 151-203)

1. Há, em primeiro lugar, um universo documental enorme a ser investigado, constituído pelo arquivo histórico da Academia, em parte depositado no Arquivo Nacional, em parte provavelmente no Arquivo Histórico do Exército (e ainda por ser organizado). Um estudioso que examinou (parte) da documentação foi Jeová Mota, em *Formação do oficial do Exército*, a principal fonte utilizada neste capítulo. As informações históricas foram retiradas dessa obra, salvo referência em contrário.
2. Cf. J. Mota, *Formação do oficial do Exército*, p. 32.
3. As Armas de Intendência, Comunicações e Material Bélico só surgirão na Academia no século xx, após a Segunda Guerra Mundial.

Notas 283

4. "Bastava, para legitimar-se ao título de *cadete*, o sangue ilustre, abrandada a exigência, no curso do tempo, para a ocupação nobilitadora do pai, equiparados os títulos universitários à nobreza" (R. Faoro, *Os donos do poder*, v. 2, p. 460).

5. Cf. J. Mota, *Formação do oficial do Exército*, pp. 54-5, n. 38.

6. Arquivo Nacional (AN), caixa IE[3] 938 (1830-7), Ministério da Guerra, Escola Militar, Matrículas.

7. AN, caixa IG[3] (1832-3), Ministério da Guerra, Escola Militar, Ofícios.

8. Cf. J. Mota, *Formação do oficial do Exército*, p. 69.

9. Ibid., pp. 69-70.

10. Ibid., p. 70.

11. Ibid., p. 71.

12. Ibid., p. 72.

13. Cf. ibid., p. 75.

14. Ibid., p. 76.

15. Ibid., p. 77.

16. Ibid., p. 79.

17. AN, caixa IE 958, Escola Central, Matrículas (1853-68). Alferes era uma antiga patente do Exército.

18. Cf. J. Mota, *Formação do oficial do Exército*, p. 128 e J. Schulz, "O Exército e o Império", p. 246.

19. Cf. J. Mota, *Formação do oficial do Exército*, p. 169, n. 32.

20. Continuava a inferioridade das Armas de Infantaria e Cavalaria. Por exemplo, discursando no Senado em 1858, o general Manoel Felizardo afirmou ser contra a obrigatoriedade de os alunos daquelas Armas cursarem o 1º ano do curso (francês, latim, geografia etc.), sustentando que desses alunos não se precisava exigir mais do que as quatro operações (cf. J. Mota, *Formação do oficial do Exército*, p. 153).

21. Cf. J. Mota, *Formação do oficial do Exército*, p. 169, n. 34.

22. Ibid., p. 138.

23. Ibid., p. 139.

24. Ibid.

25. Ibid., p. 151.

26. Visconde de Taunay, *Memórias do Visconde de Taunay*, p. 84.

27. Ibid., pp. 89-90.

28. Cf. J. Mota, *Formação do oficial do Exército*, p. 161.

29. Ofício de 10/6/1861 — AN, caixa IG[3] 19, Escola Central, Ofícios.

30. Ofício de 15/1/1861 — AN, caixa IG[3], Escola Central, Ofícios.

31. Cf. J. Mota, *Formação do oficial do Exército*, p. 163.

32. Ibid., p. 195.

33. Visconde de Taunay, *Memórias do Visconde de Taunay*, p. 105.

34. J. Mota, *Formação do oficial do Exército*, p. 146.

35. Cf. ibid., p. 198.

36. L. Viana, "Reminiscências da lendária Escola Militar da Praia Vermelha, em 1878-1885"; e A. Monteiro, "Reminiscência da Escola Militar da Praia Vermelha".

37. Visconde de Taunay, *Memórias do Visconde de Taunay*.

38. L. Viana, "Reminiscências da lendária Escola Militar da Praia Vermelha, em 1878-1885", p. 69.

39. Ibid., p. 64.

40. A. Monteiro, "Reminiscência da Escola Militar da Praia Vermelha", p. 51 e L. Viana, "Reminiscências da lendária Escola Militar da Praia Vermelha, em 1878-1885", p. 76.

41. L. Viana, "Reminiscências da lendária Escola Militar da Praia Vermelha, em 1878-1885", p. 76.

42. Ibid., pp. 76-7.

43. Ibid., p. 77.

44. J. Mota, *Formação do oficial do Exército*, p. 220.

45. J. B. Mascarenhas de Moraes, *Memórias*, v. 1, p. 22.

46. B. Klinger, *Narrativas autobiográficas*, p. 116.

47. E. Leitão de Carvalho, *Memórias de um soldado legalista*, p. 26.

48. Ibid., pp. 67-8.

49. J. B. Mascarenhas de Moraes, *Memórias*, v. 1, p. 108.

50. Cf. J. Mota, *Formação do oficial do Exército*, p. 289.

51. Ibid., p. 301.

52. Os trechos seguintes foram retirados das pp. 44-6 dos originais do livro de memórias (inédito), depositado no CPDOC/FGV (JPB 00.00.00/2).

53. A. Camargo e W. Góes, *Meio século de combate: Diálogo com Cordeiro de Farias*, p. 18.

54. J. Távora, *Uma vida e muitas lutas*, p. 94.

55. A. Camargo e W. Góes, *Meio século de combate: Diálogo com Cordeiro de Farias*, pp. 66-7.

56. Cf. J. Mota, *Formação do oficial do Exército*, pp. 314-5.

57. Ibid., p. 314.

58. J. P. C. Albuquerque, *Diário da minha vida*, primeira parte, p. 7.

59. Ibid., pp. 50-1.

Notas

60. Ibid., p. 34.
61. E. Hobsbawm, "Introdução: A invenção das tradições", pp. 9-10.
62. J. P. C. Albuquerque, *Diário da minha vida*, primeira parte, p. 32.
63. Ibid., pp. 32-3.
64. Ibid., p. 32.
65. J. Mota, *Formação do oficial do Exército*, pp. 333-4.
66. Cit. pelo general Carlos de Meira Mattos, ex-cadete de José Pessoa e comandante da Aman, em H. F. Câmara, *Marechal José Pessoa: A força de um ideal*, p. 88.
67. Cf. J. Mota, *Formação do oficial do Exército*, p. 364, n. 52.
68. J. P. C. Albuquerque, *Diário da minha vida*, terceira parte, p. 9.
69. Ibid., primeira parte, p. 112.
70. N. W. Sodré, *Do tenentismo ao Estado Novo*; R. Pedroso, *Cadetes em desfile*; Aragão, Cadete do Realengo.
71. Ver R. Pedroso, *Cadetes em desfile*, pp. 207-14 para vários exemplos de trotes.
72. C. Aragão, *Cadete do Realengo*, p. 50.
73. Ibid., pp. 38-9.
74. Ibid., p. 46.
75. Ibid., p. 188.
76. N. W. Sodré, *Do tenentismo ao Estado Novo*, p. 85.
77. C. Aragão, *Cadete do Realengo*, p. 122.
78. N. W. Sodré, *Do tenentismo ao Estado Novo*, pp. 84-5.
79. Ibid., p. 82.
80. C. Aragão, *Cadete do Realengo*, p. 128.
81. As primeiras turmas foram formadas em 1947 (Intendência) e 1960 (Comunicações e Material Bélico).
82. R. Pedroso, *Cadetes em desfile.*, p. 168.
83. N. W. Sodré, *Do tenentismo ao Estado Novo*, p. 82.
84. Ibid., p. 83.
85. R. Pedroso, *Cadetes em desfile*, p. 195.
86. C. Aragão, *Cadete do Realengo*, p. 249.
87. R. Pedroso, *Cadetes em desfile*, p. 202.
88. C. Aragão, *Cadete do Realengo*, p. 58.
89. R. Pedroso, *Cadetes em desfile*, p. 233.
90. Ibid., p. 220.
91. Isso não é novidade. Para Alexandre Barros (*The Brazilian Military*, p. 46), o fator-chave que tornou o Exército uma das instituições mais

286   *O espírito militar*

coesas da sociedade brasileira é justamente a permanência de um certo padrão de treinamento profissional contínuo (e aperfeiçoado) durante os últimos setenta ou oitenta anos.

92. Para uma definição próxima a esta, ver G. Bateson, *Naven*, p. 175.

93. F. Braudel, *Escritos sobre a história*, p. 54.

94. M. Weber, *Ensaios de sociologia*; M. Foucault, *Vigiar e punir*. John O'Neil ("The Disciplinary Society: From Weber to Foucault") faz uma aproximação entre essas duas análises.

95. M. Weber, *Ensaios de sociologia*, p. 301.

96. M. Foucault, *Vigiar e punir*, pp. 151-2, grifos meus.

97. A. Stepan, *Os militares na política*.

98. J. M. de Carvalho, "As Forças Armadas na Primeira República"; A. S. C. Barros, *The Brazilian Military*.

99. A. Stepan, *Os militares na política*, p. 29.

100. Ibid.

101. Ibid., p. 28.

102. Ibid., p. 29; A. S. C. Barros, *The Brazilian Military*, pp. 60-2.

103. A. Stepan, *Os militares na política*, p. 30.

104. A. S. C. Barros, *The Brazilian Military*, p. 64.

105. A. Stepan, *Os militares na política*, p. 34; J. M. de Carvalho, "As Forças Armadas na Primeira República", p. 188.

106. A. Stepan, *Os militares na política*, p. 35.

107. A. S. C. Barros, *The Brazilian Military*, p. 66.

4. Os cadetes e o mundo de fora (pp. 205-26)

1. O Exército proíbe o casamento durante o curso da Aman e enquanto o jovem oficial estiver no posto de aspirante a oficial (aproximadamente seis meses).

2. G. Velho, *Individualismo e cultura*, p. 41.

3. S. A. Figueira, "O 'moderno' e o 'arcaico' na nova família brasileira", pp. 22-3.

4. Ou ainda pensando no que fazer após uma aposentadoria precoce, que para a maior parte dos cadetes poderia chegar, pela legislação da época, antes dos cinquenta anos de idade, após cumprir trinta anos de serviço, computados os quatro anos da Aman, e descontadas as licenças-prêmio não gozadas.

Notas

5. M. Janowitz, *The Military in the Political Development of New Nations*, p. 45.
6. E. A. Silva, *Memórias de um soldado*, p. 149.
7. Nota à 2ª edição: Esse currículo viria a ser modificado em 2001.
8. E. Leach, *Sistemas políticos de la Alta Birmania*.

5. Um antropólogo na caserna (pp. 227-40)

1. Como, além de fazer o mestrado, eu já trabalhava, a duração do trabalho de campo limitava-se às minhas férias anuais, parceladas.
2. Nota à 2ª ed.: Posteriormente, soube que ele não vira com bons olhos a ideia da pesquisa.
3. Referência ao clássico artigo de Clifford Geertz, "Um jogo absorvente: Notas sobre a briga de galos balinesa", publicado em *A interpretação das culturas*.
4. Em 19 de agosto de 1986 o *Jornal do Brasil* publicou a informação de que mais de cinquenta cadetes haviam sido expulsos naquele ano da Aman, alguns dos quais acusados de homossexualismo e consumo de maconha. A notícia, prontamente desmentida pelo comando da Aman, deu origem a uma querela que durou alguns dias.
5. J. W. Stocking Jr., *Observers Observed*, p. 82.
6. G. Simmel, *Georg Simmel: Sociologia*, p. 184.
7. G. Velho, "Observando o familiar", capítulo 9.
8. Nota à 2ª ed.: Ele fora humilhado após haver se machucado em um dos exercícios. Lembro-me de como ele estava desgostoso com a vida que levava, contando-me que não queria ser militar, e que só entrara na Aman por pressão da mãe.

Posfácio à 3ª edição (pp. 241-71)

1. Reproduzo aqui grande parte de meu capítulo em *Antropologia dos militares: Reflexões sobre pesquisas de campo* (Celso Castro e Piero Leirner (Orgs.). Rio de Janeiro: FGV Editora, 2009, cap. 1). Faço, contudo, uma revisão e atualização do texto e acrescento ao final novas reflexões sobre o tema.
2. Incluído em seu *A interpretação das culturas* (Rio de Janeiro: LTC, 2015).

288   *O espírito militar*

3. *Sociedade de esquina: A estrutura social de uma área urbana pobre e degradada*. Trad. de Maria Lúcia de Oliveira. Rio de Janeiro: Zahar, 2005.

4. Esse texto seria publicado 24 anos depois: "O trote no Colégio Naval: Uma visão antropológica". *Antíteses*, v. 2, n. 4, dez. 2009, pp. 569-95. Disponível em: <www.academia.edu/19936289>.

5. Essas reflexões desenvolveram-se, de forma mais conceitual, numa "trilogia" que publiquei pela editora Routledge: *Qualitative Methods in Military Studies* (2013, com Helena Carreiras); *Researching the Military* (2016, com Helena Carreiras e Sabina Frederic) e, em breve, *Understanding the Impact of Social Research on the Military: Reflections and Critiques* (com Eyal Ben-Ari e Helena Carreiras).

6. Ao longo deste capítulo, uso quase sempre apenas os "nomes de guerra" dos oficiais. Uma exceção é o coronel e "tio" Barreto, como reconhecimento, ainda que tardio, pela ajuda que me deu e que à época eu não quis registrar explicitamente no livro, pelo fato de ele ainda estar na ativa.

7. Nunca tive contato com o general Schnarndorf, a quem serei sempre muito grato pela aprovação do meu pedido.

8. Ver, a esse respeito, meu texto "Corporalidad y moral en la formación militar" (2018). Disponível em: <www.academia.edu/47779167>.

9. A experiência de pesquisadoras mulheres, em tempos mais recentes, tanto brasileiras quanto argentinas, permite complexificar e dar mais densidade a essa discussão. Ver *Antropologia dos militares*, op. cit.

10. Ver, a esse respeito, o livro organizado por mim *A família militar no Brasil: Transformações e permanências* (Rio de Janeiro: FGV Editora, 2018).

11. Em *Elementos de organização social* (Rio de Janeiro: Zahar, 1974, p. 39).

12. A indicação partiu do Centro de Estudos Estratégicos do Exército (CEEEX), subordinado ao Estado-Maior do Exército. Sou grato ao coronel Cortês e seus colegas pela iniciativa.

13. Sobre memórias construídas "por tabela", ver o excelente texto de Michel Pollak, "Memória e identidade social" (*Estudos Históricos*, v. 5, n. 10, 1992, pp. 200-12).

14. Claude Lévi-Strauss, *La Pensée sauvage* (Paris: Plon, 1962), pp. 315-23 (cap. VIII, "Le Temps retrouvé").

15. Agradeço a Eyal Ben-Ari por ter chamado minha atenção para esse aspecto, bem como para a importância da natureza física do livro, assinalada no parágrafo anterior.

Referências bibliográficas

ALBUQUERQUE, José Pessoa Cavalcanti de. *Diário da minha vida*, 1953. Originais da autobiografia não publicada, depositados no CPDOC/FGV, código JP 53.00.00; cap. 3: "Escola Militar".

ARAGÃO, Campos de. *Cadete do Realengo*. Rio de Janeiro: Bibliex, 1959.

BARROS, Alexandre de Sousa Costa. *The Brazilian Military. Professional Socialization, Political Performance and State Building*. Chicago: The University of Chicago, 1978. Tese de doutorado.

BATESON, Gregory. *Naven*. Stanford: Stanford University Press, 1958.

BECKER, Howard S. *Uma teoria da ação coletiva*. Rio de Janeiro: Zahar, 1977.

BERGER, Peter; LUCKMANN, Thomas. *A construção social da realidade*. Petrópolis: Vozes, 1978.

BRAUDEL, Fernand. *Escritos sobre a história*. São Paulo: Perspectiva, 1978.

CÂMARA, Hiram de Freitas. *Marechal José Pessoa: A força de um ideal*. Rio de Janeiro: Bibliex, 1985.

CAMARGO, Aspásia; GÓES, Walder de (Orgs.). *Meio século de combate*: Diálogo com Cordeiro de Farias. Rio de Janeiro: Nova Fronteira, 1981.

CARVALHO, José Murilo de. "As Forças Armadas na Primeira República: O poder desestabilizador". *História Geral da Civilização Brasileira*, v. 9. São Paulo: Difel, 1978.

_____. "Forças armadas e política, 1930-1945". In: *A Revolução de 30*, seminário realizado pelo CPDOC/FGV no Rio de Janeiro, em setembro de 1980. Brasília: Universidade de Brasília, 1983.

COELHO, Edmundo Campos. *Em busca de identidade: O Exército e a política na sociedade brasileira*. Rio de Janeiro, Forense Universitária, 1976.

_____. "A instituição militar no Brasil: Um ensaio bibliográfico". *BIB*, n. 19, primeiro semestre, 1985.

COSTA, Vanda Maria Ribeiro. *Com rancor e com afeto: Rebeliões militares na década de 30*. Rio de Janeiro: CPDOC/FGV, 1984.

CUNHA, Manuela Carneiro da. *Negros, estrangeiros*. São Paulo: Brasiliense, 1985.

DOORN, Jacques van. *The Soldier and Social Change*. Bervely Hills/ Londres: Sage, 1975.

DORNSBUCH, Sanford M. "The Military Academy as an Assimilating Institution". *Social Forces XXXIII*, maio 1955.

DOUGLAS, Mary. *Pureza e perigo*. São Paulo: Perspectiva, 1976.

DUARTE, Luís Fernando Dias. "Identidade social e padrões de 'agressividade verbal' em um grupo de trabalhadores urbanos". *Boletim do Museu Nacional*, Nova Série, Antropologia, n. 36, 15 out. 1981.

_____. "À volta da identidade (e do seu jogo fascinante)". *Anuário Antropológico*, v. 85. Rio de Janeiro: Tempo Brasileiro, 1986.

DUMONT, Louis. *Homo hierarchicus*. Madri: Aguilar, 1970.

_____. *O individualismo*. Rio de Janeiro: Rocco, 1985.

EVANS-PRITCHARD, E. E. *Os Nuer*. São Paulo: Perspectiva, 1978.

FAORO, Raymundo. *Os donos do poder*. Porto Alegre: Globo, 1958. 2 v.

FIGUEIRA, Sérvulo Augusto. "O 'moderno' e o 'arcaico' na nova família brasileira: Notas sobre a dimensão invisível da mudança social". In: _____. (Org.). *Uma nova família?*. Rio de Janeiro: Jorge Zahar, 1987.

FOUCAULT, Michel. *Vigiar e punir*. Petrópolis: Vozes, 1987.

GENNEP, Arnold van. *Os ritos de passagem*. Petrópolis: Vozes, 1978.

GOFFMAN, Erving. *Manicômios, prisões e conventos*. São Paulo: Perspectiva, 1974.

GUEDES, Paulo Pinto. *Paulo Pinto Guedes II (depoimento; 1984)*. Rio de Janeiro: FGV/CPDOC – História Oral, 1989.

HOBSBAWM, Eric. "Introdução: A invenção das tradições". In _____; RANGEL, Terence (Orgs.). *A invenção das tradições*. Rio de Janeiro: Paz e Terra, 1984.

JANOWITZ, Morris. *The Military in the Political Development of New Nations*. Chicago/ Londres: The University of Chicago Press, 1964.

_____. *The Professional Soldier*. Nova York: The Free Press/ Londres: Coolier-MacMillan, 1971.

KLINGER, Bertoldo. *Narrativas autobiográficas*. Rio de Janeiro: O Cruzeiro, v. I, 1944.

LANG, Kurt. "Military Sociology: A Trend Report and Bibliography". *Current Sociology*, v. XIII, n. 1, 1965.

LEACH, Edmund. *Sistemas políticos de la Alta Birmania*. Barcelona: Anagrama, 1976.

LEITÃO DE CARVALHO, Estevão. *Memórias de um soldado legalista*. Rio de Janeiro: Imprensa do Exército, 1961. v. 1.

Referências bibliográficas

LÉVI-STRAUSS, Claude. *O pensamento selvagem*. São Paulo: Editora Nacional, 1976.

_____. *L'Identité*. Paris: Bernard Grasset, 1977.

_____. "O totemismo hoje". In: *Lévi-Strauss*. São Paulo: Abril Cultural, 1980. Coleção Os Pensadores.

LINTON, Ralph. "Totemism and the American Expeditionary Force". *American Anthropologist*, Nova Série, v. 26, 1924.

MASCARENHAS DE MORAES, João Batista. *Memórias*. Rio de Janeiro: Bibliex, 1984. v. I.

MASLAND, John; RADWAY, Lawrence. *Soldiers and Scholars: Military Education and National Policy*. Princeton: Princeton University Press, 1957.

MAUSS, Marcel. "Parentescos de gracejos". In: *Ensaios de sociologia*. São Paulo: Perspectiva, 1981.

MILLS, Charles Wright. *A elite do poder*. Rio de Janeiro: Zahar, 1975.

MONTEIRO, Afonso. "Reminiscência da Escola Militar da Praia Vermelha". In: CIDADE, Francisco de Paula. *Cadetes e alunos militares através dos tempos*. Rio de Janeiro: Bibliex, 1961.

MOTA, Jeová. *Formação do oficial do Exército. Currículos e regimes na Escola Militar, 1810-1944*. Rio de Janeiro: Companhia Brasileira de Artes Gráficas, 1976.

O'NEIL, John. "The Disciplinary Society: From Weber to Foucault". *The British Journal of Sociology*, v. XXXVII, n. 1, 1986.

PEDROSO, Raul. *Cadetes em desfile. Escola Militar do Realengo*. Rio de Janeiro: Pongetti, s. d.

PILLAR, Olyntho. *Os patronos das Forças Armadas*. Rio de Janeiro: Bibliex, 1966.

RADCLIFFE-BROWN, Alfred Reginald. *Estrutura e função na sociedade primitiva*. Petrópolis: Vozes, 1973.

SCHULZ, John. "O Exército e o Império". *História Geral da Civilização Brasileira*. São Paulo: Difel, 1982. v. 6.

SCHUTZ, Alfred. *Fenomenologia e relações sociais*. Rio de Janeiro: Zahar, 1979.

SENNET, Richard. *O declínio do homem público*. São Paulo: Companhia das Letras, 1988.

SILVA, Ernani Airosa da. *Memórias de um soldado*. Rio de Janeiro: Bibliex, 1985.

SIMMEL, Georg. *Sociología*. Buenos Aires: Espasa-Calpe Argentina, 1939. 2 v.

SIMMEL, Georg. *The Problems of the Philosophy of History*. Nova York: The Free Press, 1977.

_____. *Georg Simmel: Sociologia*. Organizado por Evaristo de Moraes Filho. São Paulo: Ática, 1983.

SODRÉ, Nélson Werneck. *Do tenentismo ao Estado Novo: Memórias de um soldado*. Petrópolis: Vozes, 1986.

STEPAN, Alfred. *Os militares na política*. Rio de Janeiro: Artenova, 1975.

STOCKING JR., George W. *Observers Observed: Essays on Ethnographic Fieldwork*. Madison: The University of Wisconsin Press, 1983.

TAUNAY, Visconde de (Alfredo d'Escragnolle). *Memórias do Visconde de Taunay*. São Paulo: Instituto Progresso, 1948.

TÁVORA, Juarez. *Uma vida e muitas lutas: Memórias*. Rio de Janeiro: Bibliex, 1974-7.

TURNER, Terence. *O processo ritual*. Petrópolis: Vozes, 1974.

VELHO, Gilberto. "Observando o familiar". In: NUNES, Edson de Oliveira (Org.). *A aventura sociológica*. Rio de Janeiro: Zahar, 1978, pp. 36-46.

_____. *Individualismo e cultura*. Rio de Janeiro: Zahar, 1981.

VIANA, Lobo. "Reminiscências da lendária Escola Militar da Praia Vermelha, em 1878-1885". In: CIDADE, Francisco de Paula Cidade. *Cadetes e alunos militares através dos tempos*. Rio de Janeiro: Bibliex, 1961.

VIDICH, Artor; STEIN, Maorice. "The Dissolved Identity in Military Life". In: VIDICH, A. J.; STEIN, M. R.; WHITE, D. M. (Orgs.). *Identity and Anxiety*. Nova York/ Londres: Free Press of Glencoe/ Collier-MacMillan, 1960.

VIVEIROS, Esther de. *Rondon conta sua vida*. Rio de Janeiro: Livraria São José, 1958.

WEBER, Max. *Ensaios de sociologia*. Rio de Janeiro: Zahar, 1979.

WHITING, John W. M.; KLUCKHOHN, Richard; ANTHONY, Albert. "The Military as a 'Rite de Passage'". In: ENDLEMAN, Robert. (Org.). *Personality and Social Life*. Nova York: Random House, 1966.

Coleção
ANTROPOLOGIA SOCIAL

- O Riso e o Risível
  Verena Alberti

- Falando da Sociedade
- Outsiders
- Segredos e Truques da Pesquisa
- Truques da Escrita
  Howard S. Becker

- Antropologia Cultural
  Franz Boas

- O Espírito Militar
- Os Militares e a República
  Celso Castro

- Bruxaria, Oráculos e Magia
  entre os Azande
  E.E. Evans-Pritchard

- Nova Luz sobre a Antropologia
  Clifford Geertz

- O Cotidiano da Política
  Karina Kuschnir

- Cultura: um Conceito
  Antropológico
  Roque de Barros Laraia

- Guerra de Orixá
  Yvonne Maggie

- Evolucionismo Cultural
  L.H. Morgan, E.B. Tylor, J.G. Frazer

- A Invenção de Copacabana
- De Olho na Rua
  Julia O'Donnell

- A Teoria Vivida
  Mariza Peirano

- Cultura e Razão Prática
- História e Cultura
- Ilhas de História
- Metáforas Históricas
  e Realidades Míticas
  Marshall Sahlins

- Antropologia Urbana
- Um Antropólogo na Cidade
- Desvio e Divergência
- Individualismo e Cultura
- Projeto e Metamorfose
- Rio de Janeiro: Cultura,
  Política e Conflito
- Subjetividade e Sociedade
- A Utopia Urbana
  Gilberto Velho

- Pesquisas Urbanas
  Gilberto Velho e
  Karina Kuschnir

- O Mistério do Samba
- O Mundo Funk Carioca
  Hermano Vianna

- Sociedade de Esquina
  William Foote Whyte

ESTA OBRA FOI COMPOSTA POR MARI TABOADA EM DANTE PRO E IMPRESSA EM OFSETE PELA GRÁFICA PAYM SOBRE PAPEL PÓLEN SOFT DA SUZANO S.A. PARA A EDITORA SCHWARCZ EM SETEMBRO DE 2021

A marca FSC® é a garantia de que a madeira utilizada na fabricação do papel deste livro provém de florestas que foram gerenciadas de maneira ambientalmente correta, socialmente justa e economicamente viável, além de outras fontes de origem controlada.